本书编辑组

邢广程　范恩实　高　月　刘清涛　樊志强

本书为中国社会科学院重大创新项目"中华民族交往交流交融的历史取向研究"（2023YZD038）成果，由新疆智库丛书出版项目资助出版

中华文明统一性

研 究

邢广程 ——— 主　编

范恩实 ——— 副主编

社会科学文献出版社

SOCIAL SCIENCES ACADEMIC PRESS (CHINA)

目 录

CONTENTS

第三编　中华民族共同体研究

编辑说明

　　2023 年 6 月 2 日，习近平总书记在北京出席"文化传承发展座谈会"并发表重要讲话，深刻阐述了"推进中国特色社会主义文化建设、建设中华民族现代文明这个重大问题"。其中首先谈到了"深刻把握中华文明的突出特性"，即中华文明具有"突出的连续性""突出的创新性""突出的统一性""突出的包容性""突出的和平性"。只有深刻把握中华文明的突出特性，才能坚定文化自信自强，更好担负起新时代新的文化使命，扎实推进中华民族现代文明和社会主义文化强国建设。

　　本书主编、中国社会科学院学部委员、中国边疆研究所所长邢广程一级研究员作为受邀 6 位专家之一，在座谈会上作了《推动文化传承发展 促进各民族交往交流交融》的发言。会后，又积极撰文研究阐释中华文明突出特性，先后发表《深刻认识中华文明突出特性的重要意义》《为什么说中华文明一以贯之？》《深刻理解中华文明突出的统一性》等系列理论文章。同时，积极投身座谈会精神的宣传、普及工作，应多家单位邀请，进行了专题宣讲，并先后接受《人民日报》《中国日报》《人民画报》《中国民族报》《四川日报》《中国纪检监察报》等媒体的采访和约稿。

　　"文化传承发展座谈会"在中国历史研究院召开，作为中国历史研究院所属 6 个研究所之一，中国边疆研究所全体同志在备受鼓舞的同时，深感使命光荣、责任重大。会后迅速掀起学习和研究的热潮，组织召开"边疆视域下的中华文明'统一性'——学习'文化传承发展座谈会'精神"学术研讨会，在中国边疆学论坛、中国边疆研究青年学者论坛等品牌学术会议中设立研讨专题，在主办期刊《中国边疆史地研究》开辟专栏，承担中国社会科学院研究阐释中华民族现代文明重大创新项目"中华民族交往交流交融的历史取向研究"，依托中国社会科学院创新工程设立"边疆地区建设中华民族现代文明研究"重大项目。在此过程中，中国边疆研究所科研人员撰写、发表了一批研究阐释文章，同时，也引导、组织学界专家撰写、发表了相关文章，形成了较好的学术影响力。

为了做好阶段性学术总结，更好推动研究阐释工作，特将以上成果结集出版。根据研究内容，我们将文章分作三编。第一编以"中华文明突出特性与文化传承发展"为主题，系统梳理中华文明五千多年延续不断的历史发展脉络，以马克思主义唯物史观为指导，阐明文化传承发展的内在逻辑与时代需求。第二编以"中华文明统一性的理论逻辑和历史逻辑"为主题，系统研究阐释"中华文明突出的统一性"，诠释"大一统"思想的历史传承，梳理统一多民族国家形成与发展的历史脉络，深入揭示历史中国与现代中国的有机联系。第三编以"中华民族共同体研究"为主题，梳理中华民族交往交流交融的历史脉络，探讨中华民族共同体形成和发展的历史逻辑，推动阐明中华民族形成和发展的道理、学理、哲理。

本书的出版，首先是对中国边疆研究所及相关学界同仁一年来研究阐释成果的总结，同时更是我们持续推进相关工作的新的起点。"欲穷千里目，更上一层楼"，未来，我们将更加深入学习贯彻习近平总书记重要讲话精神，不断深化对马克思主义中国化时代化历史经验、中华文明发展规律的认识，为全面推进马克思主义基本原理与中华优秀传统文化相结合，建设中华民族现代文明作出更多学术贡献。

　　本次结集出版，出版社对文字作了进一步编辑，对注释体例作了部分调整，但各文因原发表报刊的注释体例要求不同，此次出版不便再做较大改动，因此全书未作完全统一，只在各篇内作了统一，特此说明。

本书编辑组

2024 年 3 月

深刻认识中华文明突出特性的重要意义（代前言）

习近平总书记在文化传承发展座谈会上发表的重要讲话，全面深刻地阐述了中华文明所具有的五个突出特性，并提出了建设中华民族现代文明的重要任务。因此，深刻学习和领会中华文明五个突出特性，对建设中华民族现代文明具有十分重要的现实意义。

一 中华文明具有突出的连续性

"中华文明是世界上唯一绵延不断且以国家形态发展至今的伟大文明。"[①] 这是中华文明五个特性中最突出的特性。世界史学者普遍认为，埃及文明、两河流域文明、印度文明和中华文明是古代人类进程中的"四大文明"。但除中华文明外，其他三个古代文明都消失了，只有中华文明一直延续下来，成为世界上唯一绵延不断的文明。汤因比划分了 21 种文明和 5 种停滞的文明，即由原始文明脱胎而来的文明中就有古中国文明，与上述文明存在亲缘关系的文明中有中国文明。[②] 塞缪尔·亨廷顿将文明划分为 12 种，其中 7 个文明已不复存在，中国文明

---

* 邢广程，中国社会科学院（中国历史研究院）中国边疆研究所所长、研究员。

① 习近平：《在文化传承发展座谈会上的讲话》，《求是》2023 年第 17 期。

② 汤因比：《历史研究》，曹未风等译，上海人民出版社，1997 年。

是 5 个仍然存在的文明之一。① 当然，汤因比和亨廷顿对世界文明的划分未必都是正确的，但他们都肯定了中华文明具有连续性。

"深厚的家国情怀与深沉的历史意识，为中华民族打下了维护大一统的人心根基，成为中华民族历经千难万险而不断复兴的精神支撑。"② 中华文明五千多年绵延不断的历史表明，"家国情怀"、"历史意识"、"大一统"思想和"精神支撑"是中华文明绵延不断的构建要素。中国从古代就将人、家庭和国家紧密融为一个系统，形成了家国情怀。《礼记·大学》非常清楚地阐述了这一点——修身、齐家、治国、平天下。范仲淹有句名言："先天下之忧而忧，后天下之乐而乐。"

"中华文明的连续性，从根本上决定了中华民族必然走自己的路。"③ 这是中华文明非常了不起的地方。中华文明不间断地经历了世界五千多年的历史沧桑。在人类历史上出现过很多文明，一些文明"其兴也勃焉，其亡也忽焉"，唯有中华文明以五千年不间断的历史雄踞东亚。历史上亚欧大陆相继出现的文明通过古丝绸之路在历史不同阶段都与不曾中断的中华文明进行交往。然而，中华文明就没有遇到过危险吗？"一八四〇年鸦片战争以后，中国逐步成为半殖民地半封建社会，国家蒙辱、人民蒙难、文明蒙尘，中华民族遭受了前所未有的劫难。从那时起，实现中华民族伟大复兴，就成为中国人民和中华民族最伟大的梦想。"④ 五千多年的文明史是我们走自己路的历史逻辑。世界上唯一没有中断的中华文明是我们文明自信的历史底蕴，我们不需要"改弦易辙"，更不需要"转轨"。习近平总书记说："中华文明历经数千年而绵延不绝、迭遭忧患而经久不衰，这是人类文明的奇迹，

---

① 塞缪尔·亨廷顿：《文明的冲突》，周琪译，新华出版社，2013 年，第 23—24 页。
② 习近平：《在文化传承发展座谈会上的讲话》，《求是》2023 年第 17 期。
③ 习近平：《在文化传承发展座谈会上的讲话》，《求是》2023 年第 17 期。
④ 习近平：《在庆祝中国共产党成立 100 周年大会上的讲话》，《人民日报》2021 年 7 月 2 日，第 2 版。

也是我们自信的底气。"①

"如果不从源远流长的历史连续性来认识中国，就不可能理解古代中国，也不可能理解现代中国，更不可能理解未来中国。"②"把世界上唯一没有中断的文明继续传承下去"，③这是新的文化使命。习近平总书记提出了一个时间轴：古代中国—现代中国—未来中国。"古代中国"，先人创造了辉煌，五千年历史绵延不断，这是中国历史的奇迹；"现代中国"和"未来中国"的重要文化使命就是"必须走自己的路"，将中华文明不间断地"传承下去"，构建"中华民族现代文明"。

二　中华文明具有突出的创新性

"中华文明是革故鼎新、辉光日新的文明，静水深流与波澜壮阔交织。"④中华文明源远流长、博大精深充分体现在中华文明革故鼎新的精神要素中。革故鼎新出自《周易·杂卦传》，即"革，去故也；鼎，取新也"。中华文明具有自强不息的品格，《周易》强调，"天行健，君子以自强不息"，与时偕行；还强调"富有之谓大业，日新之谓盛德，生生之谓易"。《礼记·大学》提出，"苟日新，日日新，又日新"。上述这些都表明中华文明自古就有深刻的创新理念。

"中华民族始终以'苟日新，日日新，又日新'的精神不断创造自己的物质文明、精神文明和政治文明，在很长的历史时期内作为最繁荣最强大的文明体屹立于世。"⑤历史上中国在国家制度和国家治理

---

① 习近平：《在文化传承发展座谈会上的讲话》，《求是》2023 年第 17 期。
② 习近平：《在文化传承发展座谈会上的讲话》，《求是》2023 年第 17 期。
③ 《习近平在文化传承发展座谈会上强调　担负起新的文化使命　努力建设中华民族现代文明》，《人民日报》2023 年 6 月 3 日，第 1 版。
④ 习近平：《在文化传承发展座谈会上的讲话》，《求是》2023 年第 17 期。
⑤ 习近平：《在文化传承发展座谈会上的讲话》，《求是》2023 年第 17 期。

方略等方面有很多创建，如秦朝的郡县制度。当国家体制出现问题时，封建统治者也会主动进行变革，如王安石变法、张居正改革等。中国的"四大发明"标志着中国历史上的科技领域具有很强的创新能力。数学家祖冲之计算出圆周率、农学家贾思勰的《齐民要术》、毕昇的活字印刷、宋应星的《天工开物》等都说明了这一点。中国的唐诗、宋词、元曲是中华文明的历史瑰宝。马克思对中国的科学贡献有过评价："火药、指南针、印刷术——这是预告资产阶级社会到来的三大发明。火药把骑士阶层炸得粉碎，指南针打开了世界市场并建立了殖民地，而印刷术则变成了新教的工具，总的来说变成科学复兴的手段，变成对精神发展创造必要前提的最强大的杠杆。"[1]党的十八大以来，习近平总书记就文化建设提出了一系列新思想新观点新论断，这些重要观点是新时代党领导文化建设实践经验的理论总结，是做好宣传思想文化工作的根本遵循，必须长期坚持贯彻、不断丰富发展。

"中华文明的创新性，从根本上决定了中华民族守正不守旧、尊古不复古的进取精神，决定了中华民族不惧新挑战、勇于接受新事物的无畏品格。"[2]正因为中华文明具有突出的创新性，所以，从1840年起中国逐步沦为半殖民地半封建社会的过程中，为了挽救民族危亡，实现民族振兴，中华民族不断求索，探求救国图存之路。"十月革命一声炮响，给我们送来了马克思主义"，从此，中国共产党将马克思主义基本原理与中国具体实际相结合，实现了社会主义革命和建设的伟大胜利。中国40多年改革开放的历史就是中国人民不断创新的历史。因此，在实现中华民族伟大复兴的伟大实践中，我们更应该运用中华优秀传统文化的宝贵资源，探索面向未来的理论和制度创新，让创新理念作用于道路、理论和制度，在继承中华优秀传统文化中推进文化创新。

---

① 《马克思恩格斯文集》第 8 卷，人民出版社，2009 年，第 338 页。
② 习近平：《在文化传承发展座谈会上的讲话》，《求是》2023 年第 17 期。

三　中华文明具有突出的统一性

"中华文明长期的大一统传统，形成了多元一体、团结集中的统一性。"①九州共贯、六合同风、四海一家的中国文化"大一统"传统是中华文明和中华民族的人心根基，也是中华文明的重要思想标识。中华文明的一个重要特征就是中华民族具有统一的精神共有家园，形成了多元一体、团结集中的统一性。费孝通认为："中华民族作为一个自觉的民族实体，是近百年来中国和西方列强对抗中出现的，但作为一个自在的民族实体则是几千年的历史过程所形成的。"他得出的结论是，中华民族"形成一个你来我去、我来你去，我中有你、你中有我，而又各具个性的多元统一体"，这就是"中华民族的多元一体格局"。②

"中华文明的统一性，从根本上决定了中华民族各民族文化融为一体、即使遭遇重大挫折也牢固凝聚。"③在中华文明的历史进程中，中国各民族形成了水乳交融的统一文化属性，各民族通过交往交流交融，融为一体，形成了中华文明的文化认同。正因为中华民族各民族文化融为一体，才能表现出强大的政治生命力和文化凝聚力，使中华民族在非常危急的时刻，依然紧紧抱在一起攻坚克难，共度时艰。

中华文明突出的统一性决定了国土不可分、国家不可乱、民族不可散、文明不可断的共同信念。④这表明中华文明统一性的共同信念具有"不可"的红线，从"反面"论证了中华文明共同信念的确定性。从正面说，即中华文明国土需要保持完整、国家需要保持稳定、各民

---

① 习近平：《在文化传承发展座谈会上的讲话》，《求是》2023 年第 17 期。
② 费孝通：《全球化与文化自觉——费孝通晚年文选》，外语教学与研究出版社，2013 年，第 85 页。
③ 习近平：《在文化传承发展座谈会上的讲话》，《求是》2023 年第 17 期。
④ 习近平：《在文化传承发展座谈会上的讲话》，《求是》2023 年第 17 期。

族需要保持团结、中国文明需要保持连续性。因此，这个共同信念是中国突出的统一性所决定的。谁若违背这个信念，就是对中华文明统一性的背离。

中华文明突出的统一性决定了国家统一永远是中国核心利益的核心。"团结统一是福，分裂动荡是祸，是中国人用血的代价换来的宝贵经验教训。"[①] 从哲学的视角看，国家统一具有极其重要的位置，是国家议事日程中的置顶任务，不是一时的，而是"永远"的，这从时间上进行了界定。党的十九大和二十大报告都对这个观点进行了明确阐述。

中华文明突出的统一性决定了一个坚强统一的国家是各族人民的命运所系。[②] 这个观点将一个坚强统一的国家与各族人民的命运关联起来，具有深刻的内涵。换句话说，只有一个坚强统一的国家才能实现各族人民的根本利益，才能给各族人民提供良好的安全稳定的社会环境。1840 年鸦片战争以后，国家羸弱，无法抵御西方列强的侵略和欺压，各族人民的命运十分悲惨。因此，实现中华民族的伟大复兴一直是中国各族人民的目标和愿望。新中国成立后，中国人民站起来了；经过改革开放，中国人民富起来了。我们还要实现中国式现代化使中国成为社会主义现代化强国，只有这样才能铸牢中华民族共同体意识。

四 中华文明具有突出的包容性

"中华文明从来不用单一文化代替多元文化，而是由多元文化汇聚成共同文化，化解冲突，凝聚共识。"[③] 中国历史是由多民族共同创造

---

① 习近平：《在文化传承发展座谈会上的讲话》，《求是》2023 年第 17 期。
② 习近平：《在文化传承发展座谈会上的讲话》，《求是》2023 年第 17 期。
③ 习近平：《在文化传承发展座谈会上的讲话》，《求是》2023 年第 17 期。

的，中华文明也是中国历史上多民族（包括那些曾经活跃在中国疆域内现已消失的民族）共同创造的。每个民族都有自己的文化，这就决定了中华文明具有多元文化特征，因此，不能用单一文化去取代多元文化，更不能以单一文化去消除其他文明，中华文明多元文化特征决定了其发展方向和趋势必然是从多元文化汇聚成共同文化，而从多元文化汇聚成共同文化的过程也是缓解冲突、凝聚共识的过程。

"中华文化认同超越地域乡土、血缘世系、宗教信仰等，把内部差异极大的广土巨族整合成多元一体的中华民族。越包容，就越是得到认同和维护，就越会绵延不断。"[①]从多元文化汇聚成共同文化的过程就是中华文化认同形成的过程。共同文化的基本特征就是文化认同。这种文化认同是中华民族最高级的认同，它不是建立在地域乡土、血缘世系、宗教信仰等基础之上的，而是大大超越了它们。正是中华文化认同将内部差异极大的广土巨族整合起来，形成多元一体的中华民族。

"中华文明的包容性，从根本上决定了中华民族交往交流交融的历史取向。"[②]中华民族通过交往交流交融形成文化共同空间，中华民族各民族不是放大自身的文化内涵和特性而去遏制其他民族的文化内涵和特性，尊重其他民族的特性是中华民族包容性的鲜明体现。中华文化是主干，各民族文化是枝叶，只有根深干壮才能枝繁叶茂。此外，还需要正确处理中华民族意识与各民族意识的关系。一方面，引导我国各民族始终把中华民族整体利益放在首位，本民族意识要服从和服务于中华民族共同体意识；另一方面，在实现好中华民族共同体整体利益进程中实现好各民族具体利益。这是各民族间交往交流交融的有效途径。

---

① 习近平：《在文化传承发展座谈会上的讲话》，《求是》2023年第17期。
② 习近平：《在文化传承发展座谈会上的讲话》，《求是》2023年第17期。

中华文明的包容性决定了中国各宗教信仰多元并存的和谐格局。在五千年的历史进程中，中国逐步形成了各宗教信仰多元并存的局面，道教、佛教、萨满教、伊斯兰教、基督教等并立而存。这表明中华文明具有突出的凝聚力和包容性。从实现中国式现代化的战略目标上看，实现不同民族和不同信仰的和睦共存十分重要，因为中国是多民族国家，56 个民族团结的一个基本保障就是保持宗教信仰的多元并存和谐格局，并使宗教中国化。

中华文明包容性决定了中华文化对世界文明兼收并蓄的开放胸怀。中华文明之所以能够五千年绵延不断，是因为其不断与其他文明交流互鉴，从而充满生机。中华文明借助古代丝绸之路与其他文明进行物质、文化和宗教等方面的综合交流。从汉代张骞出使西域到明代郑和七下西洋，中华文明一直保持与其他文明的交流。像佛教本是自印度兴起的外来宗教，中国主动"取经"，并使佛教中国化。我们谈中华文化离不开"儒释道"，而中华文明中的儒家思想也通过古丝绸之路向外传播，对欧亚乃至世界都产生了重要影响。

五　中华文明具有突出的和平性

"和平、和睦、和谐是中华文明五千多年来一直传承的理念，主张以道德秩序构造一个群己合一的世界，在人己关系中以他人为重。"[1]《周易》在描述坤卦时表示："地势坤，君子以厚德载物。""厚德载物"这一概念的哲学含义深远博大，体现了和平、和睦与和谐的哲学理念。《大学》开篇就讲"道"和"德"："大学之道，在明明德。"《左传·隐公六年》言："亲仁善邻，国之宝也。"《礼记·礼运》提出"讲信修

---

[1]　习近平：《在文化传承发展座谈会上的讲话》，《求是》2023 年第 17 期。

睦"。《易经·小畜卦》说"有孚挛如，富以其邻"，其《象传》曰"'有孚挛如'，不独富也。"与邻为善、以邻为伴，体现了中华民族传统睦邻之道。《论语·子路》曰："君子和而不同，小人同而不和。"为什么"和而不同"？因为"物之不齐，物之情也"①。中华文明从哲学的高度早就解决了文明之间的"同""异"关系，陈寿在《三国志·魏书·夏侯玄传》中说："和羹之美，在于合异。"中国古代具有"天下观"，它来源于《尚书》中"天下一家"的思想。孟子提出的"天下为公"就是"天下观"这一重要政治理念最经典的阐释。什么是中华文明的世界观？"天下观"就是我们老祖宗认识世界的基本思维观念。

"倡导交通成和，反对隔绝闭塞；倡导共生并进，反对强人从己；倡导保合太和，反对丛林法则。"②《易经·乾卦·象传》曰："乾道变化，各正性命，保合大和，乃利贞。首出庶物，万国咸宁。"《易经·乾卦·文言》也谈道："乾始能以美利利天下，不言所利。"这些哲学思想体现了中华民族和合为尚的价值理念。《中庸》言："和也者，天下之达道也"；"致中和，天地位焉，万物育焉"。《周易》讲："天地交而万物通也，上下交而其志同也。"《庄子·田子方》表示："两者交通成和而物生焉。"关于对战争的态度中国古人多有阐述，核心理念就是慎战不战。《左传》中讲"止戈为武"。《孙子兵法》表示："兵者，国之大事，死生之地，存亡之道，不可不察也。"《司马法》中的《仁本》篇指出："国虽大，好战必亡。"可见中国古人早就深知"穷兵黩武必亡"这个道理。

中华文明的和平性，从根本上决定了中国始终是世界和平的建设者、全球发展的贡献者、国际秩序的维护者。尽管中国自1840年以后受到西方列强的侵略，但中国没有"记仇"和"报复"的基因。在

---

① 《孟子·滕文公上》。
② 习近平：《在文化传承发展座谈会上的讲话》，《求是》2023年第17期。

世界反法西斯战争中，中国人民英勇顽强，付出巨大牺牲，为世界反法西斯战争的最后胜利贡献了巨大力量。新中国成立后，特别是改革开放40多年来，中国维护世界和平，推动全球发展，遵守以联合国为主体的国际秩序，成为当今世界维护和平、发展和稳定的重要政治力量。

中华文明的和平性决定了中国不断追求文明交流互鉴而不搞文化霸权，决定了中国不会把自己的价值观念与政治体制强加于人。中国始终强调各种文明相互借鉴，反对"文明冲突论"。迅速崛起的中国不会将自己的理念和模式强加给其他国家，更不会走霸权之路。

中华文明的和平性决定了中国坚持合作、不搞对抗，绝不搞"党同伐异"的小圈子。全球化需要全球性的合作。中国提出构建"人类命运共同体"就是希望世界各国共同协商，解决人类所面临的重大而急迫的难题。"人类命运共同体"是以摈弃"党同伐异"小圈子思维为前提的。

六　中华文明五个特性之间的逻辑关系

"中华民族具有百万年的人类史、一万年的文化史、五千多年的文明史。"① 中华文明五个突出特性不是凭空想出来的，是从中华优秀传统文化很多重要元素中提炼出来的，即"天下为公、天下大同"的社会理想，"民为邦本、为政以德"的治理思想，"九州共贯、多元一体"的"大一统"传统，"修齐治平、兴亡有责"的家国情怀，"厚德载物、明德弘道"的精神追求，"富民厚生、义利兼顾"的经济伦理，"天人合一、万物并育"的生态理念，"实事求是、知行合一"的

---

① 习近平：《在文化传承发展座谈会上的讲话》，《求是》2023年第17期。

哲学思想，"执两用中、守中致和"的思维方法，"讲信修睦、亲仁善邻"的交往之道，等等，这些重要因素共同塑造出中华文明的突出特性。

中华文明五个特性中最重要的是连续性，但中华文明连续性是建立在其他四个特性基础上的。中华文明具有自我发展、回应挑战、开创新局的文化主体性与旺盛生命力，这是中华文明连续性的重要前提。正如习近平总书记所说："连续不是停滞、更不是僵化，而是以创新为支撑的历史进步过程。"① 习近平总书记表示："对历史最好的继承就是创造新的历史，对人类文明最大的礼敬就是创造人类文明新形态。希望大家担当使命、奋发有为，共同努力创造属于我们这个时代的新文化，建设中华民族现代文明！"② 这表明，中华文明连续性与创新性密不可分。中华文明五千年绵延不断就是因为有维护"大一统"的人心根基。"'向内凝聚'的统一性追求，是文明连续的前提，也是文明连续的结果。"③ 从九州共贯到中华民族共同体，体现了中华文明统一性的一脉相承。习近平总书记表示，中国没有搞联邦制、邦联制，确立了单一制国家形式，实行民族区域自治制度，就是顺应向内凝聚、多元一体的中华民族发展大趋势，承继九州共贯、六合同风、四海一家的中国文化"大一统"传统，没有统一性的支撑就很难做到中华文明五千年绵延不断。中华文明的连续性也与包容性紧密相关。中华文明越包容，就越能得到支持、认同和维护，就越会绵延不断。包容性体现了中华文明和中华民族发展进程中的韧性。中华文明绵延不断得益于其开放的姿态和包容的胸怀，因此，开放包容是中华文明发展的活力来源。未来的中国更应积极主动地学习借鉴人类创造的一切优秀文

---

① 习近平：《在文化传承发展座谈会上的讲话》，《求是》2023年第17期。
② 习近平：《在文化传承发展座谈会上的讲话》，《求是》2023年第17期。
③ 习近平：《在文化传承发展座谈会上的讲话》，《求是》2023年第17期。

明成果。中华文明有和世界其他文明交流互鉴的鲜明文化特性。中华文明的和平性为其他四个特性提供了良好的外部环境。

关于中华文明与中国式现代化的关系，习近平总书记讲得极为深刻："中国式现代化赋予中华文明以现代力量，中华文明赋予中国式现代化以深厚底蕴。中国式现代化是赓续古老文明的现代化，而不是消灭古老文明的现代化；是从中华大地长出来的现代化，不是照搬照抄其他国家的现代化；是文明更新的结果，不是文明断裂的产物。中国式现代化是中华民族的旧邦新命，必将推动中华文明重焕荣光。"[①]中华文明五千年绵延不断，这是古人的伟绩，现实中国和未来中国还要将五千年中华文明传承下去，通过创造性转化和创新性发展，破解"古今中西之争"，探索新思路、新话语、新机制、新形式，实现传统与现代的有机衔接。习近平总书记深刻阐述了中华文明与建设中华民族现代文明之间的逻辑关系："只有全面深入了解中华文明的历史，才能更有效地推动中华优秀传统文化创造性转化、创新性发展，更有力地推进中国特色社会主义文化建设，建设中华民族现代文明。"[②]

（原刊《理论学习与探索》2023 年第 5 期）

---

① 习近平：《在文化传承发展座谈会上的讲话》，《求是》2023 年第 17 期。
② 习近平：《在文化传承发展座谈会上的讲话》，《求是》2023 年第 17 期。

中华文明突出特性与文化传承发展

为什么说中华文明一以贯之？

邢广程

中华民族是世界上古老而伟大的民族，中华文明有着源远流长的五千年历史，是唯一自古延续至今、未尝中断的文明。日前，中共中央总书记、国家主席、中央军委主席习近平在文化传承发展座谈会上发表重要讲话，强调要担负起新的文化使命，建设中华民族现代文明。

如何理解中华文明的一以贯之？如何在特别的历史方位上担负起新的文化使命，建设中华民族现代文明？如何为当下中国与未来中国处理好文明互鉴的问题？首先需要理解中华文明的突出特性。

中华文明的突出特性

第一，中华文明具有突出的连续性。关于文明问题，学界已有大量研究，今举西学两例。一是亨廷顿（Samuel P. Huntington）提出举世闻名的"文明冲突论"。他认为世界上主要文明有 12 个，现有 5 个文明仍然存在，分别是中国文明、印度文明、日本文明、伊斯兰文明和西方文明。值得注意的是，他认为中华文明不仅是中国文明，其和国土概念是不一致的，超越了中国的国家范围。另一个对文明阐述比较深刻的西方学者是汤因比（Arnold J. Toynbee），他著有《历史研究》，认为一共有 26 种文明，其中 21 种文明现在还存在，其中有古代的原始文明，中国就属于此类。

上述这些文明除中华文明外，都没有连续性：中华文明是世界上唯一没有中断的文明。一些外国学者对此论蓄意歪曲，其实是政治偏见问题。

此外，中华文明不是从容地保持五千年，中华文明也遭受了很大的挫折危机。五千年来，中华文明的空间是由定居的农耕文明和流动的游牧文明共同组成的，这是中华民族共有的家园，有战有和是内部的事情。而1840年，中华文明受到来自所谓西方最先进文明、实际上以最野蛮方式发出的威胁。所以中华文明延续发展下来非常不易。那么，中华文明的底气何在？

就在于第二个特性——创新性。中华民族有内在的动力机制和动力源泉。创新性就是中华文明有内生动力、不断创新，守正不守旧，尊古不复古，勇于接受挑战。中华民族现代文明的建设也需要创新性，这是非常重要的。

第三是统一性。中华民族历史上就有一个"大一统"的传统，秦朝是第一个统一朝代。随后中国历史有分有合，但统一是历史趋势。统一并不简单等同于疆域问题，而是综合性的政治、经济、文化、心理统一空间问题。此次习近平总书记从文明的高度指出中华民族统一性，说明"大一统"是五千年来中国一以贯之的。

第四是包容性，这个是中华文明历史上做得最精彩的，突出体现在各宗教信仰多元并存。道教是土生土长的宗教，佛教、伊斯兰教、基督新教、天主教等都是从外面传入的。中华文明的一个奇迹就是，把外来宗教佛教几乎融合为主流文化的一部分，融入各族人民的生活、语言当中，在此过程中本土化发挥了重要作用。

伊斯兰教亦如此。伊斯兰教在7—9世纪传到中国，此前通过宗教战争打败西域的佛教得以进入今天的新疆地区。但伊斯兰教在中国能站住脚，也因为出现了本土化现象。从福建泉州海上丝绸之路上的清真寺，到北京秀水东街的清真寺，都能看到伊斯兰教同当地文化的结合。

第五是和平性。我认为，一种文明与其他文明相处的最高境界，就是和平性。而中华文明做到了这一点。对比古代欧洲从波斯帝国一直到罗马的亚历山大大帝一波又一波的帝国侵略扩张，中华民族素有和平的基因，而中华文明也因此避免了很多灾祸。所以中国现在走和平发展道路，这也是中国式现代化一个非常重要的特征。

历史空间与现代文明

中华文明突出的连续性和突出的统一性，是从文明的时空观概括了中华民族的特性。

历史中国—现代中国—未来中国，这是一个时间维度；空间维度就是统一的国家空间，即政治、经济、文化、心理统一的中华民族空间。这个空间既是物理的，也是精神的，精神即中华民族共同体意识，是中华民族共同的精神家园。

有了时空架构，其内在动力机制是什么？中华文明为何能延续五千年且将继续延续下去？就是中华民族有创新精神。且创新精神不是自动生成的，必须进行创造性转化。

中华文明能够有连续性，首先是因为有包容性：对内包容，对外包容，对内各民族之间包容，对外对其他民族文明包容，兼收并蓄。此外，中华民族和其他民族外部的关系是什么？和平性回答了这个问题，就是和平共处。

所以这五个特性是完整的逻辑体系，这五个特性及关系，完整地勾勒出中华民族的行为逻辑和历史逻辑。

而五大特性和现代文明是什么关系？五大特性是建设中华民族现

代文明的历史基础，即中华文明五千年历史就是建立中华民族现代文明的历史基础。当下中国的主要任务是要把中华文明延续下去。

中华文明的创造性决定了这五个特性需要创造性转化、创新性发展。中国特色社会主义建设需要马克思主义基本原理同中国具体实际相结合、同中华优秀传统文化相结合。如今中国进入了小康社会，要获得更深刻的文化动力、思想动力，就要使马克思主义更加中国化、时代化，更符合中国实际，需要和中国传统文化获得紧密的结合，创造中国式现代化的新文化，形成新的文化形态。这是中国获得思想动力根源非常重要的内在体现，实现文化主体性和文化创新的自觉性，最后实现精神的独立自主，形成完全的中国式现代化所需要的文化形态，建设中华民族现代文明。

中华文明的五大突出特性，定位了中国发展的坐标，让中国在精神上实现独立自主的境界，形成新阶段的思想解放。中国立足中华民族伟大历史实践和当代实践，用中国道路总结好中国经验，把中国经验提升为中国理论，这种从"道路"到"经验"再到"理论"的升华恰恰表明中国在"坚持走自己的路"，在"掌握思想和文化主动"，在巩固"文化主体性"，在"实现精神上的独立自主"。"第二个结合"要解决"思想和文化的主动"问题和新文化建设的自觉性问题，这是中国式现代化和中华民族现代文明建设非常重要的体现，要建立获得强大、内生性的、独立自主的、有原创动力的文明动力机制。

民族复兴与文明互鉴

中华文明实现延续发展、中华民族实现伟大复兴，还须应对世界文明格局带来的机遇与挑战，处理好文明交流和文明互鉴的问题。历史上中华文明和世界文明之间的关系是兼收并蓄、和平相处，但现在中国与未来中国还面临"中华文明和其他文明是何关系"的问题。中国式现代化赋予中华文明现代力量，中华文明赋予中国式现代化深厚底蕴。中国式现代化是赓续古老文明的现代化，而不是消灭古老文明的现代化；是从中华大地长出来的现代化，不是照搬照抄其他国家的现代化；是文明更新的结果，不是文明断裂的产物。中国式现代化是中华民族的旧邦新命，必将推动中华文明重焕荣光。

中华文明五千年历史，一直拥有兼收并蓄的胸怀，且与其他文明和平相处。中华文明要延续下去，不是以征服其他文明为前提，而恰恰是要和其他文明进行交流互鉴，才能获得生命力。中国式现代化走的是和平发展道路，绝不会走西方帝国主义侵略他人的老路。中国不接受"新冷战"的说法，也不接受"文明冲突论"。

如今西方文明不仅强势，还是不包容的、不说理的，现在中国需要在策略上应对这个问题。中国需要坚定不移地加强文明交流互鉴，发掘五千年文明史的丰富资源，从优秀传统文化中汲取经验，解放思想、打开禁锢，消除近代以来蒙在中华民族心理上的阴影。与西方文明互动博弈的经验，需要中国去总结。

（原刊中国新闻社网，2023 年 7 月 7 日）

中华文明的包容性与文化认同

邴　正[*]

习近平文化思想内涵十分丰富、论述极为深刻，是新时代党领导文化建设实践经验的理论总结，丰富和发展了马克思主义文化理论，构成了习近平新时代中国特色社会主义思想的文化篇，为做好新时代新征程宣传思想文化工作、担负起新的文化使命提供了强大思想武器和科学行动指南。习近平总书记在文化传承发展座谈会上的重要讲话中指出："中国文化源远流长，中华文明博大精深。只有全面深入了解中华文明的历史，才能更有效地推动中华优秀传统文化创造性转化、创新性发展，更有力地推进中国特色社会主义文化建设，建设中华民族现代文明。"[①]

习近平总书记在讲话中系统地总结了中华文明的特点，将其归结为中华文明的连续性、创新性、统一性、包容性、和平性五大特征。本文尝试从中华文明的包容性入手，探讨中华文明多元一体的形成过程与海纳百川的博大文化胸怀。

一　中华文明具有突出的包容性

习近平总书记指出："中华文明从来不用单一文化代替多元文化，

---

[*]　邴正，吉林大学哲学基础理论研究中心教授。

①　习近平:《在文化传承发展座谈会上的讲话》，《求是》2023 年第 17 期。

而是由多元文化汇聚成共同文化，化解冲突，凝聚共识。"①

中华文明的历史形成充分说明，文化本身具有多元复合的特性。文化的多元复合性，是指任何一种现代文化都是在传播的过程中融合而生成的，是多元文化要素层层叠加、不断累进的。原有的文化作为痕迹都会在这个文化中存在，不会被完全擦掉。当外来文化占了支配地位的时候，本土文化就以隐性文化的方式存在，而强势的传播来的外来文化就以显性文化的方式存在。在现代文化中，这种文化的多元复合的现象是普遍存在的。在中国文化当中，这个特点尤为突出。②

中国著名考古学家苏秉琦根据考古新发现，提出了中国文化形成的"满天星斗说"。他认为中国数以千计的新石器遗址可以分为仰韶文化、大汶口文化、屈家岭文化、河姆渡文化、红山文化和从江西的鄱阳湖到广东的珠江三角洲的文化等六大板块，不限于传统认为的黄河流域。③张博泉提出了中华文化一体论。他认为中国文化的形成实际上分成四个阶段：前天下一体阶段即春秋战国时期，炎黄、东夷、百越、苗黎、戎羌诸民族融合成为华夏民族；天下一体阶段即秦汉魏晋时期，华夏民族与蛮夷戎狄诸民族融合成为汉民族；前中华一体阶段即南北朝隋唐时期，汉族与北方游牧民族加深融合；中华一体阶段即宋元明清时期，汉族与其他少数民族融合为中华民族。④

参考他们的观点，中国文化发展可以分为四个阶段。炎黄部落族群是第一个阶段。据《国语·晋语》记载："昔少典氏娶于有蟜氏，生黄帝、炎帝。黄帝以姬水成，炎帝以姜水成。成而异德，故黄帝为姬，炎帝为姜。"⑤炎、黄二帝起源于渭河流域，后发展进入黄河中下游平

---

① 习近平：《在文化传承发展座谈会上的讲话》，《求是》2023年第17期。
② 邴正：《社会文化结构特点与中国道路选择》，《江海学刊》2020年第2期。
③ 参见苏秉琦《中华文明起源新探》，生活·读书·新知三联书店，2019年，第90—109页。
④ 张博泉：《"中华一体"论》，《吉林大学社会科学学报》1986年第5期。
⑤ 左丘明：《国语》，辽宁教育出版社，1997年，第79页。

原，炎帝部落与黄帝部落联合，形成炎黄族群。

华夏族群是第二个阶段。根据历史记载，在炎黄族群四周存在东夷、苗黎、戎狄、氐羌、巴蜀、百越等诸多族群。东夷即中国古代中原人对东部各部落的统称，有淮夷、莱夷、鸟夷、岛夷、湡夷等，分布在今江苏、安徽、山东一带。① 东夷首领为太昊、少昊，崇拜帝俊，以鸟为图腾，经春秋战国时代的诸侯兼并融合，成为华夏的重要组成部分，形成了华夏民族的龙（炎黄）凤（东夷）图腾崇拜。

苗黎即三苗九黎，中国上古传说中黄帝至尧舜禹时代的部落名，又叫"有苗"，分布在今河南、湖北、湖南一带。② 苗黎首领相传为蚩尤，《山海经·大荒北经》记载："蚩尤作兵伐黄帝，黄帝乃令应龙攻之冀州之野。应龙蓄水，蚩尤请风伯、雨师纵大风雨。黄帝乃下天女曰魃，雨止，遂杀蚩尤。"③ 戎狄即中国古代中原人对北方和西北各部落的统称。根据史书记载，殷周时期有鬼戎、西戎等；春秋时有北戎、允戎、犬戎等；秦国西北有冀之戎、义渠之戎、大荔之戎等。狄分赤狄、白狄、长狄诸部，各有支系，因其主要居住在北方，故通称为北狄；秦汉以后，狄或北狄曾是中原人对北方各民族的泛称。氐羌即中国古代中原人对分布在西北和西南一些部落的统称。巴蜀即巴人和蜀人。巴人分为两支：一支是廪君巴人，沿汉江流域迁徙到湖北清江；另一支是沿嘉陵江南迁的巴人，即后来助武王伐纣和助汉还定三

---

① 谭湘清：《〈论语〉本义译解》，湖南师范大学出版社，2019年，第188页。按，《论语·子罕》云："子欲居九夷。"疏："东有九夷：一玄菟、二乐浪、三高骊、四满饰、五凫更、六索家、七东屠、八倭人、九天鄙。"《后汉书·东夷传》云："夷有九种，曰畎夷、于夷、方夷、黄夷、白夷、赤夷、玄夷、风夷、阳夷。"

② 司马迁：《史记》，中华书局，2010年，第41页。按，《史记·五帝本纪第一》中记载："欢兜进言共工，尧曰不可而试之工师，共工果淫辟。四岳举鲧治洪水，尧以为不可，岳强请试之，试之而无功，故百姓不便。三苗在江淮、荆州数为乱，于是舜归而言于帝，请流共工于幽陵，以变北狄；放欢兜于崇山，以变南蛮；迁三苗于三危，以变西戎；殛鲧于羽山，以变东夷：四罪而天下咸服。"参见司马迁《史记》，第28页。

③ 方韬译注《山海经·大荒北经》，中华书局，2009年，第266页。

秦。这支巴人在周初被封为子爵国，即巴子国。巴子国后为秦所灭，秦灭巴后建立巴郡。蜀人的祖先是"蚕丛"和"鱼凫"，与三星堆文化有密切关系，建有蜀国，战国时为秦所灭。百越即中国古代中原人对东南地区各部落的统称。春秋时浙江地区的百越部落建立了越国，后为楚国所灭。秦统一中原后，发 50 万大军征服岭南，百越大部分融入华夏。

天下是第三个阶段。中国传统文化的世界概念集中体现在其天下观中。天下是包括人与自然在内的全部世界，也是中国与四方的总和。《周易》有曰："天地感而万物化生，圣人感人心而天下和平。""观乎天文，以察时变。观乎人文，以化成天下。"[1]《礼记·大学》中有云："家齐而后国治；国治而后天下平。"[2] 春秋时代已经形成以天下系统为代表的世界观。天下就是以华夏为核心，包括东夷、苗黎、戎狄、氐羌、巴蜀、百越等周边诸多族群的可以认知的中外一体的社会。到秦汉时代实现了以中原为核心的统一政权，形成了以华夏为核心，包括东夷、南蛮、西戎、北狄四夷在内的一统天下。

中华民族是第四个阶段。古代华夏族居于四方之中，自称为中华。秦汉以降，发生了魏晋南北朝的五胡入华、唐王朝崩溃后的五代十国以及两宋时期的辽金元朝三次北方游牧民族入主中原。张博泉认为辽宋金时期出现了新的南北朝，无论在民族关系还是在民族意识上，都发生了阶段性的转折。少数民族建立的北朝辽金确立了宗主国的地位，分华夷、分中外的传统"正闰观"受到了批判，趋向统一于一个中国之中成了历史的主要倾向，人们对于民族的观念已冲破了固有的局限。[3] 他认为，金朝处于当时中国的多中国王朝、列国和列部并存的

---

① 杨天才、张善文译注《周易》，中华书局，2011 年，第 207 页。
② 胡平生、张萌译注《礼记·大学》，中华书局，2017 年，第 877 页。
③ 张博泉：《中华一体的历史轨迹》，辽宁人民出版社，1995 年，第 95 页。

新时代。中国封建社会后期出现的后北朝发展的典型：是在中原由过去以汉族为主统治转向以少数民族为主统治的时代，是由过去"炎黄之遗"的大民族主义的血统论向统一的道统、文脉的一体论的变革时代，是社会形态在全国范围内走向同态的时代，是由旧的分中国与四海的统一模式变革为新的不分中国与四海的统一体模式的时代，是各民族自强自立的能力空前发展和走向各民族融合的时代，是中华意识大觉醒的时代，是中华各民族大发展和大进步的时代。① 到元朝时期，北方游牧民族不但控制了中原，而且统一了中国。蒙古族统治者接受了中原文化，基本依靠中原的制度实行统治，原来单一汉族的以中原为中心的天下观，逐渐为"中华"所代替。中华即天下与内外藩属的总称。

1895 年，孙中山在海外创立了兴中会，并提出了"驱除鞑虏，恢复中华，创立合众政府"的主张。1901 年，梁启超在《中国史叙论》中，最早提出了"中华民族"的概念。民国以降，"中华民族"逐渐成为全中国人民的共识。中华民族从炎黄族群开始，就是不同文化群体融合的产物。经过包容东夷、苗黎、戎狄、氐羌、巴蜀、百越等诸多族群的过程，形成了华夏民族。经过包容东夷、南蛮、西戎、北狄四夷的过程，形成了古代中国的天下。经过天下与内外藩属的整合与融合，最终形成了多元一体的中华民族。这一过程恰如林则徐所言："海纳百川，有容乃大。"习近平总书记指出："中华文化认同超越地域乡土、血缘世系、宗教信仰等，把内部差异极大的广土巨族整合成多元一体的中华民族。越包容，就越是得到认同和维护，就越会绵延不断。"②

中华民族成长发展的过程，不仅是一个汉族与周边少数民族不断

---

① 张博泉：《金史研究的进展与构想管见》，载《辽金史论集》第 9 辑，中州古籍出版社，1995 年，第 2—3 页。

② 习近平：《在文化传承发展座谈会上的讲话》，《求是》2023 年第 17 期。

包容与融合的过程，而且是中华民族不断吸收其他国家与民族文化的过程。西汉时期佛教从印度经西域传入中国内地，成为影响广泛的群众性宗教信仰。东汉时期道家思想结合中国本土民间崇拜，吸收佛教的宗教特点，形成了道教。儒家思想影响佛教形成了佛教的禅宗。儒道佛三教并立，你中有我，我中有你，形成了中国传统文化在意识形态和宗教信仰方面的独特特征。儒家思想以入世精神的积极理想主义，体现了贵族与士大夫阶层的理想追求。他们修身齐家治国平天下，努力做顶天立地的大丈夫，不惜杀身成仁，舍生取义。道家思想（包括道教）以无为精神的消极浪漫主义，体现了既不成功又不成仁的贵族与士大夫阶层的生活态度。他们清静无为，以柔克刚，齐物化一，追求永生。佛家思想则以出世精神的悲观主义，体现了对普通民众的精神安慰。佛教把普通人从生活的失败中引向来世的解脱与超脱，给人以绝望中的希望。三者虽路径不同，但实际上实现了分众传播，互相区别，又互相依存，形成了中国传统文化的三角形结构的稳定性。

从唐朝到元朝，伊斯兰教从阿拉伯半岛、袄教和摩尼教从波斯、基督教从欧洲、景教（基督教聂斯脱利派）从西亚，甚至犹太教，通过陆地和海上丝绸之路纷纷传入中国。这些宗教和不同教派，在它们的故乡往往各不相容，有的甚至深陷你死我活的冲突。在中国，外来宗教大多相安无事，各开各的庙，各唱各的调，有的逐渐消亡，有的因不断与朝廷对抗被禁止，有的则扎根中国。习近平总书记指出："中华文明的包容性，从根本上决定了中华民族交往交流交融的历史取向，决定了中国各宗教信仰多元并存的和谐格局，决定了中华文化对世界文明兼收并蓄的开放胸怀。"①

---

① 习近平:《在文化传承发展座谈会上的讲话》,《求是》2023 年第 17 期。

二 文化的一元性与多样性的统一性

中华民族的文化包容性充分体现了文化一元性与多样性的结合。文化是人所创造的物质的与精神的活动成果，以及使用这些成果的活动方式。前者是广义的文化，后者是狭义的文明。精神文化是人所创造的精神活动成果，包括观念文化、符号文化和制度文化。观念文化是文化的基本内容，观念的体系化形成确定的知识与价值观。符号是观念的表达形式，符号的标准化是文化交流传播的基础。规则是人为形成或制定的行为标准，规则的系统化才能形成稳定的社会制度。观念文化、符号文化和制度文化的结构化，必然形成文化的一元化。各民族文化从萌发到成熟，必然形成文化的一元化。

文化进化论的代表泰勒、摩尔根等人认为，人类社会和文化的发生、发展在不断进化，由简单到复杂，从低级到高级发展，从蒙昧时代、野蛮时代走向文明时代，并且认为世界上各民族都有独立发明的能力，大致上经历相同或相似的发展历程。文化进化论的结论即文化一元论、文化趋同论和西方文化中心论。

美国的文化相对主义创始人博厄斯系统批判了西方文化中心论和西方文化优越论。他强调不同民族文化之间的差异，注重文化的多样性发展，坚决反对将世界文化的多样性纳入进化论简单的"单一进化模式中"。他认为，文明世界的各种经济大多相似，以至于如果不依附于建立在个体化和历史之上的文化，我们就有可能陷入一种文化需求和水平一致性的境地。这会使我们丧失从不同文化形式的互动中得到的有价值的促进因素。甚至在我们自己的文化中，要获得相同的环境也是极其困难的。每一户人家、每一条街道、每个家族集团和学校都有自己的特性，是不宜估定其价值的。

因此，每一个文化都有其存在的价值，每一个民族都有其值得尊重的价值观，不同的文化背景有不同的价值和功能。博厄斯强调，文化的多样性，是由历史的特殊性决定的。每一种生活方式，都是过去许多历史因素作用的产物。每个民族都有他们自己特殊的历史，因而每一种生活方式都是独特的。

博厄斯的学生本尼迪克特认为，人类文化各有其不同的价值体系和特征，呈现出多样性。文化模式是一个社会的文化特征及文化复合体的整体组织形式。任何文化特质或元素，都必须首先依据它在某一独特的文化结构中所处的地位，以及它与所属文化的价值系统等的关系加以解释和判断。同时，任何具体的文化都是由不同人群、民族在其特殊的时间地点环境条件下创造出来的。文化模式是文化中的支配力量，是给人们的各种行为以意义，并将各种行为统合于文化整体之中的法则。

不同文化的模式上之所以有差别，是因为文化是一个有机的整体，文化多元素之间存在有机的联系，文化的整体意义不能由单个的文化元素加以解释，是文化整合后的产物。本尼迪克特接受了马林诺夫斯基文化功能主义的思想，把文化模式理解为各种文化特质的丛结。马林诺夫斯基认为，文化是由物质设备、精神文化、语言、社会组织等多种要素综合组成的。这些要素的差异，会在整合中产生影响，形成不同特点的文化模式。

文化的构成元素是多样性的，不同的人群、部落、民族；不同的环境，如平原、草原、海洋、岛屿、沙漠、山地、高原；不同的工具、技术；不同的语言、文字；不同的习惯、风俗；各不相同的文化模式在传播中会发生交互碰撞、冲突与融合，从而形成各不相同的文化特征。因此，文化又是多元的、多样的。习近平总书记指出："中华文明从来不用单一文化代替多元文化，而是由多元文化汇聚成共同文化，化解冲突，凝聚共识。"①

---

① 习近平：《在文化传承发展座谈会上的讲话》，《求是》2023 年第 17 期。

三 中国文化多元复合性的特征

中国传统文化的形成和发展历史充分体现了文化一元性和多样性的统一过程，体现出文化多元复合性的特征。习近平总书记指出："中华文明的统一性，从根本上决定了中华民族各民族文化融为一体、即使遭遇重大挫折也牢固凝聚，决定了国土不可分、国家不可乱、民族不可散、文明不可断的共同信念，决定了国家统一永远是中国核心利益的核心，决定了一个坚强统一的国家是各族人民的命运所系。"[①]

中国国土上黄河中下游的广袤的平原，滋养了中原地区的农业文明，成为华夏民族的摇篮。而在东北、北方、西北、西南地区，存在肃慎、东胡、戎狄、氐羌等古代渔猎游牧民族，后来发展为满、蒙古、维吾尔、哈萨克、藏等数十个少数民族，形成了农耕文化与渔猎游牧文化长期并存与对峙的局面。长期以来，受二十四史体现的中原中心史观的影响，人们往往强调农耕文化，只看到周边渔猎游牧民族与中原农耕民族之间的对峙与战乱，忽略了渔猎游牧文化对中原文化的积极影响。但实际上，中国传统文化是农耕文化和游牧文化结合形成的，并不是纯粹的农耕文化，其中包容和融入了大量渔猎游牧文化的因素。中国文化多元复合性结构的文化特征，主要体现为游牧和农耕的二元对立依存的结构。

首先，我们应该看到中原农耕民族与周边渔猎游牧民族经济上存在依存关系。中原的农耕经济需要游牧民族提供牛马等牲畜作为生产工具和交通工具，这些工具不仅大大提高了农业生产力和运输能力，也加强了对幅员辽阔的大一统国家的管理能力。而游牧民族的食物单

---

① 习近平：《在文化传承发展座谈会上的讲话》，《求是》2023 年第 17 期。

一、经济结构单一，他们需要穿衣服，他们的贵族需要穿丝绸，他们的牧民食用大量的肉类，需要盐和茶来调节，这些都由中原来供应，所以形成了这种经济上的依存关系。没有周边发达的游牧文化，中原的农耕文化不能这样成熟；没有中原发达的农耕文化，周边的游牧民族不可能周期性地入主中原，因为我们不断提高其文化存在的层级，这样使其由一个小部落慢慢有能力聚合为一个有贵族和平民的大的军事集团。

其次，中原农耕民族与周边渔猎游牧民族存在政治上的互补关系。这种二元对立和依存形成了中国古代政治制度的中央集权、超级军备和大一统国家三大特征。

早在春秋时期，齐桓公二十三年（前663年），"山戎伐燕，燕告急于齐。齐桓公救燕，遂伐山戎，至于孤竹而还"。[①]战国时期燕国、赵国、秦国都在北部边境修筑长城以防匈奴。秦始皇派遣公子扶苏和蒙恬率20万大军战败匈奴，修筑长城。汉代与匈奴多次发生攻防战争，收降南匈奴，驱逐北匈奴。魏晋南北朝时期，匈奴、羯、鲜卑、氐、羌等北方和西北游牧民族越过长城，逐鹿中原。宋元明清时期有契丹、女真、蒙古等北方和东北的游牧渔猎民族进入中原，两度统治全中国。周边渔猎游牧民族周期性进入中原农业文明地区，直接影响中国古代政治制度。

中央集权的政治制度的形成和发展，与农牧二元对峙和依存的社会结构关系密切。中原周边始终存在的强大渔猎游牧民族，形成了来自边疆的巨大压力和挑战。钱穆认为，"人类文化，由源头处看，大别不外三型。一、农耕文化，二、游牧文化，三、商业文化。……游牧、商业起于内不足，内不足则需向外寻求，因此而为流动的，进取的。农耕可以自给，无事外求，并必继续一地，反复不舍，因此而为静定

---

① 司马迁：《史记·齐太公世家第二》，第2529页。

的，保守的"。① 渔猎游牧民族的迁移性和劫掠性传统，使他们经常突破农耕游牧的边界，与农耕民族发生冲突。一旦形成统一的游牧民族政权，多部落凝聚起来的经济、政治、军事力量，常常会突破长城，冲击、破坏中原农耕民族的社会稳定和安宁。这种冲突促使中原农耕民族逐渐加强社会团结，形成统一的中央政权，控制地方政权，凝聚全社会力量，以对抗渔猎游牧民族的周期性冲击。

这种对抗和挑战形成了中原政权的超级军备特点。高适在《营州歌》中有云："营州少年厌原野，狐裘蒙茸猎城下。虏酒千钟不醉人，胡儿十岁能骑马。"耶律阿保机云："女真不满万，满万不可敌。"游牧民族以部落为基本社会组织形式，生产与军事组织往往是一体化的，他们自幼生长在马上，骑射技能远超平时种地、战时召集入伍的农耕民族。骑兵来去如风，运动速度快，机动性极强，冲击力巨大。作为马背上的民族，他们妇女老幼随军作战，直接提供后勤服务。在冷兵器时代，这些优势使他们在战场上往往压倒同样数量甚至超过自身数倍的步兵。在历史上，匈奴、鲜卑、吐蕃、突厥、回纥、契丹、女真、蒙古、满洲这些渔猎游牧民族都曾拥有数十万兵力，中原农耕政权不但要加强中央集权，而且必须保持上百万的常备军，才能够抵抗游牧民族的进攻，形成了超级军备的特点。超级军备推动了全国人力物力财力向中央政府的高度集中，进一步强化了中央集权制度。

这种对抗和挑战形成了中原政权的大一统传统。"大一统"是指在政治、经济和思想文化上的高度集中和整齐划一。大一统的提法最早出自孔子。《春秋公羊传》："何言乎王正月？大一统也。"② 唐代徐彦注疏曰："王者受命，制正月以统天下，令万物无不一一皆奉之以为始，

① 钱穆：《中国文化史导论》，九州出版社，2011年，第2页。
② 刘尚慈译注《春秋公羊传译注》，中华书局，2010年，第1页。

故言大一统也。"① 汉代董仲舒曰:"《春秋》大一统者,天地之常经,古今之通谊也。"② 儒家认为,大一统是天地古今之道,不可改变。孔子针对春秋时代"礼崩乐坏"的诸侯割据现象,认为天子应该具有一统天下的权威,"礼乐征伐自天子出"。大一统思想的产生原因是多样的,但中原诸侯对天子权威的挑战,以及周边渔猎游牧民族(蛮夷戎狄)对中原王朝权威的挑战,是大一统思想产生和不断强化的重要原因。

四 中国传统文化包容性的文化态度

围绕人和宇宙、中国和世界的基本关系,中国传统文化有三个基本观念。

其一是天下一家的文化依存论。在个人与他人、中国与世界的关系上,中国传统文化主张天下一家,四海之内皆兄弟。个人与世界的发展是修身齐家治国平天下。孔子曰:"君子敬而无失,与人恭而有礼。四海之内,皆兄弟也。君子何患乎无兄弟也?"③ 儒家文化的核心是天下一家,但是儒家的天下一家不是天下唯此一家,而是海纳百川,有容乃大。

其二是华夷互变的文化复合论。在华夏与蛮夷、中国与世界的关系上,中国传统文化主张可以华夷互变。《史记·楚世家第十》记载:"三十五年,楚伐随。随曰:'我无罪。'楚曰:'我蛮夷也。今诸侯皆为叛相侵,或相杀。我有敝甲,欲以观中国之政,请王室尊吾号。'随人为之周,请尊楚,王室不听,还报楚。三十七年,楚熊通怒曰:'吾先鬻熊,文王之师也,蚤终。成王举我先公,乃以子男田令居楚,蛮

---

① 李学勤主编《十三经注疏》(标点本),北京大学出版社,1999 年,第 10 页。
② 班固:《汉书·董仲舒传》,中华书局,2007 年,第 506 页。
③ 谭湘清:《〈论语〉本义译解》,第 242 页。

夷皆率服，而王不加位，我自尊耳。'乃自立为武王。"① 春秋初期，像楚、秦等在边远地区，疆土临近周边其他民族或与其混居的诸侯国，尚不被中原核心地区诸侯认同为华夏，但并不影响秦楚自认为华夏。韩愈认为，"孔子之作《春秋》也，诸侯用夷礼则夷之，夷而进于中国则中国之"。②

其三是和而不同的文化包容论。孔子曰："君子和而不同，小人同而不和。"正是这一文化依存、文化复合、文化包容的优良传统，一方面推动华夏民族与周边民族不断融合，最终形成中华民族多元一体的民族共同体，另一方面保持了中华民族与世界的和平性基本关系。正如习近平总书记所说："中华文明的和平性，从根本上决定了中国始终是世界和平的建设者、全球发展的贡献者、国际秩序的维护者，决定了中国不断追求文明交流互鉴而不搞文化霸权，决定了中国不会把自己的价值观念与政治体制强加于人，决定了中国坚持合作、不搞对抗，决不搞'党同伐异'的小圈子。"③

在全球化时代，中国文化的文化依存论、文化复合论和文化包容论的传统，有利于加强和提高中华民族多元一体格局的文化认同，有利于全球各国不同文化的交流与融合，有利于人类命运共同体的形成。文化认同是社会群体成员对本群体的习俗、历史、价值观和文化特征的充分接受和肯定。形成社会共识和认同是文化的重要社会功能。文化是一种内在的聚合力，通过文化跨越社会成员之间产生共同的符号、规则和观念，产生共同的价值观和群体信念；在共同利益的基础上，形成文化共识和文化自觉。社会认同的基础是社会成员之间形成基本一致的文化价值观，这种文化价值观成为把诸多人群凝聚为一个民族

---

① 司马迁：《史记·楚世家第十》，第 1695 页。
② 韩愈：《韩昌黎集·原道》，中华书局，2019 年，第 675 页。
③ 习近平：《在文化传承发展座谈会上的讲话》，《求是》2023 年第 17 期。

共同体的精神纽带。所以，文化认同是民族认同、国家认同的重要心理和精神的基础，而且是最深层的基础。在全球化、信息化、网络化时代的背景下，基于文化的社会认同日益成为综合国力竞争中最重要的软实力。

习近平总书记指出："要尊重世界文明多样性，以文明交流超越文明隔阂、文明互鉴超越文明冲突、文明共存超越文明优越。"① 在传承和创新中华优秀传统文化基础上，进一步丰富、发展了在全球化背景下中华民族的文化理念。他进一步提出，中国式现代化的本质要求包括"推动构建人类命运共同体，创造人类文明新形态"，体现了对中华民族优秀文化充分的文化自信，指明了当代中国文化发展的方向和基本原则。我们一定要在新时代国内外错综复杂的文化发展背景下，以习近平文化思想为指导，坚持充分的文化自信，传承创新中华民族优秀文化传统，繁荣发展新时代中国特色社会主义文化，创造人类文明新形态。

（原刊《教学与研究》2024 年第 1 期）

---

① 习近平：《决胜全面建成小康社会 夺取新时代中国特色社会主义伟大胜利——在中国共产党第十九次全国代表大会上的报告》，人民出版社，2017 年，第 59 页。

继承党的优良传统　推动文化传承发展

罗　布[*]

　　文化关乎国本、国运。党的十八大以来，习近平总书记把文化建设摆在全局工作的重要位置，深刻把握新时代历史方位，以高度的文化自觉、宏阔的历史视野、深远的战略考量，对新时代如何继续推动文化繁荣、建设文化强国、建设中华民族现代文明进行了全方位、深层次思考，提出一系列新思想新观点新论断，引领中华优秀传统文化创造性转化、创新性发展，推动中国特色社会主义文化建设在正本清源、守正创新中取得历史性成就、发生历史性变革，为新时代开创党和国家事业新局面提供了坚强思想保证和强大精神力量。在文化传承发展座谈会上，习近平总书记强调："希望大家担当使命、奋发有为，共同努力创造属于我们这个时代的新文化，建设中华民族现代文明！"这就要求我们不断深化对文化建设的规律性认识，坚定文化自信自强，更加自觉、更加主动地推动中华优秀传统文化同时代、同中国式现代化相协调，更好地担负起新时代文化传承发展使命。

---

　　*　罗布，西藏自治区社会科学院党组成员、副院长。

文化引领前进方向

在五千多年中华文明深厚基础上开辟和发展中国特色社会主义，把马克思主义基本原理同中国具体实际、同中华优秀传统文化相结合是必由之路。这是我们在探索中国特色社会主义道路中得出的规律性认识。其中，"第二个结合"（即同中华优秀传统文化相结合）充分说明我们党深化对马克思主义中国化时代化历史经验的认识、对中华文明发展规律的把握，进一步增强在传承中华优秀传统文化中推进文化创新的自觉性，这也是中国特色社会主义取得成功的最大法宝。

习近平总书记指出："中华民族生生不息绵延发展、饱受挫折又不断浴火重生，都离不开中华文化的有力支撑。"我们党善于运用文化引领前进方向、凝聚奋斗力量，团结带领全国各族人民不断以思想文化新觉醒、理论创造新成果、文化建设新成就推动党和人民事业向前发展，文化工作在革命、建设、改革和新时代各个历史时期都发挥了不可替代的作用。特别是党的十八大以来，我们党坚持把文化建设摆在党和国家全局工作重要战略地位，把马克思主义思想精髓同中华优秀传统文化精华贯通起来，不断推进中华优秀传统文化创造性转化、创新性发展，夯实党的创新理论的文化基础与文明根基，使当代中国马克思主义彰显出强大的真理力量和实践伟力，为中华民族统一思想、凝聚力量，全面建成社会主义现代化强国提供了重要思想文化基础。同时，我们党坚持用马克思主义中国化最新成果武装全党、教育人民，用中国特色社会主义共同理想凝聚力量，用以爱国主义为核心的民族精神和以改革创新为核心的时代精神鼓舞斗志，用社会主义核心价值观引领风尚，巩固了全党全国各族人民团结奋斗的共同思想道德基础；坚持为人民服务、为社会主义服务的方向和百花齐放、百家争鸣的方针，发扬广大人民群众和文化工作者的创造精神，推动优秀文化产品大量涌现，极大地丰富了人民精神文化生活；坚持推进文化体制改革，创新文化发展理念，解放和发展文化生产力，推动文化事业全面繁荣、文化产业健康发展，大力开展公共文化服务体系建设，大幅度提高了人民的文化权益保障水平，大幅度提高了文化在经济社会发展中的地位和作用；坚持发展多层次、宽领域对外文化交流格局，借鉴吸收人类优秀文明成果，实施文化"走出去"战略，不断增强中华文化的国际影响力，向世界展示中华民族奋力实现第二个百年奋斗目标的崭新形象和昂扬向上的精神风貌。

增强中华文化认同

中华民族在长期的生产生活实践中产生和形成的优秀传统文化，是中华民族的精神命脉。中华文明是四大古文明中唯一没有中断的文明，其突出的连续性、创新性、统一性、包容性、和平性特性，对形成和维护我国团结统一的政治局面，对形成巩固我国多民族"和合"一体的大家庭，对激励中华儿女维护祖国统一和反抗外来侵略，对推动社会发展进步和促进社会和谐稳定，发挥了十分重要的作用。历史和现实反复表明，中华民族只有对自身文化理想、文化价值充分认同，对自身文化生命力、创造力充满自信，才能有坚定坚守的定力、奋起奋发的勇气、创新创造的活力，不断铸就中华文化新辉煌。

习近平总书记指出："我国灿烂的文化是各民族共同创造的。"在中华文明五千多年的发展中，我国各族人民创造了源远流长、博大精深的优秀传统文化，各民族文化相互借鉴吸收，形成了"多元一体"的中华文化格局，为中华民族生生不息、发展壮大提供了强大精神支撑。中华文化包含了各民族文化在历史发展中交流交融形成的文化共性，也体现了各民族丰富多彩的文化特色，各民族优秀传统文化都是中华文化的组成部分。中华文化是主干，各民族文化是枝叶，根深干壮才能枝繁叶茂。推动各民族文化传承发展要在增强对中华文化认同的基础上进行，不能本末倒置，不能不分良莠全盘保护，更不能借保护文化多样性之名宣扬保守封闭的意识、固守愚昧落后的生活方式和陈规陋习。西藏文化是中华文化的重要组成部分，在其形成发展过程中，各民族文化不断交流、相互促进，创造了世界上最长的史诗《格萨尔》，世界上最古老的佛经贝叶经，浩如烟海的文化典籍，独具特色的建筑、绘画、歌舞、民俗等传统文化。在社会主义革命、建设和改革进程中，党团结带领西藏各族人民共同铸就了"两路"精神、老西藏精神、孔繁森精神等精神丰碑，推动了现代教育、文学艺术、科学技术的发展进步，形成了丰富的革命文化、社会主义先进文化。对中华文化的认同，是民族团结之根、民族和睦之魂，也是对中华民族共同信念的认同。推动西藏文化传承发展要深刻认识国家统一永远是中国核心利益的核心，坚强统一的国家、团结和谐的民族关系是各族人民的命运所系，树牢国土不可分、国家不可乱、民族不可散、文明不可断的中华民族共同信念，坚决与强调民族文化特殊性、把藏民族文化游离于中华文化之外的错误言论作斗争，使中华文化成为西藏各族人民凝心聚力、团结奋进的强大精神纽带。同时，要继承革命文化，发展社会主义先进文化，不忘本来、吸收外来、面向未来，共同更好构筑中国精神、中国价值、中国力量，建设好中华民族的共有精神家园。

推动文化传承发展

步入新时代，中华优秀传统文化越来越成为民族凝聚力和创造力的重要源泉、越来越成为综合国力竞争的重要因素、越来越成为高质量发展的重要支撑，丰富的精神文化生活越来越成为全国各族人民的热切愿望。我们必须抓住用好我国发展的重要战略机遇期和西藏发展进入历史最好时期的机遇，自觉把文化传承发展作为西藏工作的重要内容，更好满足人民精神需求、丰富人民精神世界、增强人民精神力量，为推动长治久安和高质量发展提供坚强思想保证、强大精神动力、有力舆论支持、坚实文化支撑。

习近平总书记指出："我们决不可抛弃中华民族的优秀传统文化，恰恰相反，我们要很好传承和弘扬，因为这是我们民族的'根'和'魂'，丢了这个'根'和'魂'，就没有根基了。"在西藏做好文化传承发展工作，必须坚守中华文化立场，突出中华文化主体，以推动文化繁荣、建设文化强区和现代文明为目标，全面认识西藏传统文化，取其精华、去其糟粕，古为今用、推陈出新，坚持保护利用、普及弘扬并重，加强对优秀传统文化思想价值的挖掘和阐发，维护民族文化基本元素，使优秀传统文化成为新时代鼓舞人民前进的精神力量。一切传统文化都要主动适应新时代要求进行创造性转化和创新性发展。坚持把社会主义核心价值观贯穿融入西藏文化产品创作生产传播各环节，融入各族群众日常生产生活，使之成为各族群众自觉践行的行为准则。加强文化典籍整理和出版工作，推进文化典籍资源数字化。加强重大文化和自然遗产地、重点文物保护单位、历史文化名城名镇名村保护建设，抓好非物质文化遗产保护传承。深入挖掘民族传统节日文化内涵，广泛开展优秀传统文化教育普及活动。发挥国民教育在文化传承发展中的基础性作用，增加优秀传统文化课程内容，加强优秀传统文化教学研究基地建设。繁荣发展民族文化事业，大力推广和规范使用国家通用语言文字，大力宣传各民族共学、共居、共事的典型事迹，提倡同说中国话、同写方块字、同过中华节，让中华民族大家庭其乐融融，让那些想方设法破坏社会和谐稳定、阻挡社会主义现代化新西藏建设的人无机可乘、无空可钻。

（原刊《新西藏》2023 年第 9 期）

坚持"两个结合" 建设中华民族现代文明

程　越[*]

一　从"一个结合"发展为"两个结合"是马克思主义中国化的又一里程碑

中国共产党是用马克思主义武装起来的政党，党的百余年历史就是一部不断推进马克思主义中国化时代化的历史，就是一部不断推进理论创新、进行理论创造的历史。理论创新的核心就是不断推进马克思主义中国化时代化，不断开辟马克思主义新境界。马克思主义必须中国化才能落地生根，必须本土化才能深入人心，必须大众化才能由人民掌握。

以毛泽东同志为核心的党的第一代领导集体从革命斗争的失败教训中，深刻认识到必须从中国实际出发实现马克思主义中国化。毛泽东同志在 1943 年就指出，中国共产党近年来所进行的反主观主义、反宗派主义、反党八股的整风运动就是要使马克思列宁主义这一革命科学更进一步地和中国革命实践、中国历史、中国文化深相结合起来。在这里，毛泽东同志将中国历史、中国文化都纳入"中国实际"的范畴之中。

---

* 　程越，西藏自治区社会科学院（自治区哲学社会科学界联合会）一级巡视员。

在庆祝中国共产党成立 100 周年大会上，习近平总书记首次正式提出"两个结合"的重要论断。在文化传承发展座谈会上，习近平总书记系统阐述了"两个结合"的丰富内涵和实践要求，深刻指出"第二个结合"让我们掌握了思想和文化主动，让马克思主义成为中国的，中华优秀传统文化成为现代的，让中国特色社会主义道路有了更加宏阔深远的历史纵深，让中国共产党有了引领时代的强大文化力量。关于"两个结合"的重要论断，是习近平新时代中国特色社会主义思想的重大理论贡献，再次证明了习近平新时代中国特色社会主义思想是中华文化和中国精神的时代精华。

二 在新的起点上继续推动文化繁荣，建设中华民族现代文明

国家之魂，文以铸之。没有文化的繁荣兴盛，就没有中华民族伟大复兴。中国特色社会主义文化，来源于中华优秀传统文化，熔铸于党领导人民在革命、建设、改革中创造的革命文化和社会主义先进文化，植根于中国特色社会主义伟大实践。新时代十年，以习近平同志为主要代表的中国共产党人不断深化对文化建设的规律性认识，提出一系列新思想新观点新论断。习近平总书记在文化传承发展座谈会上明确的文化建设方面的"十四个强调"，是我们建设社会主义文化强国的根本遵循。

坚持和加强党对宣传思想文化工作的全面领导，担负起新的文化使命，建设社会主义文化强国，铸就社会主义文化新辉煌。中国特色社会主义最本质的特征是中国共产党领导。2016 年 10 月，党的十八届六中全会明确习近平总书记党中央的核心、全党的核心地位，正式提出"以习近平同志为核心的党中央"。同年 12 月，习近平总书记在

中央政治局民主生活会上深情表白："党中央的核心、全党的核心，对我来说就是责任，我要用毕生精力和全部生命来回报党和人民的信任，鞠躬尽瘁、死而后已、赴汤蹈火、万死不辞。"实践证明，新时代取得的一系列伟大成就，最根本的原因在于有习近平总书记领航掌舵，有习近平新时代中国特色社会主义思想科学指引。

坚持马克思主义在意识形态领域指导地位的根本制度，推进马克思主义中国化时代化，建设具有强大凝聚力和引领力的社会主义意识形态。意识形态工作是为国家立心、为民族立魂的工作，决定文化前进方向和发展道路。牢牢掌握党对意识形态工作领导权，使全体人民在理想信念、价值理念、道德观念上紧紧团结在一起。

坚定文化自信，推动社会主义文化繁荣兴盛，建设中华民族现代文明。中华文明具有突出的连续性、突出的创新性、突出的统一性、突出的包容性、突出的和平性。立足中华民族伟大历史实践和当代实践，用中国道理总结好中国经验，把中国经验提升为中国理论。在新的历史起点上继续推动文化繁荣、建设文化强国、建设中华民族现代文明，是我们在新时代新的文化使命。

以社会主义核心价值观引领文化建设，广泛开展中国特色社会主义和中国梦宣传教育，使全体人民在理想信念、价值理念、道德观念上紧紧团结在一起。社会主义核心价值观是凝聚人心、汇聚民心的强大力量。弘扬以伟大建党精神为源头的中国共产党人精神谱系，持续抓好党史、新中国史、改革开放史、社会主义发展史宣传教育，把社会主义核心价值观融入法治建设、融入社会发展、融入日常生活。

加快构建中国特色哲学社会科学，以我国实际为研究起点，阐释中国道路、解读中国实践、构建中国理论。坚持以马克思主义为指导，是当代中国哲学社会科学区别于其他哲学社会科学的根本标志。坚持为人民做学问理念，以研究我国改革发展稳定重大理论和实践问题为主攻方向，构建中国特色哲学社会科学学科体系、学术体系、话语体系，为实现中华民族伟大复兴提供智力支持。

推动中华优秀传统文化创造性转化、创新性发展，让中华文化展现出永久魅力和时代风采。加强对中华优秀传统文化的挖掘和阐发，使中华民族最基本的文化基因与当代文化相适应、与现代社会相协调，把跨越时空、超越国界、富有永恒魅力、具有当代价值的文化精神弘扬起来，让中华文明同各国人民创造的多彩文明一道，为人类提供强大精神指引。

提高新闻舆论传播力、引导力、影响力、公信力，弘扬主旋律、传播正能量，巩固壮大奋进新时代的主流思想舆论。做好新闻宣传工作是无产阶级政党夺取政权的一个重要法宝，是党赢得民心、长期执政的政治根基。在坚持党管媒体原则不动摇的前提下，推动建立以内容建设为根本、先进技术为支撑、创新管理为保障的全媒体传播体系，形成网上网下同心圆，让正能量更强劲、主旋律更高昂。

坚持以人民为中心的创作导向，把社会效益放在首位，推出更多增强人民精神力量的优秀作品。热爱人民不是一句口号，文艺创作应该用现实主义精神和浪漫主义情怀观照现实生活，用光明驱散黑暗，用美善战胜丑恶，让人们看到美好、看到希望、看到梦想就在前方。文艺应坚持把社会效益放在首位，社会效益和经济效益相统一。

要像爱惜自己的生命一样保护历史文化遗产，加强文物保护利用和文化遗产保护传承，守护好中华文脉。我们的先辈创造并留存了不计其数的历史文化遗产资源，成为中华文化的瑰宝、全人类的财富。加大文化和文化遗产保护力度，全面提升文物保护利用水平，加强城乡建设中历史文化保护传承，建好用好国家文化公园，推动非物质文化遗产保护工作呈现新气象，让人民群众在日用而不觉中坚定历史自信和文化自信。

中国式现代化是物质文明和精神文明相协调的现代化，能促进全体人民精神生活共同富裕，促进人的全面发展。新时代强调实现全体人民共同富裕，是人民群众物质生活和精神生活都富裕。推进城乡精神文明建设融合发展，不断满足人民群众多样化、多层次、多方面的精神文化需求；发展公共文化事业，健全现代文化产业体系和市场体系；推进文化和旅游深度融合发展，加快建设体育强国。

铸牢中华民族共同体意识，建设中华民族共有精神家园。中华民族共同体意识是民族团结之本。以铸牢中华民族共同体意识为新时代党的民族工作的主线，推动各民族树立正确的国家观、历史观、民族观、文化观、宗教观，增强国家意识、公民意识、法治意识，坚定对伟大祖国、中华民族、中华文化、中国共产党、中国特色社会主义的高度认同，不断推进中华民族共同体建设。

过不了互联网这一关就过不了长期执政这一关，要把互联网这个变量变成事业发展的增量，培育积极健康向上向善的网络文化，建设网络文明。截至 2022 年 12 月，我国网民规模为 10.67 亿人，网民中使用手机上网的比例为 99.8%。互联网日益成为宣传思想工作的主阵地、意识形态斗争的主战场。科学认识网络传播规律，依法加强网络空间治理，加强网络内容建设，坚决打赢网络舆论斗争，推进全球互联网治理体系变革。

提升国家文化软实力和中华文化影响力，加强国际传播能力建设，讲好中国故事，推动中华文化更好走向世界。在经济、军事、科技实力之外，文化软实力越来越成为综合国力竞争的重要因素，中华优秀传统文化就是我们最深厚的文化软实力。加快构建中国话语和中国叙事体系，讲好中国故事、传播好中国声音，展现可信、可爱、可敬的中国形象。加强国际传播能力建设，形成同我国综合国力和国际地位相匹配的国际话语权。

弘扬全人类共同价值，落实全球文明倡议，推动文明交流互鉴，丰富世界文明百花园。2015 年 9 月，习近平主席在第七十届联合国大会上提出的全人类共同价值，是中国打造人类命运共同体、推进全球治理体系体制变革的理念基础。2023 年 3 月 15 日，习近平总书记在中国共产党与世界政党高层对话会上的主旨讲话中首次提出全球文明倡议，是中国向世界提供的又一重要国际公共产品。平等地对待不同文明，包容和尊重不同文化的价值，开展文明对话交流，让文明交流互鉴成为增进各国人民友谊的桥梁、推动社会进步的动力、维护地区与世界和平的纽带。

三 西藏文化是中华文化的重要组成部分，中华文化是西藏各民族的情感纽带和心灵归属

西藏自古以来就是伟大祖国不可分割的一部分。中国共产党治理西藏最雄厚的历史根基，是延续几千年、从未中断的中华文明。

西藏是各民族共同开发的，西藏历史是各民族共同书写的，藏族和其他各民族交流贯穿西藏历史发展始终。位于那曲市申扎县的尼阿底旧石器时代遗址将人类首次登上西藏高原的历史前推到了 4 万年前，同时说明尼阿底人与我国北方人群有过文化与技术的交流。昌都卡若新石器时代遗址所代表的卡若文化，体现了西藏地方在新石器时代与仰韶文明等发生的深入交往。位于阿里地区噶尔县门士乡的故如甲木墓地，出土的"王侯"文鸟兽纹锦与同时出土的茶叶、青铜茶具一道成为高原丝绸之路将西藏西部与祖国其他地区联络在一起的生动写照。7—9 世纪中叶，唐蕃之间使臣往来极为频繁，这既是出于政治、军事上的利害关系，也包含了很大的经济和文化交流的成分。吐蕃扩张所发动的一系列战争绝大多数是与东面的唐朝进行的，吐蕃灭亡之后藏

传佛教教派势力向中原发展、向整个蒙古地区的发展，都表明了西藏文明向东发展、向中原文明倾斜的大趋势。由元朝正式开启中央政府对西藏地区的直接管辖，虽然经历曲折，但是有几个重要因素是鲜明的：动用军队或以武力为后盾实现统一，往往在西藏派驻有军队；在西藏地方建立治理机构、任命官员，在政治上实现有效治理；普查当地的人口、税赋等情况，在经济上实现有效掌控；中央和西藏地方开展密切的经济、文化、宗教等往来；西藏当地上层人士和普通群众对中央政府有着发自内心的信仰。

中国共产党治理西藏创造了短短几十年跨越上千年的人间奇迹，西藏优秀传统文化得到保护和发展。中国共产党始终代表中华民族的整体利益，始终在为最广大的人民群众谋幸福，因而在西藏建立和发展社会主义制度、实现社会主义现代化的政治路线始终没有动摇。七十多年间西藏施行的发展方针、经济社会发展等既呈现出自身的特色，又越来越和全国的发展趋于同频共振，西藏地方与祖国其他地方的差距不断缩小。

习近平总书记关于西藏工作的重要指示和新时代党的治藏方略引领新时代西藏工作取得重大成就，让我们更加深刻地领悟到"两个确立"的决定性意义。在习近平总书记的关心、推动下，西藏十年来攻克了许多长期没有解决的难题，办成了许多事关长远的大事要事。新时代十年西藏的伟大变革使我们更加深刻地认识到，"两个确立"是我们战胜前进道路上一切艰难险阻、应对各种不确定性的最大确定性、最大底气、最大保证。

"今天，衡量一名共产党员、一名领导干部是否具有共产主义远大理想，是有客观标准的，那就要看他能否坚持全心全意为人民服务的根本宗旨，能否吃苦在前、享受在后，能否勤奋工作、廉洁奉公，能否为理想而奋不顾身去拼搏、去奋斗、去献出自己的全部精力乃至生命。"中国式现代化是中华民族的旧邦新命，必将推动中华文明重焕荣光。新征程上，我们要坚持以习近平新时代中国特色社会主义思想为指导，在以王君正书记为班长的十届自治区党委坚强领导下，加强研究阐释，坚持学以致用，全面落实党的二十大关于宣传思想文化工作的各项战略部署，坚定文化自信自强，自觉担负起新时代新的文化使命，为扎实推进中华民族现代文明建设作出更多西藏贡献。

（原刊《新西藏》2023 年第 10 期）

空间文化、社会记忆与身份认同
——关于文化传承发展的几点哲学思考

闫国疆 *

　　问题是时代的声音和创新的起点。作为人们认识世界、改造世界的重要工具，回应时代的呼唤，认真研究并解决时代重大问题是哲学社会科学研究的根本任务。在"两个大局"加速演进并深度互动的时代背景下，"中国之问、世界之问、人民之问、时代之问给我们提出的新考题比过去更复杂、更难"。[①] 以史为鉴，可以明智。回望近现代历史，中国共产党之所以能够团结带领中国人民完成"其他政治力量不可能完成的艰巨任务"，[②] 关键在其坚持植根中国国情和中华民族历史文化沃土，找到了"把马克思主义基本原理同中国具体实际、同中华优秀传统文化相结合"这一"取得成功的最大法宝"，[③] 用马克思主义激活了中华文化中富有生命力的优秀因子并赋予新的内涵，成功解决了问题。新时代解决新问题需要守正创新，决不能"犯失去魂脉和根脉的颠覆性错误"。[④] 习近平总书记提醒我们，"中华文明具有突出的

---

* 闫国疆，新疆财经大学马克思主义学院教授。

① 习近平：《不断深化对党的理论创新的规律性认识　在新时代新征程上取得更为丰硕的理论创新成果》，《人民日报》2023 年 7 月 2 日，第 1 版。

② 习近平：《不断深化对党的理论创新的规律性认识　在新时代新征程上取得更为丰硕的理论创新成果》，《人民日报》2023 年 7 月 2 日，第 1 版。

③ 《习近平在文化传承发展座谈会上强调　担负起新的文化使命　努力建设中华民族现代文明》，《人民日报》2023 年 6 月 3 日，第 1 版。

④ 习近平：《不断深化对党的理论创新的规律性认识　在新时代新征程上取得更为丰硕的理论创新成果》，《人民日报》2023 年 7 月 2 日，第 1 版。

连续性，从根本上决定了中华民族必然走自己的路。如果不从源远流长的历史连续性来认识中国，就不可能理解古代中国，也不可能理解现代中国，更不可能理解未来中国"。[①] 连续性为何如此重要？本文拟略述己见，抛砖引玉。

一　记忆与中华文明突出的连续性：传承发展的主体建构与内驱力

"源远流长的历史连续性"不仅是世界上唯一没有中断的文明的突出特性，而且是中华民族及其成员引以为豪的显著身份标识，是每个成员知其所是、成其所为、身份认同的重要依据。马克思主义能够激活中华文化中富有生命力的优秀因子并赋予其新的内涵，则与中华民族连续性极强的五千余年文明记忆密切相关。

记忆作为人类特有的一种心智活动，是人脑对人的实践活动和经验的识记、保持和应用过程，涉及信息接受、选择、编码、储存、提取和再运用。"无数个人从不同角度、不同层次进行的关乎世界与自我的记忆，必然会相互影响、渗透和融合。这些记忆还会通过各种各样的媒介传播，促使共同生活于一定范围内的群体内部形成一种普遍共识，成为一定历史条件下的人们共同体的记忆。这种共同体的记忆一旦形成，就会发挥其信息调节和规范功能，使这一群体成为一个具有高度自我调节、自我完善能力的结构共同体。"[②] 历史连续性则是这种生命体的生命力呈现。

根据主体的差异，记忆可以分为个体记忆与家庭记忆、民族记

---

① 《习近平在文化传承发展座谈会上强调　担负起新的文化使命　努力建设中华民族现代文明》，《人民日报》2023 年 6 月 3 日，第 1 版。
② 闫国疆：《社会记忆、民族身份与国家认同》，《中央社会主义学院学报》2019 年第 6 期。

忆、国家记忆等多种形式。民族记忆是"历史发展当中居住在不同地域的各个不同的人类群体因为各自生活所处的自然条件、语言文化、生活习性等方面的差异，而在具体生产生活中形成富有自身特色的生产方式、社会制度、宗教信仰、风俗习惯等，这些具有浓厚文化意蕴且通过一定的符号体系或实物形式保存下来并世代相传的知识信息，凝化为一种使自己与其他群体能够区别开来的集体记忆。这种记忆既是一个稳定的人们共同体实践活动过程与结果的凝化和表现，也是这一共同体得以存在和发展的基本条件。依托这种记忆所形成的稳定的人们共同体就是通常所讲的民族。民族形成之后，这一群体所属的每一个成员都可以通过日常生产生活实践和祭祀、节庆等礼仪活动，不断地从自己所属的群体之中汲取个人生存与发展的养料，获得更多更强的认识和实践能力，从而保证自己的生存与发展。与此同时，这一群体之内的每一个成员在其活动之中也不断地为其所属民族的集体记忆增添新的内容，从而推动民族记忆的更新或重塑。这是一个社会成员个体与集体之间发生的双向互动的建构过程，也是一个集体及其成员所特有的主体能力不断凝炼、积淀和再生的动态演化过程"。[①] 中华文明突出的连续性，彰显的就是这一过程所形成的强大生命力，中华民族记忆的强大信息调节和规范力使其成员获得有别于他者的身份意识，其随个体生命活动的持续及其与所属中华民族的发展而不断强化，最终成为根植于心灵深处的中华民族共同体意识，个体自我规范的中华民族和文化认同随之而成。其实质是一个源自记忆的内驱力的中华民族根脉不断、传承发展的主体建构过程。正因为如此，习近平总书记才会强调"源远流长的历史连续性"对于认识中国、理解中国意义非凡。

---

① 闫国疆：《社会记忆、民族身份与国家认同》，《中央社会主义学院学报》2019年第6期。

二　身份认同：传承发展的根脉与自我规范过程中的资格界定和权益获取

中华文明的五大突出特性实乃中华民族身份的显著标识。要全面准确理解和把握这些特性，还需对其所涵养的"身份"有个基本了解。身份是人在特定的关系中所处的一种不可让与的地位或资格，一种如何与他人相处的相应行为准则，揭示的是日常生活的个人与社会的关系，是对个人经历和社会地位的一种解释。由于人的本质"在其现实性上，它是一切社会关系的总和"，[1] 所以，现实生活中的个人身份是一个复杂综合体，具体身份的确定无法脱离社会关联的一个个他者。具体生活中的个人也因此不可避免地存在各种权利和权力的界定、分配和对比。于是，在自我与他者的关系格式中出现的为了维护自己利益和权利所进行的价值论证或资格论证的自我界定和身份认同，成为人之存在的一种必需。

回顾近现代中国的百年沧桑，我们发现，中华文明涵养的"中华民族"（Chinese nation）事实上就是一个在无数革命先驱为积聚社会力量以争取民族主权和国家独立的斗争中显现主体、建构概念并逐渐充实起来的集体自我认知，一种彰显政治权利和文化传承一致性的稳定的人们共同体的身份。众所周知，在中华五千多年文明发展史上，曾有许多民族（ethnic group）登上过历史舞台。他们经过诞育、分化、交融，最终形成了今天的 56 个民族。各民族"共同开发了祖国的锦绣河山、广袤疆域，共同创造了悠久的中国历史、灿烂的中华文化"。[2] 连续性和统

---

[1] 《马克思恩格斯文集》第 1 卷，人民出版社，2009 年，第 501 页。

[2] 《中央民族工作会议暨国务院第六次全国民族团结进步表彰大会在北京举行》，《光明日报》2014 年 9 月 30 日，第 1 版。

一性也因此成为中华民族的突出特性，并"从根本上决定了中华民族各民族文化融为一体、即使遭遇重大挫折也牢固凝聚，决定了国土不可分、国家不可乱、民族不可散、文明不可断的共同信念，决定了国家统一永远是中国核心利益的核心，决定了一个坚强统一的国家是各族人民的命运所系"。①

但在新中国成立前，封建专制治下的众多族裔群体和劳动人民对社会的创造和贡献多数时间并不被统治者所承认，大多数劳动人民及其所属的族裔群体应该享有的权益也无从谈起。中华文明突出的包容性以及由此而生的勃勃生机和强大生命力也因此大打折扣。基于中华民族近一个半世纪的血泪教训，新中国成立后进行了旨在保证"劳动人民当家作主人"权益资格，实现社会主义"各族人民平等一致"的民族识别，一方面为安定团结的理性秩序奠定基础，另一方面也实现了个人"知其所是"的身份认知，很好地维护和发展了中国境内不同族裔群体及其成员的利益。从实际效果来看，这种识别与近代以来"各族人民手挽着手、肩并着肩，英勇奋斗，浴血奋战，打败了一切穷凶极恶的侵略者，捍卫了民族独立和自由，共同书写了中华民族保卫祖国、抵御外侮的壮丽史诗"②的行动，分别以不同的方式和方法，促进了中国不同族裔群体之间原发的亲近和认同，凝聚了空前的社会力量，实现了一个伟大的政治目标和社会理想，也彰显了中华文明突出的统一性、包容性和连续性对中华民族共同体存在发展的巨大功用。

基于中国经验，中共中央、国务院在《关于进一步加强民族工作

---

① 《习近平在文化传承发展座谈会上强调 担负起新的文化使命 努力建设中华民族现代文明》，《人民日报》2023 年 6 月 3 日，第 1 版。

② 此为习近平总书记 2018 年 3 月 20 日在第十三届全国人民代表大会第一次会议上的讲话，参见《习近平论民族和宗教工作（2018 年）》，学习强国，https://www.xuexi.cn/lgpage/detail/index.html?id=11221619301163961763&item_id=11221619301163961763，访问时间：2023 年 7 月 21 日。

加快少数民族和民族地区经济社会发展的决定》中，对"民族"做了富有中国特色的界定，民族是"一定的历史发展阶段形成的稳定的人们共同体。一般来说，民族在历史渊源、生产方式、语言、文化、风俗习惯以及心理认同等方面具有共同的特征"。[①] 此处强调的"历史渊源"实乃个人所属的集体记忆，亦即人们对其祖先、血统、来源的追溯和认同。这种追溯和认同，事实上是个人在与他人对比之中形成的身份意识，一种社会成员个体的集体归属认知；对"风俗习惯"的强调则表现出这一概念对事实上更多影响个人和群体社会意识形成与变化的日常生活和文化传统所给予的关注，也使记忆之功进一步彰显。

因此，从一定意义上讲，民族身份就是一个历史发展和建构之物。身处其中，人可以不断从其所属群体中汲取日常生存与发展的养料，确保生存发展。与此同时，又在其活动中不断地为其所属群体增添新内容，推动记忆更新或重塑，留下后人面对的"历史之物"。如此周而复始，人类才得以不断延续并发展。记忆对于历史连续性和文化传承发展的重要作用由此可见。群体意识要能够发展并成为具体行动的基础，其成员必须具有对这个群体的认同感，认同这一群体所共同拥有的记忆和行为规范，并主动循其而动。强调中华民族的突出特性对于凝心聚力建设中华民族现代文明的意义也由此可见。每逢春节、清明、国庆等传统节假日或特殊纪念日，天安门广场的花篮，黄帝陵的祭祖，漫天穿梭的云端拜年文字、图片和音视频，14亿多中国人和遍布全球的中华儿女都会自觉自发地以各种不同方式追忆历史、彰显身份，铺天盖地的信息流背后透显的是对伟大中华民族和中国的认同，凸显了中华民族共同体的意识及其生成的愈加强大的身份认同。

---

① 《中共中央国务院关于进一步加强民族工作加快少数民族和民族地区经济社会发展的决定》，中华人民共和国国家民族事务委员会官网，http://www.seac.gov.cn/art/2012/8/31/art_6081_164887.html，访问时间：2023 年 7 月 21 日。

三　空间文化：塑造记忆、建构身份、传承发展的隐性教育与软力量

如果说中华民族共同体的身份及其认同彰显了中华文明的突出特性，证明了"中华民族多元一体是先人们留给我们的丰厚遗产，也是我国发展的巨大优势"，那么，"早在先秦时期，我国就逐渐形成了以炎黄华夏为凝聚核心、'五方之民'共天下的交融格局"①和《诗经》《楚辞》《玛纳斯》等伟大作品，故宫、布达拉宫、都江堰、坎儿井等伟大工程所呈现的精彩纷呈、博大精深的中华文化则让我们看到，各族先民胼手胝足、披荆斩棘共同开拓的辽阔疆域，为中华民族的悠久历史、灿烂文化、辉煌成就、伟大精神和不朽记忆，提供了生成发展的宏大空间。如若忽略了宏大空间所成文化及其主体身份原生的丰富性，以及其对居于其中人们的记忆塑造、教育教化和身份建构之效，则很难体会中华文明突出特性对于中华民族共同体形成发展的伟大作用。

身份实乃人们知其所是的意识，而"意识在任何时候都只能是被意识到了的存在，而人们的存在就是他们的现实生活过程"。②但是，受到主体认知能力差异和客观条件的影响，实际生活中，并非每一位社会成员都能清晰认知自己所生所在的环境（包括物理的、人文的、现实的、虚拟的等）。这种不足使其对运动着的物质的基本存在形式——空间附着的人类活动的印记、符号所承载的信息，知之甚少甚至无知，其内含的可供人之生存发展的丰富资源也随之而去。人高

---

① 习近平：《在全国民族团结进步表彰大会上的讲话》，《光明日报》2019年9月28日，第2版。
② 《马克思恩格斯文集》第1卷，第525页。

出其他生命体的意识自然降级为"只是对直接的可感知的环境的一种意识，是对处于开始意识到自身的个人之外的其他人和其他物的狭隘联系的一种意识"。① 人之生命活动的广延性、伸张性及其所生的自由度大大降低。人的身份意识和认同选择也都随之削减了维度、减少了可能，甚至可能因为这种减少而成谬误，终成大祸。

长期以来，不少人对占有中国陆地面积 2/3 的边疆地区的居民及其传统文化，常以"不同于内地的异域风情"来描述并形成记忆，甚至形成身份标识，既把中华文明突出统一性和中华民族的多元一体降维为整体内的局部——不同省级行政区或地域间的突出特点，并以此局部之内不同群体的非连续记忆替代整体统一的连续性记忆，更使边疆成了外于中华、外于中国的存在，为作乱中华的别有用心者提供了可能。近五年，笔者先后利用百余场讲座、报告和访谈，面对包括高校教师、科研院所研究人员、党政企事业干部和新闻媒体工作人员在内的多行业、多层次不少于万人的受众，做过一个"请推荐 5 个最有历史文化韵味的乌鲁木齐地标建筑"的调查。结果，99.8% 的人对于乌鲁木齐市内的文庙（始建于清代雍正年间）、清泉禅寺（始建于唐代贞观年间）、陕西大寺（始建于清代雍正年间的清真寺）、老君庙（始建清代乾隆年间）等重修都至少已有百年之久的历史建筑均无提及，而 2003 年建成的"二道桥国际大巴扎"无一例外地成为所有人的首选。就连与"大巴扎"隔路相望的南大寺（清真寺），也无人记起。同一城市空间中，中华符号鲜明、中华文明突出的连续性、创新性、统一性、包容性、和平性皆有充分体现的乌鲁木齐，由于这种儒家、道家、佛教和伊斯兰教中国化的历史建筑物无一例外让位于大巴扎的记忆和选择，变成了与中华似乎无甚相关的"异域风情"之地。如此

---

① 《马克思恩格斯文集》第 1 卷，第 533—534 页。

意识和选择之下，社会成员的身份认同和经济社会的发展，自然不会乐观。

更为重要的是，"人们是自己的观念、思想等等的生产者"，^① 人的认知能力、身份意识和认同选择更多是通过后天教育得到的。人居其中的空间具有许多人并未觉察的生产功能。包括看似并无"人类活动痕迹"的自然界在内，人们生活的"周围的感性世界决不是某种开天辟地以来就直接存在的、始终如一的东西，而是工业和社会状况的产物，是历史的产物"。^② 试想一下，一个从出生记事开始，到长大成人，天天从"二道桥大巴扎"这座 2003 年建成并已成为乌鲁木齐"最有历史文化韵味"的地标建筑跟前走过，其空间所成的文化和记忆，以及由此而成的身份意识，与天天在中华印记鲜明、中华历史连续性突出的南大寺、文庙、老君庙和清泉禅寺等建筑及其所成空间生活者，其记忆和身份意识，对于新疆文化所属和中华文明统一性的理解，会有何种不同选择？答案显而易见，空间文化对于人之记忆和身份意识的影响不言而喻。

因此，马克思提醒我们，人类改变世界的创造活动并非随心所欲，"历史的每一阶段都遇到一定的物质结果，一定的生产力总和，人对自然以及个人之间历史地形成的关系，都遇到前一代传给后一代的大量生产力、资金和环境，尽管一方面这些生产力、资金和环境为新的一代所改变，但另一方面，它们也预先规定新的一代本身的生活条件，使它得到一定的发展和具有特殊的性质"。一言蔽之，"人创造环境，同样，环境也创造人"。^③"两个结合"之所以能够成为中国共产党取得成功的"最大法宝"，就是循此双向创造所得。中华民族是"五方

---

① 《马克思恩格斯文集》第 1 卷，第 524 页。
② 《马克思恩格斯文集》第 1 卷，第 528 页。
③ 《马克思恩格斯文集》第 1 卷，第 544—545 页。

之民"共天下交融所成之物，新时代的文化传承发展和中华民族现代文明的创造也须循此科学方法论。我们绝不能忘记辽阔大地之上、四面八方空间之内，特别是多样性突出、多元性明显的边疆地域，无处不在的中华印记。这些印记不仅凸显着中华文明的突出特性，而且承载着绵延不绝的历史记忆，既是建设中华民族现代文明的丰富资源，也是传承发展的巨大力量。

（原刊《中国边疆史地研究》2023 年第 3 期）

中华文明赋予中国式现代化以深厚底蕴

杨　晶*

党的二十大报告明确指出："中国式现代化，是中国共产党领导的社会主义现代化，既有各国现代化的共同特征，更有基于自己国情的中国特色。"中国式现代化植根于中华文明沃土，并在其形成和发展进程中不断从中华文明汲取智慧和力量，这是中国式现代化具有中国特色的重要原因。2023 年 6 月 2 日，习近平总书记在文化传承发展座谈会上从马克思主义基本原理同中华优秀传统文化相结合的角度，对中国式现代化和中华文明的关系作出新的论断。他强调："'结合'筑牢了道路根基，让中国特色社会主义道路有了更加宏阔深远的历史纵深，拓展了中国特色社会主义道路的文化根基。中国式现代化赋予中华文明以现代力量，中华文明赋予中国式现代化以深厚底蕴。"中华文明为中国式现代化构筑了坚实的思想文化基础，并提供了思想智慧和精神支撑。中国式现代化需要中华文明的浸润、滋养和支撑，才能有深厚的底蕴和强大的前进动力。

中华文明为中国式现代化构筑了文化基础

中华文明源远流长、博大精深，是中华民族独特的精神标识，也

---

　　*　杨晶，云南省社会科学院哲学研究所副所长、研究员。

是中国式现代化形成、发展的思想沃土和根基力量。在长期历史演进过程中，中华文明的独特价值体系、文化内涵和精神品质，成为我们区别于其他国家和民族的根本特征，也铸就了中华民族博采众长的文化自信。习近平总书记指出："我们开辟了中国特色社会主义道路不是偶然的，是我国历史传承和文化传统决定的。"中国式现代化道路的确立和制度的建立，都必然由中国独特的历史文化传统和基本国情决定。习近平总书记在文化传承发展座谈会上指出："中华优秀传统文化有很多重要元素，共同塑造出中华文明的突出特性。"这一突出特性包括突出的连续性、创新性、统一性、包容性、和平性。中华文明的突出特性，体现在中国式现代化的中国特色中，也反映在中国式现代化的主要特征和本质要求中。

中华文明是世界上唯一没有中断而延续至今的古老文明。正如习近平总书记所强调的那样："中国式现代化，深深植根于中华优秀传统文化，体现科学社会主义的先进本质，借鉴吸收一切人类优秀文明成果，代表人类文明进步的发展方向，展现了不同于西方现代化模式的新图景，是一种全新的人类文明形态。"中国式现代化以其深厚的传统文化底蕴、坚实的文化基础和独特的文化内核，开创了人口规模巨大、全体人民共同富裕、物质文明和精神文明相协调、人与自然和谐共生和走和平发展道路的现代化新模式，为人类文明发展提供了新的道路选择和模范样本。

中华文明为中国式现代化提供了思想智慧

中华文明蕴含独特的思维方式和治国智慧，对中国式现代化产生深刻影响。首先，中华民族自古以来形成了注重系统性、整体性的思维，要求人们全面整体把握、看待事物的性质和联系，并从中发现规律。从这种思维方式出发，中国式现代化强调从整体上推动经济社会等全面进步，对新时代国家发展作出科学完整的战略部署。其次，中华文明强调个体要关注社会现实，"经世致用"的理念体现了中国传统知识分子求实、务实的思维特点和"以天下为己任"的情怀。习近平总书记多次提到"空谈误国，实干兴邦"，就是对中华优秀传统文化中求实、务实、经世致用理念和思维方式的传承和践行。再次，中华文明强调危机意识、忧患意识，凸显了居安思危的底线思维。习近平总书记在多次讲话中引用《周易》中"安而不忘危，存而不忘亡，治而不忘乱"这句名言，强调要善于运用底线思维的方法，"凡事从坏处准备，努力争取最好的结果"，牢牢把握主动权。最后，中国传统治国理政经验智慧对于推进国家治理体系和治理能力现代化具有重要意义。例如，新时代法治与德治相结合的治理方略，是对中国悠久的"礼法并用""德主刑辅"传统的吸收借鉴；中国共产党坚持"以人民为中心"，可以从"民惟邦本""政得其民""治国之常，而利民为本"等传统文化思想中找到其历史渊源和精神根脉；关于选人用人的标准、要求，则体现了"为政之要，莫先乎得人""为政以德""治国先治吏"等历史经验和政治智慧。

中华文明为中国式现代化提供了精神支撑

人无精神则不立，国无精神则不强。中国式现代化是物质文明和精神文明相协调的现代化，是人们精神世界日益丰富发展的现代化。中国式现代化的实现离不开强大精神力量的支撑。中华文明中所凝结的中国人民的伟大创造精神、伟大奋斗精神、伟大团结精神、伟大梦想精神，为中国式现代化提供了强大精神支撑。

首先，创造精神是中华民族最深沉的民族禀赋。在几千年历史长河中，中国人民始终辛勤劳作、发明创造。"苟日新，日日新，又日新。"改革，最本质的要求就是创新。新时代新征程，中华文明的创新性这一突出特性正被前所未有地激活，中国人民的创造精神正在前所未有地迸发，推动我国日新月异向前发展。其次，"天行健，君子以自强不息"，中国人民是具有伟大奋斗精神的人民。习近平总书记强调，中国的伟大发展成就是中国人民用自己的双手创造的，是一代又一代中国人接力奋斗创造的。中国人民拥有的一切，凝聚着中国人的聪明才智，浸透着中国人的辛勤汗水，蕴含着中国人的巨大牺牲。"功崇惟志，业广惟勤。"从"自强不息"到"奋斗精神"，中国人民正以一往无前的奋斗姿态，为推进中国式现代化、实现中华民族伟大复兴中国梦而奋勇前进。再次，中华民族有着注重团结的悠久历史和优秀传统，中国人民是具有伟大团结精神的人民。"团结"是中华文明突出的统一性的现实体现，是中华民族历经磨难而屹立不倒、克服险阻而坚毅前行的精神支撑，是战胜前进道路上一切风险挑战、不断从胜利走向新的胜利的重要保证。在新的历史起点，有党和人民的坚强团结，我们的现代化事业将无往不胜。最后，中国梦承载着中华民族既古老又常青的光荣与梦想，中国人民是具有伟大梦想精神的人民。在几千年历史长河中，伟大梦想精神深深地融入中华民族血脉，成为中华优秀传统文化的基因。实现中华民族伟大复兴是近代以来中华民族最伟大的梦想。胜利推进强国建设、民族复兴的历史伟业，离不开伟大梦想精神的支撑和保障。

（原刊《云南日报》2023 年 7 月 14 日）

第二编

中华文明统一性的理论逻辑和历史逻辑

深刻理解中华文明突出的统一性

邢广程

在几千年历史长河中，中国形成了统一的多民族、拥有 14 亿多人口而又精神上文化上高度团结统一的国家，这在世界上是独一无二的。习近平总书记在文化传承发展座谈会上发表的重要讲话，将"具有突出的统一性"作为中华文明的突出特性之一。习近平总书记指出："中华文明具有突出的统一性，从根本上决定了中华民族各民族文化融为一体、即使遭遇重大挫折也牢固凝聚，决定了国土不可分、国家不可乱、民族不可散、文明不可断的共同信念，决定了国家统一永远是中国核心利益的核心，决定了一个坚强统一的国家是各族人民的命运所系。"深入学习领会习近平总书记关于中华文明具有突出的统一性的重要论述，对于我们在强国建设、民族复兴的新征程上凝聚起勇往直前、无坚不摧的强大力量具有重大意义。

中华文明突出的统一性的历史表现

习近平总书记指出："在几千年历史长河中，中国人民始终团结一心、同舟共济，建立了统一的多民族国家，发展了 56 个民族多元一体、交织交融的融洽民族关系，形成了守望相助的中华民族大家庭。"从古至今，各民族都为祖国大家庭的形成和发展贡献了力量。建立了向内凝聚的统一多民族国家和形成了多元一体的中华民族大家庭是中华文明具有突出的统一性的重要历史表现。

建立向内凝聚的统一多民族国家。我国地理特征为西高东低，大江大河多呈"一江春水向东流"之势。这样的地理条件决定了中原地区的黄河流域自然环境比较优越，经济发展较快，文化水平比较先进，能够对周围地区产生辐射力和吸引力。早在先秦时期，我国就逐渐形成了以华夏族为凝聚核心、"五方之民"共天下的交融格局。中原地区的华夏族从黄河中下游向外发展，逐步形成了汉族；生活在中原地区周边的少数民族部落逐步向内聚集，形成了多民族融合互动、向内凝聚的自然历史过程。此后，我国历史上的政治局面大致可以归为三类，即以汉族为主体的统一王朝、以少数民族统治者为主建立的统一王朝、多民族王朝并立，这三类政治局面都表现出极强的向内凝聚特性。以汉族为主体的统一王朝通过中原地区经济、社会和文化的发展，协同和带动周边少数民族发展，形成强大的向内凝聚力；以少数民族统治者为主建立的统一王朝本身就是向内凝聚的产物，这些王朝入主中原后又极大地带动了周边少数民族向内凝聚的趋势；在多民族王朝并立的时期，各并立的王朝都以正统自居，并极力争夺中原地区的"正统"地位，即使在这样的时期，大一统思想依然在起作用，中华文明依然表现出突出的统一性，各民族文化融为一体的内聚性依然在发展。这些历史现象的产生，很重要的一个原因是秦朝实行"书同文，车同轨，量同衡，行同伦"，成为中国统一的多民族国家的重要起点。此后，无论哪个民族入主中原，都以"统一天下"为己任。这表明，在中国历史发展进程中，各民族逐步形成了强大的凝聚力，向内凝聚使中华文明呈现出突出的统一性。

形成多元一体的中华民族大家庭。"多元一体"中的"多元"和"一体"深刻反映了中华民族各民族内在的多样性和统一性之间辩证和谐的共同体关系，恰如其分地反映了中华文明起源和发展的模式。目前我国有 56 个民族，各民族在漫长的历史进程中形成了各自的文化传统，此为"多元"。不过，这些民族从来不是以相互隔绝、相互排斥状态出现的，各民族大杂居小聚居，相互嵌入，具有不可分割的内在联系，形成了共同体，此即"一体"，这就是中华民族。在中华民族共同体中各民族之间你中有我、我中有你，谁也离不开谁，形成了强烈的共同体意识、共同价值追求和文化认同，56 个民族这个"多元"在中华民族这个"一体"中得到充分体现。鸦片战争以后，中国逐步沦为半殖民地半封建社会，国家蒙辱、人民蒙难、文明蒙尘，中国人民遭受了前所未有的劫难。一部中国近代史就是各族人民团结起来救亡图存的历史。在外来侵略寇急祸重的严峻形势下，我国各族人民手挽着手、肩并着肩，英勇奋斗，浴血奋战，打败了穷凶极恶的侵略者，捍卫了民族独立和自由，共同书写了中华民族保卫祖国、抵御外侮的壮丽史诗。在中华民族和中华文明的危急时刻，各民族总是能够同仇敌忾、保家卫国，生动体现了中华文明突出的统一性。

中华文明突出的统一性对于中华民族发展的重大意义

一部中国史，就是一部各民族交融汇聚成多元一体中华民族的历史。习近平总书记关于中华文明具有突出的统一性的重要论述，深刻揭示了中华文明突出统一性对于中华民族发展的重大意义，我们要深入学习领会其丰富历史内涵和鲜明时代价值。

中华民族各民族文化融为一体，即使遭遇重大挫折也牢固凝聚。在漫长的历史长河中，中华大地上各民族通过交往互动，逐步形成了水乳交融的和谐关系，共同营造了统一的共有精神家园。这个统一的共有精神家园容纳和融合了各民族各具特色的文化，最终融为一体，并形成中华民族共同体意识。历史上中华民族虽曾遭遇很多挫折，但中华文明始终一脉相承、绵延至今，一个基础性原因就是在中华文明突出的统一性作用下，中华民族各民族拥有"融为一体"的共有精神家园。

中华民族各民族拥有国土不可分、国家不可乱、民族不可散、文明不可断的共同信念。国土是中华民族各民族共同生活、繁衍生息的疆域和空间，是我们前辈世世代代留下来的极其宝贵的不动产。在中国历史上，一切分裂国土的行为都没有好下场，都受到了历史的惩罚。现在和未来，一切妄想分裂国土的行径也都不会有好下场。国家是中华民族各民族共同创造的，是我们共同的家园。在中国历史上，一切搞乱国家的行径都受到了历史的无情审判。现在和未来，一切妄想搞乱国家的行径也必然遭到全体中国人民的反对和谴责。在中国历史上，中国人用血的代价换来的宝贵经验教训是，团结统一是福，分裂动荡是祸。现在和未来，一切妄想拆散民族的行径也一定会遭到历史的惩罚和人民的唾弃。中华文明是世界上唯一绵延不断且以国家形态发展至今的伟大文明。我国先民创造的许多伟大文明成果具有超越时空的永恒价值，现代中国和未来中国必定传承中华文明，必然走自己的文明之路。

国家统一永远是中国核心利益的核心。自公元前 221 年秦朝建立至今的两千多年里，统一始终是中国历史的主流。中国历史上的教训时刻提醒着我们：国家分裂必然意味着社会动荡，而社会动荡则是生灵涂炭的开始，绝不能容许国家分裂的历史悲剧重演。当前，实现中华民族伟大复兴进入了不可逆转的历史进程。实现祖国完全统一，是全体中华儿女的共同愿望，是实现中华民族伟大复兴的必然要求。中华文明突出的统一性告诉我们，国家统一过去是、现在是、未来永远都是中国核心利益的核心。

一个坚强统一的国家是全国各族人民命运所系。近代以来的中国历史表明，一个羸弱的国家不可能维护住国家的核心利益，不可能保护好各民族群众，不可能给全体中国人民带来幸福安宁。新中国的成立向世界宣告，中国人民从此站起来了，中华民族任人宰割、饱受欺凌的时代一去不复返了。新中国成立后，中国共产党团结带领全国各族人民实现了中华民族从站起来到富起来的伟大飞跃，迎来了中华民族从富起来到强起来的伟大飞跃。历史经验充分证明，一个坚强统一的国家才能维护国家主权和领土完整，捍卫国家主权、安全、发展利益，才是各族人民利益所系、幸福所系、命运所系。

为深入研究中华文明突出的统一性贡献史学力量

古往今来，历代中国人民都用自己的行动维护中华文明突出的统一性。面向未来，我国历史研究工作者应不断深化研究，为传承和巩固中华文明突出的统一性贡献史学力量。

做好重大学术问题研究。广大历史研究工作者要坚持以习近平新时代中国特色社会主义思想为指导，全面贯彻落实习近平总书记关于历史研究的系列重要讲话和重要指示批示精神，以重大问题为抓手，做好中华文明突出统一性的学术研究工作。具体来看，我们要进一步回答好中华文明起源、形成、发展的基本图景、内在机制以及各区域文明演进路径等重大问题；深入研究阐释中华文明起源所昭示的中华民族共同体发展路向和中华民族多元一体演进格局；讲清楚中华文明是什么样的文明、中国是什么样的国家，讲清楚中国人的宇宙观、天下观、社会观、道德观，展现中华文明的悠久历史和人文底蕴；等等。

推动创造性转化、创新性发展。我国古代思想家和历史学家所确立的六合同风、九州共贯的大一统思想是中华优秀传统文化中的精华。

中华民族始终把大一统视为"天地之常经，古今之通义"，长期的大一统传统塑造了中华文明突出的统一性。在建设中华民族现代文明的进程中，大一统传统和理念具有重要时代价值。中国历史研究院首批重点课题之一"清代国家统一史"从国家统一的视角客观阐述清代国家实现统一、巩固统一和维护统一的历史进程，较好地体现了大一统思想。我们要继续做好古代大一统思想的深度研究，推动其创造性转化、创新性发展，实现大一统传统与现代国家统一的有机衔接，不断筑牢中国人民国家认同的坚实文化基础。

深入总结历史经验。司马迁在《史记》中将少数民族纳入中国史，随后的历代史著都延续这个体例和传统。这些史著真实客观和系统地记载了中华民族各民族融为一体的历史事实，体现出我国古代史学维护中华文明突出统一性的担当。今天，我们要着力提高中华文明突出统一性的研究水平，整合中国历史、世界历史、考古等方面研究力量，深入总结中华文明和中华民族实现、巩固和维护国家统一的历史经验，揭示维护国家统一的历史规律，把握国家统一的历史趋势，推动有关中华文明突出统一性的历史研究不断走深走实，推出一批有思想穿透力的精品力作。

（原刊《人民日报》2023 年 7 月 31 日）

深刻认识中华文明统一性和包容性

邢广程

6月2日，我在文化传承发展座谈会上聆听了习近平总书记的重要讲话，并作为代表作了发言。习近平总书记的重要讲话内涵十分丰富。给我印象最深的是，习近平总书记强调了中华优秀传统文化有很多"重要元素"，阐述了中华文明的"突出特性"，即中华文明具有突出的"连续性""创新性""统一性""包容性""和平性"。这里重点谈谈我对中华文明具有突出的"统一性"和"包容性"的认识。

中华文明具有"突出的统一性"

第一，中华民族各民族文化融为一体。中华文明的一个重要特征就是中华民族具有统一的共有精神家园。在中华文明五千多年的历史进程中，中国各民族通过交往交流交融，逐步形成了水乳交融的统一文化空间，各民族文化相互嵌入、融为一体。其重要基础就是中华文明的文化认同。中华各民族的共有精神家园是建立在文化认同基础上的。因此，不断增强文化认同是中华民族各民族文化融为一体的重要路径。习近平总书记指出，中华文明突出的统一性"从根本上决定了中华民族各民族文化融为一体、即使遭遇重大挫折也牢固凝聚"。在历史进程中，中华民族、中华文明曾遭遇很多重大挫折，但中华民族融为一体的状态并没有改变，中华民族共有的精神家园也没有毁灭，靠的是中华文明具有的高度文化认同，靠的是中华文明具有的强烈爱国主义精神。

第二，中华文明具有共同信念。中华文明突出的统一性是建立在"国土不可分、国家不可乱、民族不可散、文明不可断"基础上的。"国土不可分"就是要维护中华民族共同的家园——我们共同生活的疆域和空间，伟大祖国是中国各民族共同创造的美好家园，是老祖宗留给我们的一笔极其珍贵的遗产和财富。一切想分裂国土、割裂我们共同家园的行为都是逆潮流而动，都是违背祖训，都是必须加以遏制的。"国家不可乱"就是要维护国家安定繁荣的局面。在中国历史进程中，不止一次出现过国家乱局、出现过政权割据和战乱，但统一稳定的国家始终是历史主流。一切想搞乱国家的行为，都会遭到全体中国人民的谴责。"民族不可散"就是要维护我国民族大团结的局面，因为我国在历史上就形成了统一的多民族国家，在五千多年的文明史进程中，我国逐步塑造出多元一体的基本格局。一切搞民族分裂的行径，都会遭到全体中国人民的反对和谴责，民族团结是福，搞民族分裂是祸。"文明不可断"就是要保持中华文明的连续性。中华文明五千多年的历史源远流长，中华文明是世界上唯一保持其连续性的文明。这就决定了我国在当下与未来的发展进程中也必须循着中华文明历史的足迹和轨道行进，不可能进行文明的"换轨"和"改道"，必须走中国自己的文明之路。从中华文明突出的连续性来观察中国，既能够正确理解古代中国，也能深刻理解现代中国，更能敏锐理解未来中国。

第三，国家统一永远是中国核心利益的核心。习近平总书记对中华文明突出的统一性的论述，高屋建瓴，将维护国家统一上升为中华文明特性的高度。在党的十九大报告中，习近平总书记就对国家统一问题有过极其重要的阐述，即"我们坚决维护国家主权和领土完整。

绝不容忍国家分裂的历史悲剧重演。一切分裂祖国的活动都必将遭到全体中国人坚决反对。我们有坚定的意志、充分的信心、足够的能力挫败任何形式的'台独'分裂图谋。我们绝不允许任何人、任何组织、任何政党、在任何时候、以任何形式把任何一块中国领土从中国分裂出去!"

第四,一个坚强统一的国家是各族人民的命运所系。习近平总书记关于中华文明突出的统一性的论述,极其鲜明地指明了一个坚强统一的国家的极端重要性,这是各族人民的"命运所系"。中国五千多年文明史表明,我国各民族经过交往交流交融,逐渐形成了休戚与共、荣辱与共、生死与共、命运与共的共同体,这就是中华民族共同体。统一的中国就是中华民族共同体的载体,各民族的命运都与中国作为统一多民族国家的命运息息相关,而一个坚强的统一的国家会最大限度地维护中国各民族的利益,最大限度地满足各民族不断增长的物质文化需求。

中华文明具有"突出的包容性"

第一,这决定了中华民族交往交流交融的历史取向。在漫长的历史进程中,我国各民族形成了"多元一体"格局。"多元一体"格局是通过中国各民族持续不断的交往交流交融而促成并长期保持的。中国各民族交往交流交融是中华文明包容性的生动体现,也是中华文明融为一体的基本途径和方式。在实现中国式现代化的伟大进程中,推动和促进我国各民族进行广泛而持久的交往交流交融,这是推动中华民族共同体建设的重要方式,是铸牢中华民族共同体意识的基本路径,是实现民族大团结的有效途径。从中华文明突出的包容性视角看中华民族交往交流交融的历史取向,需要正确处理中华民族意识与各民族意识的关系，引导我国各民族始终把中华民族整体利益放在首位，本民族意识要服从和服务于中华民族共同体意识。同时，在实现中华民族共同体整体利益进程中，要实现各民族具体利益。只有这样，才能不断拓展各民族之间交往交流交融的渠道和途径。

第二，这决定了中国各宗教信仰多元并存的和谐格局。在历史上，我国逐步形成了各宗教信仰多元并存的局面。道教是我国土生土长的宗教，而佛教、伊斯兰教、基督教和天主教是从国外陆续传入的。中华文明具有突出的亲和力和凝聚力，更具有突出的包容性和开放性。实现不同民族和不同信仰的和睦共存，对于中国这样一个拥有 14 亿多人口、56 个民族和多宗教的国家十分重要；保持中国各宗教信仰多元并存的和谐格局，对国家长治久安弥足珍贵。

第三，这决定了中华文化对世界文明兼收并蓄的开放情怀。中华文明不断与其他文明交流互鉴，因为只有交流互鉴，一种文明才能充满生命力。事实上，中华文明是不断同其他文明交流互鉴而形成的文明。横贯东西的古代丝绸之路给中华文明与其他文明的交流提供了载体，中华文明不断与其他文明保持相互交流的状态。而源自中国本土的儒家思想，传播到世界各地，成为世界文明的重要组成部分。

文化传承发展是重要途径

加强边疆地区建设，推进兴边富民、稳边固边是党治理边疆的重要指导思想，而文化传承发展是实现党的治边思想的重要途径。

"大一统"思想是中华优秀传统文化极为重要的政治理念和人文思想。在中国历史进程中，中华民族始终把"大一统"看作极为重要的价值遵循，视为"天地之常经，古今之通义"。新时代，"大一统"理念依然具有时代价值，在边疆地区建设中应将其创造性地转化为维护国家统一的重要思想理念，以"大一统"的人文理念为视角，更能深入理解"统一是历史趋势"这个大道理。爱国主义是中华优秀传统文化极为珍贵的核心价值。民族团结是中华优秀传统文化极为厚重的历史凝练，是中华优秀传统文化的重要特征。文化认同是中华优秀传统文化极为鲜明的历史特征，是中华民族共同体最深层次的认同。

党的十八大以来，习近平总书记在多个场合从政治高度来强调国家统一的重要性。在党的十九大报告中，习近平总书记强调，铸牢中华民族共同体意识，促进各民族像石榴籽一样紧紧抱在一起，坚持我国宗教的中国化方向，积极引导宗教与社会主义社会相适应，引导人们树立正确的历史观、民族观、国家观、文化观。在党的二十大报告中，习近平总书记指出，"一国两制"是中国特色社会主义的伟大创举，是香港、澳门回归后保持长期繁荣稳定的最佳制度安排，必须长期坚持。习近平总书记还指出，"解决台湾问题，实现国家完全统一，是党矢志不移的历史任务，是全体中华儿女的共同愿望，是实现中华民族伟大复兴的必然要求"。习近平总书记将实现"国家完全统一"视为党和国家极其重要而崇高的政治使命。在这次座谈会上，习近平总书记从中华文明的历史高度，高屋建瓴、高度凝练、极其鲜明地指明了维护国家统一的极端重要性。其中，中华文明"突出的统一性"，决定了国家统一永远是中国核心利益的核心。这一重要论述具有深刻的历史内涵、深邃的理论视野和重大的现实意义。

（原刊《中国社会科学报》2023 年 6 月 6 日）

深刻认识"国土不可分、国家不可乱、民族不可散、文明不可断"的共同信念

邢广程

　　习近平总书记在文化传承发展座谈会上的重要讲话中，深刻阐述了统一性是中华文明的突出特性之一。这是我们观察中华文明的重要视角，是思考中国历史发展进程的重要路径。在五千多年漫长的历史进程中，中国逐步成为统一的多民族国家。中国不是一般意义的国家，而是拥有 14 亿多人口、由 56 个民族组成的团结、统一的国家，这在当今世界是独一无二的。中国不是一般意义的国家还体现在其文明具有突出的连续性，这是世界上唯一没有中断过的文明。中华文明突出的连续性是与突出的统一性高度关联的。习近平总书记指出："中华文明的统一性，从根本上决定了中华民族各民族文化融为一体、即使遭遇重大挫折也牢固凝聚，决定了国土不可分、国家不可乱、民族不可散、文明不可断的共同信念，决定了国家统一永远是中国核心利益的核心，决定了一个坚强统一的国家是各族人民的命运所系。"① 全面准确理解习近平总书记关于中华文明具有突出的统一性的重要论断，对于我们实现新的文化使命，建设中华民族现代文明具有重大的现实意义。本文重点对"国土不可分、国家不可乱、民族不可散、文明不可断"的共同信念谈几点认识。

---

　　①　习近平:《在文化传承发展座谈会上的讲话》,《求是》2023 年第 17 期。

一 "国土不可分"的信念

（1）"国土"是指我国的历史疆域和现在的国家领土。概括地说，就是我国各族人民共同生活的历史和现实的空间。白寿彝主编的《中国通史》对"疆域"概念进行了明确的界定："疆域，是历史活动的舞台，中华人民共和国的疆域是中华人民共和国境内各民族共同进行历史活动的舞台"，"这个疆域，是国内各民族共同进行历史活动的舞台，但并不包含某些民族外国成员的活动在内"。[①] 古代中国人对疆域就有认识，认为古代中国的疆域，"东渐于海，西被于流沙，朔南暨声教，讫于四海"。[②] 现代中国人对中国的生存空间也极为重视。费孝通先生对中国的国土生存空间就有经典的认识："任何民族的生息繁殖都有其具体的生存空间。中华民族的家园坐落在亚洲东部，西起帕米尔高原，东到太平洋西岸诸岛，北有广漠，东南是海，西南是山的这一片广阔的大陆上。这片大陆四周有自然屏障，内部有结构完整的体系，形成一个地理单元。这个地区在古代居民的概念里是人类得以生息的、惟一的一块土地，因而称之为天下，又以为四面环海所以称四海之内。这种概念固然已经过时，但是不会过时的却是这一片地理上自成单元的土地一直是中华民族的生存空间。""民族格局似乎总是反映着地理的生态结构，中华民族不是例外。"[③]

中国政府网在"国情"栏目中对中国的疆域进行了准确的界定：中国位于亚洲东部，太平洋西岸。陆地总面积约 960 万平方千米，海

[①]　白寿彝总主编《中国通史》第 1 卷，上海人民出版社、江西教育出版社，2013 年，第 64 页。

[②]　《尚书·禹贡》。

[③]　费孝通著，方李莉编《全球化与文化自觉——费孝通晚年文选》，外语教学与研究出版社，2013 年，第 86 页。

域总面积约 473 万平方千米。中国陆地边界长度约 2.2 万千米，大陆海岸线长度约 1.8 万千米。海域分布着大小岛屿 7600 个，面积最大的是台湾岛，面积 35759 平方千米。目前中国有 34 个省级行政区，包括 23 个省、5 个自治区、4 个直辖市、2 个特别行政区。北京是中国的首都。① 中华文明的繁衍地具有独特的地理特征，其地形复杂、地貌多样。最主要的特征是，地势呈西高东低之势，分为三个阶梯。这种西高东低的地理大势决定了我国大江大河多为东西走向，"一江春水向东流"。这种自然环境使得古代中国东西向交通相对方便，南北向交通较为困难。中国的气候处于北半球暖温带，这种气候和地理环境有利于农作物的生长。这是中华文明在古代得以逐渐发达的非常重要的先决条件。正如希腊人所说，"有着一个广阔的胸膛"。②

（2）中国的疆域是从古至今我国各族人民共同开发和开拓的。"中华民族具有百万年的人类史、一万年的文化史、五千多年的文明史"，"中国文化源远流长，中华文明博大精深"。③ 这表明，中华民族的祖先经历了漫长的蒙昧时期和野蛮时代，经过旧石器时代和新石器时代的历史积累，从而跨过了文明的门槛，各部落不断组合，形成了以共同地域为基础的具有共同语言、共同文化的民族共同体。这些先民所居住的区域就是中国最早的疆域。中华文明的源头是多元的，苏秉琦先生提出了古代中华文明"满天星斗"说，认为六条文脉共同组成了中华文明。中原地区地理环境优越，农耕文化比较发达，自称为"中国"，而将周边地区称为"夷狄戎蛮"。《礼记·王制》曰：东方曰夷，北方曰狄，西方曰戎，南方曰蛮。《尔雅·释地》曰："九夷在东。"中原地区和"夷狄戎蛮"之地共同组成了古代中国的疆域。这说明，中

① 《中国概况》，中国政府网，https://www.gov.cn/guoqing/，访问时间：2023 年 9 月 11 日。
② 黑格尔：《历史哲学》，生活·读书·新知三联书店，1956 年，第 124 页。
③ 习近平：《在文化传承发展座谈会上的讲话》，《求是》2023 年第 17 期。

国的疆域从古到今是自然形成的，而不是汉族进行殖民、征服和扩张的结果。费孝通先生在研究中华民族多元一体格局时表示："我用国家疆域来做中华民族的范围并不是很恰当的，因为国家和民族是两个不同的又有联系的概念。我这样划定是出于方便和避免牵涉到现实的政治争论。同时从宏观上看，这两个范围基本上或大体上可以说是一致的。"[①] 这表明，尽管费孝通先生强调，"疆域"与"中华民族"是两个不同而有联系的概念，但他还是认为，"疆域"与"中华民族"的范围基本上或大体上"是一致的"。范文澜表示："按照汉族今天居住地区看来，似乎中国领土的极大部分都是汉族所开发的，其实其中不少地区，最先开发者，却是已经消失了的和现时存在并发展的许多民族。事理很显然，中国之所以成为疆域仅次于苏联，人口在全世界各国中居第一位，历史悠久，延续不绝，在全世界各国中也居第一位的伟大国家，首先必需承认，这是构成中华民族的各族男女劳动人民长期共同创造的成果……"[②]

（3）中国具有独特的疆域观。"在今天世界上领土最大的几个国家中，中国是唯一拥有历史悠久的稳定疆域的国家。"[③] 古人很早就提出了"四方""四海""九州"等空间概念。《诗经·北山》曰："溥天之下，莫非王土；率土之滨，莫非王臣。"《诗经·商颂》曰："邦畿千里，维民所止，肇域彼四海。"《尚书·禹贡》提出了"九州"的概念，影响深远。尽管《尚书·禹贡》所述的"九州"不符合历史事实，但时至今日，人们依然将"九州"视为中国的代名词，也是中国疆域的代名词。"祖宗疆土，当以死守，不可以尺寸与人。"[④] 祖宗传下来的国土，当以生命保卫，一尺一寸不能让与他人。这表明了国土不可分的

---

① 费孝通著，方李莉编《全球化与文化自觉——费孝通晚年文选》，第85页。
② 范文澜：《中华民族的发展》，《学习》第3卷第1期，1950年。
③ 葛剑雄：《统一与分裂：中国历史的启示》，商务印书馆，2013年，第2页。
④ 《宋史》卷358《李纲传上》，中华书局，1985年，第11242页。

思想。在现代，领土主权意识在国际法准则中得到了体现，国家的领土主权原则包含了国家领土主权意识，国家领土主权意识在代表国家和人民利益的领土主权观念中得到反映。

（4）历史上对我国国土形成真正威胁的当属列强。中国的疆域空间大体上是在清代定型的。"清代是多民族国家中国疆域的定型时期。""从17世纪初期到18世纪末期，清朝逐步实现全国的统一，全盛时期把全国划分为26个一级行政区，对1300多万平方公里的辽阔疆土实行有效管辖，从而奠定了中国的历史疆域。""19世纪中期以后，英、俄、法、日等列强侵略中国，'蚕食鲸吞'中国领土，中国疆域大大萎缩。列强侵占中国领土大致可以分为三种类型：强占和强租；通过武力威胁和不平等条约强占；纳入其殖民地和'保护国'境内。"①近代以来，列强的持续侵略和殖民，使我国国家主权和领土完整受到了巨大威胁和损害，国土被"分"被"割"，"割地赔款"成为近代中国的常态，国家蒙辱。新中国成立后，坚决捍卫国家主权和领土完整，20世纪末相继对香港和澳门恢复行使主权，实行"一国两制"。所以，"国土不可分"是深刻总结历史惨痛教训的结果。"国土不可分"就是要使国力保持强大，增强捍卫国家主权和领土完整的硬实力和软实力，使他国不敢"分"中国国土，彻底打消他国觊觎中国国土的图谋和野心。

（5）"国土不可分"的思想在党的十八大报告中得到了体现。"我们要始终坚持一个中国原则。大陆和台湾虽然尚未统一，但两岸同属一个中国的事实从未改变，国家领土和主权从未分割、也不容分割。两岸双方应恪守反对'台独'、坚持'九二共识'的共同立场，增进维护一个中国框架的共同认知，在此基础上求同存异。对台湾任何政

---

① 邢广程、李大龙主编《清代国家统一史》，中国社会科学出版社，2023年，第1、213、255页。

党，只要不主张'台独'、认同一个中国，我们都愿意同他们交往、对话、合作。"①可见，中国国家领土和主权"不容分割""维护一个中国框架""认同一个中国"是重要的思想、原则和基础。维护国家统一和领土完整，是一个主权国家的必然权利和义务。

台湾自古以来就是中国领土不可分割的一部分。12世纪中叶宋代就在台湾行使政治管辖权，设立了相应的行政管理机构。1895年日本通过甲午战争逼迫清政府签署《马关条约》割让台湾。1945年抗日战争的伟大胜利又使台湾重新成为中国领土不可分割的一部分。1949年新中国的成立完全没有改变中国领土和国家主权的完整性、同一性和连续性这些极其重要的历史事实和现状。但从20世纪90年代初开始，"台独"势力在台湾逐步坐大，妄图改变台湾是中国一部分的历史和现状。反"台独"斗争就成为维护中国国家主权和领土完整的重要斗争。2005年通过的《反分裂国家法》明确指出，国家绝不允许"台独"分裂势力以任何名义、任何方式把台湾从中国分裂出去。习近平总书记在党的十九大报告中明确表示："我们绝不允许任何人、任何组织、任何政党、在任何时候、以任何形式、把任何一块中国领土从中国分裂出去！"②在党的正式文件中重复运用一个词来表达内容实为罕见。这反映了全党绝不允许"把任何一块中国领土从中国分裂出去"的坚强决心和意志，这是维护国家领土完整的最强音和所划的不可践踏的"红线"。从实际情况看，大陆和台湾尚未实现统一，但这绝不意味着中国领土和主权处于"分割"状态，中国领土和国家主权没有分割，

---

① 《胡锦涛在中国共产党第十八次全国代表大会上的报告》，中国政府网，2012年11月17日，https://www.gov.cn/ldhd/2012-11/17/content_2268826_6.htm，访问时间：2023年10月4日。

② 习近平：《决胜全面建成小康社会　夺取新时代中国特色社会主义伟大胜利——在中国共产党第十九次全国代表大会上的报告》，中国政府网，2017年10月27日，https://www.gov.cn/zhuanti/2017-10/27/content_5234876.htm，访问时间：2023年10月3日。

也不可分割，大陆和台湾同属一个中国，台湾是中国国土不可分割的一部分，两岸最终走向统一的历史潮流是任何势力都无法阻挡的。大陆和台湾同属一个中国，维护一个中国框架的共同认知是两岸合作的基础；中国是两岸同胞的共同家园，共同维护国家主权和领土完整是两岸同胞必须遵守的信念和原则。实现祖国和平统一是实现中华民族伟大复兴的重要内容。"国土不可分"的信念决定了两岸同胞绝不允许台湾与大陆永远处于未统一状态，绝不允许"台独"干分割中国领土和主权的勾当，绝不允许台湾从中国国土中分离出去。

二 "国家不可乱"的信念

"国家不可乱"的信念是党在总结历史教训的基础上得出的结论。在我国历史发展进程中，时常出现国家乱局，主要有几种类型：一是国家政权崩溃导致乱局；二是新旧王朝更替出现政治动荡，导致乱局；三是朝代内部治理不善，出现乱局；四是边疆地区的少数民族政权冲击中原王朝，出现乱局。历史上出现乱局的主要原因：一是国家政权管理国家能力下降，导致解决社会矛盾的能力下降；二是国家政权从上至下出现系统性的腐败，严重侵蚀了社会政治根基；三是中原王朝边疆治理政策出现大的偏差；四是边疆地区出现陡然崛起的少数民族地方政权，对中原王朝形成了挑战。历史上国家出现乱局的消极后果十分明显：一是国家乱局进一步导致了中央政权控制国家能力的弱化，进一步加剧了社会矛盾；二是大大降低了人民群众的生活水平，历史上凡是国家出现乱局的时期，其人口数量都大幅度减少；三是严重影响了社会经济发展的进程；四是进一步刺激了社会无组织力量的膨胀。因篇幅所限，本文集中从国家统一的视角来讨论"国家不可乱"的问题。

（1）厚重的家国情怀。"深厚的家国情怀与深沉的历史意识，为中华民族打下了维护大一统的人心根基，成为中华民族历经千难万险而不断复兴的精神支撑。"①中华文明五千多年绵延不断的历史表明，"家国情怀"是中华文明绵延不断的构建要素和"精神支撑"。五千多年的中国历史逐步形成了"家国情怀"，积累了一系列有关"家国情怀"的思想理念。《礼记·大学》非常清楚地阐述了这一点：修身、齐家、治国、平天下。"古之欲明明德于天下者，先治其国；欲治其国者，先齐其家；欲齐其家者，先修其身；欲修其身者，先正其心；欲正其心者，先诚其意；欲诚其意者，先致其知；致知在格物。物格而后知至，知至而后意诚，意诚而后心正，心正而后身修，身修而后家齐，家齐而后国治，国治而后天下平。"范仲淹"先天下之忧而忧，后天下之乐而乐"的经典之语十分精辟地道出了家国情怀。

（2）统一多民族国家呈现出向内凝聚的历史纹路，这是形成多元一体的中华民族大家庭的重要历史元素和路径。向内凝聚是中国统一多民族国家形成的重要特征，是形成多元一体的中华民族大家庭的重要黏合剂，也是中华文明具有突出的统一性的重要历史体现。在中华文明形成的最初时期，中原地区周边的少数民族部落就呈现出向内聚集的状态，开启了多民族向内凝聚、互融交汇的历史进程。秦代以后我国历史上的中央政权大体上可分两类。一类是统一王朝时期，而在统一王朝时期，又分两种状态：一种是以汉族为主体建立的王朝，另一种是少数民族建立的统一王朝。另一类是多民族王朝并立时期。但不论国家处于统一时期还是分裂状态，向内凝聚特性都以不同形式强烈地表现出来。以汉族为主体的统一王朝通过比较发达的经济、文化引领周边少数民族发展，从而形成巨大向心力和聚合力；少数民族建

---

① 习近平：《在文化传承发展座谈会上的讲话》，《求是》2023年第17期。

立的统一王朝入主中原后更是给周边少数民族带来了直接的引领力和凝聚力。即使在国家处于分裂状态或多民族王朝并立的时期，各王朝都以争夺中原地区为目标，以图"正统"地位，如在辽、金、宋时期就存在几个"中国"，它们都以自身的"中国"政治地位来显示对其他政权的"正统"地位和法理性。《资治通鉴》记载："（符）坚锐意欲取江东，寝不能旦。阳平公融谏曰：'"知足不辱，知止不殆。"自古穷兵极武，未有不亡者。且国家本戎狄也，正朔会不归人。江东虽微弱仅存，然中华正统，天意必不绝之。'"① 可见，"中华正统"在当时是很重要的思想观念。后秦符坚在统一北方后表示："混六合为一家，视夷狄为赤子。"② 自称"中国"的金朝明确强调："天下一家，然后可以为正统。"③ 而宋人认为："正者，所以正天下之不正也；统者，所以合天下之不一也。"④ 元世祖忽必烈表示："朕获缵旧服，载扩丕图，稽列圣之洪规，讲前代之定制。建元表岁，示人君万世之传；纪时书王，见天下一家之义。法《春秋》之正始，体大《易》之乾元。"⑤ 从中国的历史进程看，国家统一与分裂相互交织，但统一一直是主导方向。中华文明所具有的内在统一性，无论在国家处于统一时期还是分裂时期，中华民族各民族文化融为一体的牢固性都在发挥作用，形成向心力和凝聚力。而且秦朝开始实行的"书同文，车同轨，量同衡，行同伦"为历代王朝所继承和接受，即使在国家政权处于分裂状态，各民族并立政权都遵守这些"硬杠杠"。这些要素已经成为凝聚各民族国家的筋脉。习近平总书记指出："秦国'书同文，车同轨，量同衡，行

---

① 《资治通鉴》卷 104，中华书局，1956 年，晋孝武帝太元七年，第 3304 页。
② 《资治通鉴》卷 103，晋孝武帝宁康元年，第 3267 页。
③ 《金史》卷 129《李通传》，中华书局，1975 年，第 2783 页。
④ 欧阳修：《居士集》卷 16《正统论三首》，《欧阳修全集》（上），中国书店，1986 年，第 116 页。
⑤ 《元史》卷 4《世祖纪一》，中华书局，1976 年，第 65 页。

同伦',开启了中国统一的多民族国家发展的历程。此后,无论哪个民族入主中原,都以统一天下为己任,都以中华文化的正统自居。"①

(3)"动""静"交互的基本方式。中国古代历史是以融合凝聚的方式形成的,特别是古代中国成功地化解了农耕地区与游牧地区、农耕文化与游牧文化、农耕民族与游牧民族所产生的结构性的直接持续冲突和对立。在处理结构性冲突和对立过程中逐步形成了相互之间融合、嵌入、包容的机制、理念和行为,逐渐形成了不断拓展的各族人民共同生息的家园,这是中华文明得以五千多年绵延不断的重要原因。历史上中国国家的形成是在"动"和"静"两种形态深度交流与互动中形成的。从一般意义上说,"静"是农耕文化的基本特征。农民重土耕土守土惜土,死后埋葬在自己故土,这是农耕文化最基本的要素。故土难离,中国历史上的农民万不得已轻易不离开故土。在中国历史上,中原地区就是农耕文化的核心区。而相邻的北方、西北方、东北方则是辽阔的游牧地区。游牧部落最基本的生活环境就是草原和水系,游牧文化最基本的特征就是流动性,逐水而居,随草而移,居无定所。但中原地区稳定的粮食供应和相对繁荣的经济深深吸引着游牧民族,他们主动与南部的农耕地区发生密切的联系,时而进行贸易,时而通婚,时而征战。战与和是农耕地区与游牧地区关系的两种基本状态,但从历史长波段看,"和"是主流,"战"是重要的插曲。我国历代历史著作记载战争插曲的比较多,比较详细,而对和平的贸易交流这些常态化的历史进程则记载得相对少些,给后人留下的印象,似乎农耕地区与游牧地区战争是常态。但从历史上国家内地与边疆地区的关系来看,国家对边疆地区的治理是比较成功的,形成了一系列比较有效

---

① 习近平:《在全国民族团结进步表彰大会上的讲话》,新华社,2019年9月27日,https://baijiahao.baidu.com/s?id=1645814662663164355&wfr=spider&for=pc,访问时间:2023年11月7日。

的办法。从历史周期的行为方式上看，游牧地区的"动"占主导地位，农耕地区的"静"处于被动地位。换句话说，游牧地区各民族更主动地与农耕地区发生联系，无论在贸易层面还是冲突层面都是如此，而且游牧民族对入主中原的机会从不轻易放过。这表明在行动上游牧民族居主导地位，农耕民族行动上则处于守势，修筑长城就是最典型的例子。但从生产力发展水平和文化发展程度上看，农耕文化具有优势，而游牧地区受到了来自农耕地区强大的吸引力和牵引力。中国古代就是在这种"动""静"交错中形成的融合型统一的国家和政治空间，这就是古代中国得以不断拓展的原因。在这种拓展进程中，各游牧民族都起了非常重要的作用。"中国历史上长期存在过的两个统一——农业区的统一和游牧区的统一，终将形成混同南北的一个大统一，这是中国历史发展的必然性所决定的。"①

（4）国家统一永远是国家核心利益的核心。国家统一是中国历史的大趋势，虽然中国历史上多次出现分裂状态，但最终都归于国家统一。西方妄图通过搞乱香港搞乱全中国，通过鼓励台湾分裂势力使大陆受到"内伤"，从而达到削弱中国的战略目的。从这个视角理解习近平总书记所说的"国家统一永远是国家核心利益的核心"具有重要的战略价值。国家统一具有极其重要的意义，是国家议事日程中的置顶任务，不是一时的，而是"永远"的，这是从时间上进行了界定。党的十九大对这个观点进行了明确阐述："我们坚决维护国家主权和领土完整，绝不容忍国家分裂的历史悲剧重演。一切分裂祖国的活动都必将遭到全体中国人坚决反对。我们有坚定的意志、充分的信心、足够的能力挫败任何形式的'台独'分裂图谋。"②

---

① 费孝通主编《中华民族多元一体格局》（修订本），中央民族大学出版社，2003年，第262页。
② 习近平：《决胜全面建成小康社会 夺取新时代中国特色社会主义伟大胜利——在中国共产党第十九次全国代表大会上的报告》，中国政府网，2017年10月27日，https://www.gov.cn/zhuanti/2017-10/27/content_5234876.htm，访问时间：2023年10月3日。

习近平总书记表示：中华文明突出的统一性决定了一个坚强统一的国家是各族人民的命运所系。一个坚强统一的国家与各族人民的命运紧密相关，因为只有一个坚强统一的国家才能实现中华民族各民族的根本利益。晚清就是一个很好的反面教材。1840 年以后，中国因羸弱被列强侵犯凌辱，各族人民的命运万分悲惨。新中国成立到现在，中国人民从站起来到富起来，再到强起来。实现中国式现代化是实现中华民族伟大复兴的重要途径，也是铸牢中华民族共同体意识的重要途径。

三 "民族不可散"的信念

（1）中国历史是各民族交往交流交融汇成多元一体的中华民族的历史。习近平总书记指出："在几千年历史长河中，中国人民始终团结一心、同舟共济，建立了统一的多民族国家，发展了 56 个民族多元一体、交织交融的融洽民族关系，形成了守望相助的中华民族大家庭。"[1]中华民族各民族都为伟大祖国的形成、发展和壮大贡献了自己的力量和智慧。中华民族具有统一的共有精神家园，这是中华文明得以绵延不断的重要元素，也是以多元一体、团结集中的统一性为基础的。费孝通认为："中华民族作为一个自觉的民族实体，是在近百年来中国和西方列强的对抗中出现的，但作为一个自在的民族实体则是几千年的历史过程所形成的。"他得出的结论是，中华民族"形成一个你来我去、我来你去，我中有你、你中有我，而又各具个性的多元统一体"，这就是"中华民族的多元一体格局"。[2]"多元一体的中华民族，

---

[1] 习近平：《在第十三届全国人民代表大会第一次会议上的讲话》，中国共产党新闻网，2018 年 3 月 21 日，http://dangjian.people.com.cn/n1/2018/0321/c117092-29880533.html，访问时间：2023 年 11 月 2 日。

[2] 费孝通著，方李莉编《全球化与文化自觉——费孝通晚年文选》，第 85 页。

既是一个民族共同体的概念，又是一个国族的概念。'多元'指统一多民族国家形成过程中各民族所具有的'个性'和'特质'，即各民族在语言、地域、经济、文化心理等方面所具有的多样性和表现形式上的特殊性；'一体'指各民族在共同发展过程中相互融合、相互同化所形成的民族共同体的共同特征和'一体化'趋势。"中华民族有两个值得重视的特点：一是多元中的本土特点；二是凝聚力强。①"多元一体"格局辩证地反映了中华民族各民族内在的多样性和统一性。习近平总书记强调，要加强中华民族共同体历史、中华民族多元一体格局的研究。②我国各民族在历史上不是相互之间处于隔绝状态，不是"老死不相往来"，更不是呈相互排斥和对立的关系；长期以来，各民族小聚居大杂居，相互嵌入，逐步形成了共同体和共同体意识。范文澜说："依据历史纪载，共同开发中国的各民族，一般说来，汉族最先开发了黄河流域的陕甘及中原地区，东夷族最先开发了沿海地区，苗族……瑶族最先开发了长江、珠江和闽江流域，藏族……最先开发了青海、西藏，彝族和西南各族最先开发了西南地区，东胡族……最先开发了东北地区，匈奴、鲜卑、柔然、突厥、回纥、蒙古各族先后开发了蒙古地区，回族和西北各族最先开发了西北地区，黎族最先开发了海南岛，高山族最先开发了台湾。"③

鸦片战争后，中国逐步沦为半殖民地半封建社会，在列强不断侵略和欺压的危急状态下，各族人民共同奋战，抵御外侮，突出体现了中华民族团结共患难的精神。

上述这些都是中华民族各民族不能散和不可散的重要支撑因素。

---

① 林荣贵主编《中国古代疆域史》，黑龙江教育出版社，2007年，第2页。
② 《习近平在第三次中央新疆工作座谈会上强调 坚持依法治疆团结稳疆文化润疆富民兴疆长期建疆 努力建设新时代中国特色社会主义新疆》，《人民日报》2020年9月27日，第1版。
③ 范文澜：《中华民族的发展》，《学习》第3卷第1期，1950年。

历史上各时期中华民族各民族始终保持凝聚力、向心力。一部中国史，就是一部中华民族各民族交流交往交融而汇融成多元一体的中华民族的厚重历史。政治史上有北魏孝文帝汉化改革的生动例子；音乐史上留下了"万里羌人尽汉歌"的诗句；唐代粟特人众聚长安；考古界屡屡挖掘出内地与边疆地区各族人民交往交流交融的文物。这些都说明中华民族各民族相互融合的丰富历史。"中华民族各民族文化融为一体、即使遭遇重大挫折也牢固凝聚。"[①]中华民族所形成的水乳交融的关系，所拥有的共有精神家园，最终形成了中华民族共同体意识。

（2）民族团结是根本。中华文明突出的统一性决定了国家统一永远是中国核心利益的核心。"团结统一是福，分裂动荡是祸，是中国人用血的代价换来的宝贵经验教训。"[②]习近平总书记在第二次中央新疆工作座谈会上指出，新疆的问题最长远的还是民族团结问题。民族分裂势力越是企图破坏民族团结，我们越要加强民族团结，筑牢各族人民共同维护祖国统一、维护民族团结、维护社会稳定的钢铁长城。要坚定不移坚持党的民族政策、坚持民族区域自治制度。民族团结是各族人民的生命线。要高举各民族大团结的旗帜，在各民族中牢固树立国家意识、公民意识、中华民族共同体意识，最大限度团结依靠各族群众，使每个民族、每个公民都为实现中华民族伟大复兴的中国梦贡献力量，共享祖国繁荣发展的成果。各民族要相互了解、相互尊重、相互包容、相互欣赏、相互学习、相互帮助，像石榴籽那样紧紧抱在一起。[③]在第三次中央新疆工作座谈会上，习近平总书记强调，要以铸牢中华民族共同体意识为主线，不断巩固各民族大团结。要促进各民族广泛交往、全面交流、深度交融。必须高举中华民族大团结旗帜，

---

① 习近平：《在文化传承发展座谈会上的讲话》，《求是》2023 年第 17 期。
② 习近平：《在文化传承发展座谈会上的讲话》，《求是》2023 年第 17 期。
③ 《习近平在第二次中央新疆工作座谈会上发表重要讲话》，2014 年 5 月 28 日，https://www.neac.gov.cn/seac/c100500/201405/1085610.shtml，访问时间：2023 年 11 月 7 日。

促进各民族在中华民族大家庭中像石榴籽一样紧紧抱在一起。[1] 新时代党的民族工作要对标中华民族伟大复兴战略；全面建设社会主义现代化国家是全国各族人民的重要任务；树立正确的中华民族历史观，采取各种措施增强对中华民族的认同感和自豪感；坚持各民族一律平等、各民族共同当家作主的原则，保障各族群众合法权益。

（3）铸牢中华民族共同体意识，维护好和经营好中华民族共有精神家园，扣紧中华民族团结凝聚的精神纽带。习近平总书记在中央民族工作会议上强调："要正确把握共同性和差异性的关系，增进共同性、尊重和包容差异性是民族工作的重要原则。"[2]

在铸牢中华民族共同体意识进程中应处理好以下几个关系。一是要正确把握共同性和差异性的关系，"共同性和差异性的关系是管总的，对其他关系起着引领作用"。[3] 从历史纵深看，我国各民族的差异性将长期存在。因此，尊重、包容差异性是铸牢中华民族共同体意识的重要内容。但要明确共同性与差异性之间的逻辑关系：共同性是主导、方向和根本，但共同性要包容差异性，使差异性获得活力；需要保护差异性，但不能强化差异性中的落后因素，不能固化影响民族进步的不良因素，而且差异性不能以削弱和危害共同性为前提。二是要正确把握中华民族共同体意识和各民族意识的关系，处理好中华民族和各民族之间的关系，"引导各民族始终把中华民族利益放在首位，本民族意识要服从和服务于中华民族共同体意识，同时要在实现好中华民族共同体整体利益进程中实现好各民族具体利益，大汉族主义和地

---

① 中共中央统一战线工作部、国家民族事务委员会编《中央民族工作会议精神学习辅导读本》，民族出版社，2022 年，第 20 页。

② 中共中央统一战线工作部、国家民族事务委员会编《中央民族工作会议精神学习辅导读本》，第 11 页。

③ 中共中央统一战线工作部、国家民族事务委员会编《中央民族工作会议精神学习辅导读本》，第 10 页。

方民族主义都不利于中华民族共同体建设"。①中华民族共同体利益是整体利益，各民族利益是具体利益，各民族的具体利益必须服从于和服务于中华民族共同体的整体利益，而不是相反，决不能将本民族的具体利益凌驾于中华民族共同体整体利益之上。中华民族共同体意识是主体，本民族意识要服从于和服务于中华民族共同体意识，而不是相反，决不能将本民族意识凌驾于中华民族共同体整体意识之上。三是要正确把握中华文化和各民族文化的关系，处理好中华文化与各民族文化之间的逻辑关系，"各民族优秀传统文化都是中华文化的组成部分，中华文化是主干，各民族文化是枝叶，根深干壮才能枝繁叶茂"。②这表明，中华文化是主体，各民族文化是中华文化这个主体的组成部分，而不是相反，决不能将本民族文化凌驾于中华文化之上。四是要正确把握物质和精神的关系，将两者完整地统一起来，"要赋予所有改革发展以彰显中华民族共同体意识的意义，以维护统一、反对分裂的意义，以改善民生、凝聚人心的意义，让中华民族共同体牢不可破"。边疆民族地区高质量发展是十分必要的，但要将高质量发展的任务对焦于中华民族共同体意识的不断增强上来，全国支援边疆地区的建设不单纯是物质支援，还要将物质支援与中华民族共同体意识的构建有机地结合起来。"铸牢中华民族共同体意识是新时代党的民族工作的'纲'，所有工作要向此聚焦。"③

（4）民族区域自治制度的重大意义。在2021年中央民族工作会议上，习近平总书记明确指出，必须坚持和完善民族区域自治制度。实

---

① 中共中央统一战线工作部、国家民族事务委员会编《中央民族工作会议精神学习辅导读本》，第70页。

② 中共中央统一战线工作部、国家民族事务委员会编《中央民族工作会议精神学习辅导读本》，第73页。

③ 中共中央统一战线工作部、国家民族事务委员会编《中央民族工作会议精神学习辅导读本》，第12页。

行民族区域自治制度，是我们党的伟大创举和伟大实践。早在 1936 年，我们党就建立了陕甘宁省豫海县回民自治政府，1947 年建立了内蒙古自治区。1952 年，中央人民政府颁布《中华人民共和国民族区域自治实施纲要》。1984 年，颁布实施《中华人民共和国民族区域自治法》。目前，我国已经成立了 155 个民族自治地方，包括 5 个自治区、30 个自治州、120 个自治县。此外还成立了近千个民族乡，作为民族区域自治的重要补充。① 我们党把马克思主义民族理论同我国民族问题具体实际相结合，创造了民族区域自治制度，其根本目的是维护国家统一和民族团结。民族区域自治着眼于统一与自治相结合、民族因素与区域因素相结合。民族区域自治制度作为我国一项基本政治制度是在实践中逐步摸索出来的。周恩来总理指出：实行民族区域自治"是民族自治与区域自治的正确结合，是经济因素和政治因素的正确结合"，"这样的制度是史无前例的创举"。

四 "文明不可断"的信念

（1）"中华文明是世界上唯一绵延不断且以国家形态发展至今的伟大文明。"② 这是中华文明五个突出特性中最突出的特性。举世闻名的古代"四大文明"——埃及文明、两河流域文明、印度文明和中华文明，除中华文明外，其他三个古代文明都消失在历史的长河中，就连比"四大文明"晚形成的古希腊罗马文明也没有逃脱中断的命运，唯有中华文明一直延续至今，成为世界上独有的连续不断的文明。这是历史事实，谁也否定不了。著名的历史学家汤因比在研究世界文明时

---

① 中共中央统一战线工作部、国家民族事务委员会编《中央民族工作会议精神学习辅导读本》，第 22 页。

② 习近平：《在文化传承发展座谈会上的讲话》，《求是》2023 年第 17 期。

将中国文明视为连续着的文明。^①塞缪尔·亨廷顿也将中国文明视为五个仍然存在的文明之一。^②

近代列强给中国带来了灾难，给中华文明带来了危险。"1840 年鸦片战争以后，中国逐步成为半殖民地半封建社会，国家蒙辱、人民蒙难、文明蒙尘，中华民族遭受了前所未有的劫难。从那时起，实现中华民族伟大复兴，就成为中国人民和中华民族最伟大的梦想。"^③中华文明虽然没有被中断，但却"蒙尘"了。

"中华文明的连续性，从根本上决定了中华民族必然走自己的路。"^④五千多年的文明史是我们走自己的路的历史逻辑。世界上唯一没有中断的中华文明是我们文明自信的历史底蕴。正如美国学者所言，"一部文明史不仅论述战争和政治的各种表面现象，而且还探讨一个民族的内在力量的全部表现"。^⑤中华民族的"内在力量"表明，我们不需要"改弦易辙"，不需要改中华文明之弦，易中华文明之辙；不需要"转轨"，不需要将中华文明转向其他文明的轨道。习近平总书记说："中华文明历经数千年而绵延不绝、迭遭忧患而经久不衰，这是人类文明的奇迹，也是我们自信的底气。"^⑥

"如果不从源远流长的历史连续性来认识中国，就不可能理解古代中国，也不可能理解现代中国，更不可能理解未来中国。"^⑦习近平总书记提出了一个时间轴，古代中国、现代中国、未来中国，一脉相承。"古代中国"，我们的祖先兢兢业业，创造中华文明的多重辉煌，让

---

① 汤因比：《历史研究》，曹未风等译，上海人民出版社，1997 年。
② 塞缪尔·亨廷顿：《文明的冲突》，周琪译，新华出版社，2013 年，第 23—24 页。
③ 习近平：《在庆祝中国共产党成立 100 周年大会上的讲话》，《人民日报》2021 年 7 月 2 日，第 2 版。
④ 习近平：《在文化传承发展座谈会上的讲话》，《求是》2023 年第 17 期。
⑤ 查尔斯·A.比尔德、玛丽·R.比尔德：《美国文明的兴起》，许亚芬、于干译，商务印书馆，2016 年，第 1 页。
⑥ 习近平：《在文化传承发展座谈会上的讲话》，《求是》2023 年第 17 期。
⑦ 习近平：《在文化传承发展座谈会上的讲话》，《求是》2023 年第 17 期。

中华文明的历史绵延不断五千多年，只有中华文明具有这样独一无二的世界奇迹，只有中国历史能创造这样的唯一标识，只有中华民族具有这样的时光印记。五千多年"古代中国"文明的奇迹和辉煌给"现代中国"和"未来中国"提出了重要的时代命题，即"把世界上唯一没有中断的文明继续传承下去"，[①] 将中华文明不间断地"传承下去"，构建"中华民族现代文明"，这是新的文化使命，而新的文化使命极其重要的元素就是"必须走自己的路"。

只有全面、深入而系统地认识中华文明的历史文脉，才能建设中华民族现代文明，而中华优秀传统文化和中华文明的五大突出特性不能自动地适应现代化的需求，需要创造性转化、创新性发展。因此，创造性转化、创新性发展就成为将中华优秀传统文化与中华民族现代文明相衔接的极其关键的纽带和转换器。创造性转化、创新性发展更是中华文明突出的创新性在现实中国的鲜明体现。

（2）要警惕"文明冲突论"给中华文明所带来的冲击和挑战。亨廷顿明确提出"文明的冲突"。在他看来，"在所有的文明之中，唯独西方文明对其他文明产生过重大的、有时是压倒一切的影响。因此，西方的力量和文化与所有其他文明的力量和文化之间的关系就成为文明世界最普遍的特征"，"西方是而且在未来的若干年里仍然是最强大的文明"，"世界在某种意义上是一分为二的，主要的区分存在于迄今占统治地位的西方文明和其他文明之间，然而，其他文明之间几乎没有任何共同之处。简言之，世界是划分为一个统一的西方和一个由许多部分组成的非西方"。[②]

亨廷顿将西方文明视为强势文明，其他文明需要用西方文明的

---

① 《习近平在文化传承发展座谈会上强调　担负起新的文化使命　努力建设中华民族现代文明》，《人民日报》2023 年 6 月 3 日，第 1 版。

② 塞缪尔·亨廷顿：《文明的冲突》，第 161、7、15 页。

标准加以衡量和判断:"根据它来判断非欧洲人的社会是否充分'文明化'到可以被接受为欧洲人所支配的国际体系的成员。"① 他还提出了另一个引人注目的观点:"文明之间最引人注目的和最重要的交往是来自一个文明的人战胜、消灭或征服来自另一个文明的人。"② 亨廷顿在梳理欧洲基督教文明历史时承认,其在文明程度上落后于许多其他文明,比中国、伊斯兰、拜占庭等文明都落后。但西方文明强势崛起,在其后的 250 年间,整个西半球和亚洲的一些重要部分都被置于欧洲的统治和控制之下。1800 年欧洲人或前欧洲的殖民地在南美和北美控制了地球表面土地的 35%,1878 年这一数字为 67%,1914 年为 84%。"在欧洲扩张的过程中,安第斯和中南美洲文明被有效地消灭了,印度文明和伊斯兰文明同非洲文明一起被征服,中国受到渗透并从属于西方的影响。只有俄罗斯、日本和埃塞俄比亚这三个在高度中央集权的帝国权威统治下的文明得以抵制西方的冲击,并维持了有意义的独立存在。400 年之久的文明间关系是由其他社会对西方文明的从属所构成的。"③ 那么,西方文明是通过什么方式达到消灭、征服其他文明的呢?亨廷顿明确地承认,"西方扩张的直接根源是技术:发明了到达距离遥远的民族的航海工具,发展了征服这些民族的军事能力","西方赢得世界不是通过其思想、价值观或宗教的优越(其他文明中几乎没有多少人皈依他们),而是通过它运用有组织的暴力方面的优势,西方人常常忘记这一事实;非西方人从未忘记"。④ 亨廷顿指出了西方文明的两幅画面:第一幅是西方处于压倒一切的、成功的、几乎是完全的支配地位。"西方是唯一在其他各个文明或地区拥有实质利益的文明,也是唯一能

① 塞缪尔·亨廷顿:《文明的冲突》,第 19 页。
② 塞缪尔·亨廷顿:《文明的冲突》,第 29 页。
③ 塞缪尔·亨廷顿:《文明的冲突》,第 30 页。
④ 塞缪尔·亨廷顿:《文明的冲突》,第 30 页。

够影响其他文明或地区的政治、经济和安全的文明。其他文明中的社会通常需要西方的帮助来达到其目的和保护其利益。"[1] 第二幅画面，那是一个衰落的文明，西方在世界政治、经济和军事领域的力量正在下降。于是，他认为对西方文明形成威胁的首先是伊斯兰文明和中国文明。"未来的危险冲突可能会在西方的傲慢、伊斯兰国家的不宽容和中国的武断的相互作用下发生。"[2] "伊斯兰国家和中国拥有与西方极为不同的伟大的文化传统，并自认其传统远较西方的优越。"[3] "中国的崛起则是核心国家大规模文明间战争的潜在根源。"[4] 所以，在西方文明处于相对衰落之时，更需要提前识别"挑战者"和"战略对手"，并采取综合手段加以遏制。

中国学者也在思考世界文明之间的关系问题。季羡林认为，"人类的文化宝库是众多的民族或国家共同建造的。使用一个文绉绉的术语，就是'文化多元主义'，主张世界上只有一个民族创造了文化，是法西斯分子的话，为我们所不能取"。季羡林也将欧亚大陆的文化体系分为两种类型，即西方文化与东方文化（印度文化、伊斯兰文化、中华文化），但他所得出的结论是与亨廷顿不同的。他既反对"西方文明中心论"，也不赞同"东方文明中心论"，主张文明平等对话和借鉴。[5]

文明冲突实际上是西方文明以自身现有的实力优势，甚至以暴力方式防范、遏制、消除对西方文明以及作为西方文明载体的西方国家所形成的挑战和潜在威胁，并对其他文明以及作为这些文明载体的国家维持西方文明的统治地位和优势地位。按照西方文明的所谓判

---

① 塞缪尔·亨廷顿：《文明的冲突》，第 61 页。
② 塞缪尔·亨廷顿：《文明的冲突》，第 161 页。
③ 塞缪尔·亨廷顿：《文明的冲突》，第 163 页。
④ 塞缪尔·亨廷顿：《文明的冲突》，第 186 页。
⑤ 拱玉书等：《世界文明起源研究——历史与现状》，昆仑出版社，2015 年，第 1—12 页。

定标准，西方文明的挑战对手来自非西方文明及非西方国家。换句话说，非西方文明及非西方国家只能接受西方文明，服从西方国家的主导，否则就会产生"文明的冲突"。但是中华文明有自身的文明继承权、延续权、发展权、复兴权和繁荣权。与西方文明的"文明冲突观"相反，中国认为，世界是由多种文明组成的文明共同体，具有文明多元化的特征。文明之间的关系应是平等的，没有优劣之分；文明之间的差异需要通过对话解决。中国提出的全球文明倡议清晰地表达了关于世界文明的基本思想，中国需要对近代以来"蒙了尘"的文明进行"除尘"。中华民族伟大复兴的过程就是中华文明"除尘"的过程，使中华文明更适应现代化的进程，从而形成中华民族现代文明。

中华文明是不可中断的。我们需要特别关注现实和未来可能导致中华文明中断的各种隐患和威胁，具有强烈的忧患意识。西方借助"人权"等意识形态因素不断向我国渗透，逐步灌输西方价值观和理念，试图使中国走上"改旗易帜""改弦更张"的道路，这是必须加以防范的。中国式现代化是坚定不移地走中国特色社会主义道路的现代化。因此，"两个结合"是中国未来发展的必由之路，是中国实现社会主义现代化的保障，借助"两个结合"中国将会实现中国式现代化，实现中华民族伟大复兴的目标。

五　中华文明统一性与其他特性之间的内在逻辑关系

（一）突出的连续性与突出的统一性之间的关系

中华文明最主要的特性就是突出的连续性。中华文明五千多年不中断的历史在人类历史上独一无二，而这五千多年的中华文明是在中国统一性所构造的地理空间、政治空间和精神空间范围内进行的。古代中国的疆域是中国各族人民进行历史活动的地理空间、政治空间和精神空间。中华文明的地理空间就是中华民族各民族所共同开拓的疆域；中华文明的政治空间就是承载五千多年不间断的中华文明政治行为体——国家形态；中华文明的精神空间就是逐步形成的中华民族共同体意识。这样，五千多年不间断的中华文明时间轴与中华民族各民族祖祖辈辈生息繁衍的地理空间、政治空间和精神空间完美结合，构成了中华文明完整的时空观和时空架构。

中华文明五千多年绵延不断就是因为有维护大一统的人心根基。"'向内凝聚'的统一性追求，是文明连续的前提，也是文明连续的结果。"从九州共贯到中华民族共同体，体现了中华文明统一性的一脉相承。没有中华文明突出的统一性的支撑，就很难做到五千多年绵延不断。

从共同信念四个因素之间的关系看，"国土不可分"与"文明不可断"就是中华文明五个突出特性中的"连续性"和"统一性"的具体表现和反映。"国土不可分"是"文明不可断"的前提和结果，也是"文明不可断"的基础。这说明"国土不可分"和"文明不可断"具有内在的逻辑关系和历史联系性。从负面视角看，国土被"分"就有可能使中华文明中断。这也从文明的高度诠释了"国家统一永远是国家核心利益的核心"的深刻内涵。

（二）突出的创新性与突出的统一性之间的关系

习近平总书记在文化传承发展座谈会上的重要讲话中指出，"结合"打开了创新空间。"结合"本身就是创新，同时又开启了广阔的理论和实践创新空间。"第二个结合"让我们掌握了思想和文化主动，并有力地作用于道路、理论和制度。从这个角度看，我们党开创的人民代表大会制度、政治协商制度等，与中华文明的民本思想，天下共治理念,"共和""商量"的施政传统,"兼容并包,求同存异"的政治智慧都有深刻关联。我们没有搞联邦制、邦联制,而是确立了单一制国家形式,实行民族区域自治制度,就是顺应向内凝聚、多元一体的中华民族发展大趋势,承继九州共贯、六合同风、四海一家的中国文化大一统传统。更重要的是,"第二个结合"是又一次的思想解放,让我们能够在更广阔的文化空间中,充分运用中华优秀传统文化的宝贵资源,探索面向未来的理论和制度创新。①

中国共产党在新中国成立后不断探索社会主义政治体制的建设。比如,我们没有照搬照抄苏联的国家治理体制,没有照搬苏联的民族自决理论和范式,独自探索出民族区域自治制度。为什么中国没有照搬照抄苏联的民族政策和管理体制?周恩来总理进行过分析,"中国民族多,而又相互杂居,这样的民族分布情况,就不可能设想采取如同苏联那样的民族共和国办法","在中国适宜于实行民族区域自治,而不宜于建立也无法建立民族共和国","中国的历史同当时俄国的情况却完全不同","历史的发展使我们的民族大家庭需要采取与苏联不同的另一种形式","我们这种内部、外部的关系,使我们不需要采取十月革命时俄国所强调的实行民族自决、允许民族分立的政策"。这说明,中国共产党在处理民族问题时将马克思主义关于民族问题的基本理论与中国具体实际相结合,探索出中国特色的民族理论和民族政策。民族区域自治制度是防止国家解体和民族分裂的重要制度性安排。周恩来总理坚决反对民族"单干":中国各民族杂居的条件"适宜于民族合作,适宜于实行民族区域自治","中国的民族宜合不宜分。我们应该强调民族合作,民族互助;反对民族分裂,民族'单干'。我们民族大家庭采取民族区域自治制度,有利于我们普遍地实行民族

---

① 习近平:《在文化传承发展座谈会上的讲话》,《求是》2023 年第 17 期。

的自治，有利于我们发展民族合作、民族互助。我们不要想民族分立，更不应该想民族'单干'"，"我们不去强调民族分立。现在若要强调民族可以分立，帝国主义就正好来利用。即使它不会成功，也会增加各民族合作中的麻烦"。① 事实证明，我国的民族区域自治制度经受住了时间的考验，是完全正确的，是我党理论创新和实践创新的重要范例，也是中华文明创新性与统一性相结合的重要现代体现。而苏联的民族自决政策和苏联国家制度具有理论缺陷，在实践中不断出现越来越大的偏差，最终导致苏联解体，民族离散，这是一个巨大的教训。

（三）"大一统"思想与"国家不可乱"的信念

习近平总书记在文化传承发展座谈会上的重要讲话中多次阐述"大一统"思想。他将"九州共贯、多元一体的大一统传统"视为中华优秀传统文化重要元素之一。他强调，"深厚的家国情怀与深沉的历史意识，为中华民族打下了维护大一统的人心根基"，"中华文明长期的大一统传统，形成了多元一体、团结集中的统一性"。在谈到"结合"的结果是互相成就时，他举了"从九州共贯到中华民族共同体"的例子；在谈到"结合"打开了创新空间时，他强调要"承继九州共贯、六合同风、四海一家的中国文化大一统传统"。②

"大一统"思想始于春秋时期并在秦汉时期成为中国政治的重要指导思想和理念。《吕氏春秋》曰："天下必有天子，所以一之也。天子必执一，所以抟之也。一则治，两则乱。"③ 孔子说："天下有道，则

---

① 周恩来：《关于我国民族政策的几个问题》（1957 年 8 月 4 日），《新疆工作文献选编（1949—2010）》，中央文献出版社，2010 年，第 179—201 页。
② 习近平：《在文化传承发展座谈会上的讲话》，《求是》2023 年第 17 期。
③ 《吕氏春秋集释》卷 17，中华书局，2009 年，第 469 页。

礼乐征伐自天子出。"①孟子在回答"天下乌乎定"时明确说："定于一。"②孟子曰："诸侯之宝三：土地，人民，政事。"孟子虽然强调的是诸侯，其实其内容更适合国家。《春秋公羊传》曰："何言乎王正月？大一统也。"《公羊传》还说："曷为外也？《春秋》内其国而外诸夏，内诸夏而外夷狄。王者欲一乎天下，曷为以外内之辞言之？言自近者始也。"③徐彦疏："王者受命，制正月以统天下，令万物无不一一皆奉之以为始，故言大一统也。"《汉书·王吉传》："《春秋》所以大一统者，六合同风，九州共贯也。"中国古代还强调"事在四方，要在中央"。④汉代董仲舒进一步弘扬了"大一统"思想。他表示，"《春秋》大一统者，天地之常经，古今之通谊也"，⑤将"大一统"观念置于思想统治地位，成为两汉时期主流的政治思想。

此后，历代王朝都将"大一统"作为当时政治行为的最高目标和理念。在分裂时期，割据势力也往往把自己说成是皇朝的正统，把统一作为治国的指向。"大一统"思想有着极其丰富的政治思想内涵，成为中华文明极其重要的文化思想观念，是中华文明突出的统一性的重要思想要素，也成为支撑中国多元一体格局的心理文化基础。从中国古代国家治理的历史进程中，我们可以看到"大一统"不仅是一种维护国家统一的理念，也是历代封建王朝治理国家的重要政治工具之一，更是自秦汉以后历代王朝所共同追求的政治目标和价值观。在分裂时期，大一统思想对向内凝聚起到了巨大的思想引领作用，这是国家能够重新归于统一状态的内在思想和精神纽带。"到明清时期，中原和

---

① 《论语·季氏》。
② 《孟子正义》，《十三经清人注疏》，中华书局，1987年，第71页。
③ 《春秋公羊传注疏》，李学勤主编《十三经注疏》（标点本），北京大学出版社，1999年，第11、462—463页。
④ 王先慎撰，钟哲点校《韩非子集解》卷2《扬权》，中华书局，1998年，第44页。
⑤ 《汉书》卷56《董仲舒传》，中华书局，1964年，第2523页。

边疆不但在政治上，而且在经济上和文化上出现了明显的一体化趋势，使国家统一不但成为政治的需要，而且成为经济和文化发展的必然。清朝的大统一，实际上是数千年中国社会历史趋势的必然产物，是中国历史演变的必然结果。"① 所以，中华文明绵延不断，"就在于中国一直有着一个大一统的传统，这是我们非常宝贵的历史资源，也是了解中华文明为什么有这样强大活力的一个非常重要的因素"。②

（四）突出的包容性与突出的统一性的关系

中华文明的统一性也与包容性紧密相关。中华文明越包容，就越能得到支持、认同和维护，就越会绵延不断。包容性体现了中华文明和中华民族发展进程中的韧性。包容性是"民族不可散"的黏合剂。"中华文明具有突出的包容性。中华文明从来不用单一文化代替多元文化，而是由多元文化汇聚成共同文化，化解冲突，凝聚共识。中华文化认同超越地域乡土、血缘世系、宗教信仰等，把内部差异极大的广土巨族整合成多元一体的中华民族。越包容，就越是得到认同和维护，就越会绵延不断。"第一，中华文明是由多元文化所构成的，这是其基本的文化特征。与中华民族"多元一体"格局相对应，中华文化也呈"多元一体"的结构，即每一个民族都有自身的民族文化，具有与其他民族不同的文化特征和气质，而中华文化则是各民族多元文化的集合体，并将各民族文化融合成一体，即中华文化。第二，中华文化从来不以所谓的单一文化去取代或者代替多元文化，而是将多元文化不断加以融合，最终汇聚成中华文明视域下的共同文化。共同文化的形成是化解冲突的有效途径，也是增强凝聚力、凝聚共识的有效方式。正是在共同文化的基础上形成了中华民族文化认同，而文化认同是中

---

① 高翔：《在历史的深处》，中国社会科学出版社，2012 年，第 55—56 页。
② 姜义华：《中华文明的经脉》，商务印书馆，2019 年，第 168、170 页。

华民族共同体意识的基础。第三，中华文明的包容性，从根本上决定了中华民族交往交流交融的历史取向，使中华民族的内聚力不断增强，也使中国各宗教信仰多元并存的和谐格局得以维护和保持。中华文明的包容性给"国土不可分"提供了支撑，给"国家不可乱"提供了保障，给"民族不可散"提供了内聚力，给"文明不可断"提供了韧性。

（五）突出的和平性与突出的统一性之间的关系

"国土不可分"的信念明显地体现了中华文明突出的和平性。"国土不可分"有两个非常重要的含义：一是中国的领土不可分割和丢失；二是我们专注于捍卫既有的国土，不谋求扩张，不"分"他国之"土"。从近代中国演化的历史进程中完全可以得出结论，列强曾经给中国带来深重的灾难。而当前中国崛起的最大外部阻力依然是美西方国家。美国对我国台湾问题的深度介入、在我国南海的挑衅行为、编织各种国际网络对中国的围堵等都表明，中国捍卫国家主权和领土完整依然是一个艰巨任务，具有明显的外部国际因素的威胁。"国家不可乱"和"民族不可散"都面临着美西方压力的现实状况。美国全方位遏制中国，目的是让中国走错路，让中国发展慢下来、弱下去，最终导致中国出现美国所希望的局面。美西方借助所谓的"人权"，在涉疆、涉藏、涉海、涉港和涉台等问题上屡屡向中国施加压力，干涉中国内政，试图搞乱中国、改变中国社会主义制度，分裂中国，给中国各民族之间造成不和与冲突。所有这些都表明中国需要全神贯注地应对来自美西方对我发展、稳定和安全大局的干扰和破坏，同时还要进一步实施对外开放战略，统筹安全与发展之间的关系。中华文明绵延不断得益于其开放的姿态和包容的胸怀，因此，开放包容是中华文明发展的活力来源。未来的中国更应积极主动地学习借鉴人类创造的一切优秀文明成果。中华文明有和世界其他文明交流互鉴的鲜明文化特性。中华文明的和平性为其他四个特性提供了良好的外部环境，决定了中华文化对世界文明兼收并蓄的开放胸怀，也成为中国式现代化的重要特征之一。

（原刊《当代中国与世界》2023 年第 4 期）

"大一统之在我朝":清朝对"大一统"的继承与实践

李大龙 *

作为制度文明的"大一统"思想是中华文明的核心内容,对多民族国家中国的形成与发展起到了决定性指导作用。清代是多民族国家中国从传统王朝国家迈入近现代主权国家的重要时期。尽管有关清朝多民族国家历史的探讨已经取得了丰硕成果,但有些问题依然值得进一步深入探讨,清朝对"大一统"思想的继承与实践即是其中之一。本文试图在以往研究的基础上就清朝对传统"大一统"思想的继承和发展及其实践再做讨论。

一 清代"大一统"研究评述

历代王朝对疆域"大一统"的持续追求是多民族国家中国得以形成和发展的重要原因,清朝则是集历代"大一统"思想及实践之大成,对此学术界已有不少成果予以了关注,仅从中国知网通过主题检索就可以查到1993篇学术论文,但涉及清朝的只有72篇(2023年8月15日检索),显示对清朝"大一统"的研究似乎并没有得到学界应有的关注。不过,虽然论著数量不多,但也可以从以下几个重要的方面予以评述。

---

* 李大龙,中国社会科学院(中国历史研究院)中国边疆研究所编审。

一是在历代王朝"大一统"思想基础上对清朝的"大一统"思想进行重新诠释。这方面的研究成果并不多见,陈跃的研究可以作为一个代表。陈跃的研究回顾了历代"大一统"思想的内涵,认为清朝的"大一统"突破了此前的"华夷之别"和"内外之别",突出华夷一体、中外一体和对中华文化的高度认同,从而实现了"大一统"思想的重大突破,并指出疆域统一、华夷一体与施政一致,三者共同构成清朝"大一统"新理论的三块基石,从而解决了"夷狄"入"中国"这一根本问题,实现了由"以夷治夷"向"国家治理"的转变。[①]陈跃的研究虽然较为准确地阐明了清朝构建"大一统"的理论基础,但对清朝统治者如何在前代基础上继承和完善中国传统"大一统"思想的讨论并没有进一步展开,为探讨的深入留下了空间。

二是清朝如何通过对"大一统"的诠释来解决其"正统"性问题。将"大一统"的探讨和"正统"联系在一起,是学界持续关注的话题,也是探讨的焦点。就清朝的"大一统"研究而言,杨念群的研究较有代表性。杨念群认为,"中国"或"天下"不足以解释清朝的统治特性,"满人统治集团"进入中原入主大统之后由于无法将自己摆到"中国"的框架里面进行陈述,所以满洲皇帝就转换了一种方式,用"大一统"观念来克服这种身份认同的困境。[②]清朝皇帝首先强调清朝对广大疆域占有远迈前代,以突出"正统观"因素中"大一统"的重要性,以"统一"中国的业绩消解和克服宋明"夷夏之辨"歧视北方民族的思想倾向。其次,清朝皇帝通过改造理学"五伦"次序,把"君臣之义"列于"父子关系"之前,修正了宋明"正统观"的道德人伦秩序,建立起了君权至上的独特思想体系。再次,通过组织编纂《春

---

① 陈跃:《论中国古代"大一统"内涵的发展演变》,《中国边疆史地研究》2022 年第 1 期。

② 杨念群:《"天命"如何转移:清朝"大一统"观的形成与实践》,上海人民出版社,2022 年,第 30—36 页;杨念群:《何谓"大一统"——〈"天命"如何转移:清朝"大一统"观的形成与实践〉读书访谈录》,《国际儒学》(中英文)2023 年第 2 期。

秋》注释读本，参与阐释其微言大义，并亲自评鉴《资治通鉴》所记史事之成败得失，建立起了一套有别于士林思想的"帝王经学"体系。① 杨念群的研究认识到了"中国"或"天下"不足以解释清朝的统治特性，但认为"中国"这个概念在产生之初即与"夷狄"形成对立似乎有进一步讨论的必要。先秦时期形成的"大一统"观，实际上是对理想中的以"天子"为核心的"天下"政治秩序的描述，"中国"既然指称"王畿"为中心分布的人群，相应地和夷、戎、蛮、狄构成的"五方之民"则是构成"天下"秩序的重要内容，也是先秦时期形成的重要"族群观"。先秦时期形成于中原地区的"大一统"思想为秦汉王朝所实践，魏晋以后边疆族群建立的王朝不断与中原王朝争夺"天下共主"的地位成为贯穿中国历史的一条主线，并不断丰富和发展了传统的"大一统"思想。建立清朝的满洲人不仅没有回避其"东夷"的出身，反而在天子"有德者居之"的旗号下对魏晋开始边疆政权对"大一统"思想继承与发展的基础上有了进一步发扬，目的是在确立满洲及其所建清朝"中国正统"地位的基础上实现中华大地更大范围的"大一统"。

三是从"民族大一统"的角度认识清朝的"大一统"，李治亭先生的研究可以作为代表。李治亭认为，清朝提出并实践"民族大一统"的新观念，其内涵十分丰富，包容了不同的民族，视各民族为一个整体，解决了传统"华夷之辨"民族观排他性的问题。② 传统时期"大一统"的民族观是随着时代不断变化的概念，宋明时期强调的"华夷之辨""华夷有别"具有排他性的特点，但明朝也强调"华夷一家"与"用夏变夷"，其维护以"天子"（皇帝）为中心的政治秩序并没有发

---

① 杨念群：《"天命"如何转移：清朝"大一统"观再诠释》，《清华大学学报》（哲学社会科学版）2020 年第 6 期。

② 李治亭：《清代民族"大一统"观念的时代变革》，《社会科学辑刊》2006 年第 3 期。

生根本性的变化。魏晋时期由边疆族群建立的王朝开始了与中原王朝争夺"天下共主"的地位，并不断丰富和发展了传统的"大一统"思想，鲜卑人建立的北魏也被视为中华正统。①唐朝的"夷狄"观念则体现出更大的包容性。唐太宗在总结其成功经验时说："自古皆贵中华，贱夷、狄，朕独爱之如一，故其种落皆依朕如父母。"②唐太宗的大臣李大亮也说："中国，天下本根，四夷犹枝叶也。残本根，厚枝叶，而曰求安，未之有也。"③因此，清朝统治者并不回避其"东夷"的出身，其"大一统"民族观也是在继承前代基础上进一步发展和完善的结果。

四是关注清朝"大一统"疆域观的新变化，代表着研究的不断深化，李金飞的研究可以作为代表。李金飞认为，清代以前，受"华夷之辨"思维的影响，历朝构建的"大一统"疆域观未包括边疆地区尤其是长城以外的"三北"，清代始突破"华夷之辨"，把边疆地区纳入"大一统"疆域，实现了"中外一家"局面下真正的国家"大一统"。其核心要旨在反复重申疆域超越历代，兼具规模之广大，获取之德性，实体之清晰三重要素，确立起凭疆域即可为"正统"的唯一评价体系，实现了"大一统"与"正统"的合一。④李金飞从清朝"华夷之辨"思想转变的视角，比较准确地阐释了清朝"大一统"疆域观的变化。在"大一统"疆域"一体化"的具体实践中，清朝还通过满蒙联姻、盟旗制度等措施，成功地解决了从先秦开始长期影响中国历史发展的农牧冲突问题。

---

① 李大龙:《试论游牧王朝对"大一统"思想的继承与实践》,《西北民族研究》2021 年第 2 期；李大龙:《农耕王朝对"大一统"思想的继承与发展》,《云南师范大学学报》2020 年第 6 期。

② 司马光:《资治通鉴》卷 198，太宗贞观二十一年庚辰，中华书局，1956 年，第 6247 页。

③ 欧阳修等:《新唐书》卷 99《李大亮传》，中华书局，1975 年，第 3912 页。

④ 李金飞:《清代疆域"大一统"观念的变革——以〈大清一统志〉为中心》,《中国边疆史地研究》2020 年第 2 期；李金飞:《论清朝的疆域"大一统"观》,《北京师范大学学报》2023 年第 2 期。

以上研究尽管可以体现学界对清朝"大一统"的研究取得了较大进展，但过于注重思想的探讨，似乎依然不能满足完整地认识清朝对传统"大一统"思想继承和发展及其实践的需要。实际上，清朝"大一统"的实践之所以能够超越历代，除了重新诠释了"正统"思想，实现疆域、境内人群的"一统"，更重要的是全面推动了国家疆域理念、行政管理、法律制度、文教政策、天下民人等诸多层面的"一体化"实践，不仅实现了中华大地更大范围的"大一统"，而且将多民族中国从传统王朝国家带到了近现代主权国家行列。

二 清朝对传统"大一统"思想的继承和发展

就文献记载而言，尽管在史书中可以看到历代王朝尤其是出身"夷狄"的王朝统治者为自己"正统"地位进行分辩的阐述，但多是只言片语。清朝雍正帝《大义觉迷录》的系统驳论则是前无古人后无来者，其宣称的"莫不知大一统之在我朝"既体现了对传统"大一统"思想的继承与发展，更多的则是对清朝实践"大一统"结果的自豪。应该说，清朝对历代"大一统"思想的继承和发展，是其能够实现疆域远超历代"大一统"王朝的重要原因之一。清朝的"大一统"思想并非对历代王朝"大一统"的简单承袭，而是对历代王朝"大一统"的思想批判地继承和发展，是历代"大一统"思想的集大成者。天聪九年（1635），缴获"天锡至宝"，被视为是"一统万年之瑞也！"[①]次年，皇太极改国号为"大清"，其君臣认为"一统基业，已在掌握中矣"[②]，构建"大一统"王朝此时已经成为清朝统治者的理想追求。到顺治时期，诏谕西藏使臣"方今天下一家，虽远方异域亦不殊视"，

① 《清太宗实录》卷 24，天聪九年八月庚辰，中华书局影印本，1985 年。

② 《清太宗实录》卷 59，崇德七年三月辛巳。

"一如旧例不易"。① 康熙二十五年（1686）设置了"一统志馆"，开始编撰《大清一统志》，并明确宣称"朕为天下大一统之主"。② 可以说，经过顺治、康熙、雍正三朝的不断发展和完善，以乾隆朝《大清一统志》的编撰完成为标志，清朝"大一统"的王朝国家构建基本完成。其中，雍正帝撰著的《大义觉迷录》是清朝对"大一统"思想重新系统阐释的集大成者，成为清朝能够突破历代"大一统"思想窠臼，确立"中国正统"地位的关键。

《大义觉迷录》的突出贡献表现在以下几个方面。

其一，"有德者可为天下君"③。雍正帝引用《书》所言"皇天无亲，惟德是辅"，认为有德者为君，生息繁衍的地点不是标准："自古帝王之有天下，莫不由怀保万民，恩加四海。膺上天之眷命，协亿兆之欢心，用能统一寰区，垂麻奕世。盖生民之道，惟有德者可为天下君。此天下一家，万物一体，自古迄今，万世不易之常经，非寻常之类聚群分，乡曲疆域之私衷浅见所可妄为同异者也。"④ 而清朝"肇基东土，列圣相承，保乂万邦，天心笃祐，德教宏敷，恩施遐畅，登生民于衽席，遍中外而尊亲者，百年于兹矣"，完全有资格成为"天下之主"，"此民心向背之至情，未闻亿兆之归心，有不论德而但择地之理"。⑤ 可见清朝统治者并不忌讳其"东夷"出身，将"德"确立为天下之君的唯一标准而非出身。尽管这一理由在前代统治者的驳论中屡屡出现，但雍正帝的诠释似乎更加有力。

其二，清朝实现"大一统"是"仰承天命"，不能"以华夷而

---

① 《顺治帝恩准禅化王旺舒克奏文并宣命收回明朝所赐印文后准赐册文印信之敕谕》（顺治五年七月二十八日），中国第一历史档案馆藏内秘书院档。
② 《清圣祖实录》卷173，康熙三十五年五月乙丑，中华书局影印本，1985年。
③ 雍正帝：《大义觉迷录》，中国社会科学院历史研究所清史研究室编《清史资料》第4辑，中华书局，1983年，第3页。
④ 雍正帝：《大义觉迷录》，《清史资料》第4辑，第3页。
⑤ 雍正帝：《大义觉迷录》，《清史资料》第4辑，第4页。

有殊视"。雍正帝说："我朝既仰承天命，为中外臣民之主，则所以蒙抚绥爱育者，何得以华夷而有殊视？而中外臣民，既共奉我朝以为君，则所以归诚效顺，尽臣民之道者，尤不得以华夷而有异心。此揆之天道，验之人理，海隅日出之乡，普天率土之众，莫不知大一统之在我朝。"① 天下"大一统"非"华夷之别"，而是仰赖"天命"。在"天命"的旗帜下用"华夷"和"中外臣民"一体来化解"华夷之辨"不仅是在前代基础上的发展，而且可以让"正统"更有说服力。

其三，"满洲"是地域的含义，不能成为获得"正统"的障碍。中原儒士吕留良、曾静等"徒谓本朝以满洲之君，入为中国之主，妄生此疆彼界之私，遂故为诬谤诋讥之说耳。不知本朝之为满洲，犹中国之有籍贯。舜为东夷之人，文王为西夷之人，曾何损于圣德乎？诗言'戎狄是膺，荆舒是惩'者，以其僭王猾夏，不知君臣之大义，故声其罪而惩艾之，非以其为戎狄而外之也。若以戎狄而言，则孔子周游，不当至楚，应昭王之聘。而秦穆之霸西戎，孔子删定之时，不应以其誓列于周书之后矣"。② 这种认识是在先秦，尤其是南北朝时期得到强化的观念。针对这一认识，雍正帝给出了不同以往的解释：清朝统治者出身"东夷"，"犹中国之有籍贯"。这一说法虽然有狡辩的成分，但可以说对"夷"作出了不同的定位，从根源上反驳了吕留良等人的认识。

其四，"华夷之别"的提法适用于分裂时期，"大一统"时期则应该强调"华夷一家"。雍正帝说："盖从来华夷之说，乃在晋宋六朝偏安之时，彼此地丑德齐，莫能相尚。是以北人诋南为岛夷，南人指北为索虏。在当日之人，不务修德行仁，而徒事口舌相讥，已为至卑至

---

① 雍正帝：《大义觉迷录》，《清史资料》第 4 辑，第 4 页。
② 雍正帝：《大义觉迷录》，《清史资料》第 4 辑，第 4 页。

陋之见。今逆贼等，于天下一统、华夷一家之时，而妄判中外，谬生忿戾，岂非逆天悖理，无父无君，蜂蚁不若之异类乎？"①"华夷之说"出现在"晋宋六朝偏安之时"的认识是客观事实，"天下一统"和"华夷一家"是"大一统"王朝的重要标志。这种对比性的表述是对"华夷之辨"的进一步否定。

其五，"华夷""中外"的区分是历代疆域不能广大的原因。雍正帝说："自古中国一统之世，幅员不能广远，其中有不向化者，则斥之为夷狄。如三代以上之有苗、荆楚、猃狁，即今湖南、湖北、山西之地也。在今日而目为夷狄可乎？至于汉、唐、宋全盛之时，北狄、西戎，世为边患，从未能臣服而有其地，是以有此疆彼界之分。自我朝入主中土，君临天下，并蒙古，极边诸部落俱归版图。是中国之疆土，开拓广远，乃中国臣民之大幸，何得尚有华夷中外之分论哉！"②他认为历代边患不断主要是"中外有别"的华夷观念造成的，清朝能够实现疆域空前广大的"大一统"的根本原因就在于摒弃了"华夷中外之分"。

其六，"我朝之为君，实尽父母斯民之道"。雍正帝说："从来为君上之道，当视民如赤子，为臣下之道，当奉君如父母。我朝之为君，实尽父母斯民之道，殚诚求保赤之心，而逆贼尚忍肆为讪谤，生疾怨而行其忤逆乎？……明太祖，即元之子民也。以纲常伦纪言之，岂能逃篡窃之罪。至于我朝之于明，则邻国耳。且明之天下，丧于流贼之手。……是我朝之有造于中国者，大矣至矣！……历代以来，如有元之混一区宇，有国百年，幅员极广，其政治规模，颇多美德，而后世称述者寥寥。"③也就说，能够作为"中国正统"有一个重要的标准，

---

① 雍正帝：《大义觉迷录》，《清史资料》第4辑，第4—5页。
② 雍正帝：《大义觉迷录》，《清史资料》第4辑，第5页。
③ 雍正帝：《大义觉迷录》，《清史资料》第4辑，第5—6页。

就是统治者需要尽其"父母斯民之道"的职责。

在雍正帝撰述的《大义觉迷录》中，以上几点可以说是句句切中传统夷夏观的要害。尤其是将"中外华夷"定位为地域概念，进而反对以活动地域来否定清朝"正统"地位的做法。清朝继承了传统"大一统"思想的核心内容，并将"普天之下莫非王土，率土之滨莫非王臣"明确认定为乃"大一统之义"。① 与此同时，清朝统治者并没有避讳其源出"东夷"的身份，而是将"满洲"定义为"犹中国之有籍贯"，② 进而认为"自古帝王之有天下，莫不由怀保万民……惟有德者可为天下君。此天下一家，万物一体，自古迄今万世不易之常经"，③ 借以为清朝"中国正统"申辩，并视清朝为历代王朝的延续，不仅为"中国之主"，也为"中外臣民之主"，让"普天率土之众，莫不知大一统之在我朝"。④ 雍正帝还将《大义觉迷录》刊刻，"颁布天下各府州县远乡僻壤，俾读书士子及乡曲小民共知之"。⑤ 清朝的"大一统"已经突破了传统"中国"和"华夷"范围，其"天下"已经拓展为包含"中外"的"天下"，视野更为宏大，且更重要的是这种观念已经由一种理想逐渐演变为现实的以清朝皇帝为核心的"大一统"王朝的政治秩序。⑥

清朝统治者的"大一统"思想有对传统"大一统"思想的继承，但更多的是在元明两朝基础上的进一步发展，而不避讳其"东夷"出身和在严重影响"大一统"疆域进一步扩大的高度来认识"华夷中外之分"的危害是其突出的表现。清朝"大一统"实践的成就，在很大程度上要归功于其对传统"大一统"思想的弊端有了清晰的认识。特

① 《清高宗实录》卷81，雍正七年五月乙丑，中华书局影印本，1985年。
② 雍正帝：《大义觉迷录》，《清史资料》第4辑，第4页。
③ 雍正帝：《大义觉迷录》，《清史资料》第4辑，第3页。
④ 《清高宗实录》卷86，雍正七年九月癸未。
⑤ 雍正帝：《大义觉迷录》，《清史资料》第4辑，第4页。
⑥ 李大龙、李元晖：《游牧行国体制与王朝藩属互动研究》，内蒙古大学出版社，2018年，第280—281页。

别是雍正帝对先秦以后中国传统"大一统"理论弊端的剖析，在承认满洲乃"东夷"的前提下为清朝"正统"的合法性进行了系统论辩，将传统的"华夷中外"的界定定位为是分布区域的划分并非对人群的认定，且将这种划分与"大一统"实施的范围广大密切联系在一起。这不仅有助于论证清朝的"正统"，更有助于多民族国家中国的形成与发展。甚至可以说，这也是清朝之所以能够将多民族国家中国的疆域由传统王朝国家的"有疆无界"带入近现代主权国家"有疆有界"状态的重要思想根源。

三　清朝"大一统"政治秩序的"一体化"实践

如果清朝统治者对"大一统"的继承和发展仅仅是围绕"正统"而展开，其对多民族国家中国形成与发展的贡献不会超过以往的王朝，但值得高度肯定的是清朝统治者在构建"大一统"思想理论体系的同时，也将这种观念由一种理想逐渐贯穿到国家治理的实践过程之中，不仅构建和完善了以清朝皇帝为核心的"大一统"王朝政治秩序，同时将"九州攸同""天下大同"的传统"大一统"政治追求付诸疆域理念、行政体制、法律制度、文教政策、国民共同体等诸多方面的"一体化"实践。

（一）长城内外疆域"一体化"实践

自先秦以后，农牧区之间的联系与冲突贯穿了历代王朝发展的始终。秦朝实现"大一统"后，将战国时期秦、赵、燕修筑的长城连接起来，构筑起了防范游牧政权的军事防御体系，成为农牧人群之间的一个人为屏障。唐朝在汉代基础上实现更大范围的"大一统"后，将草原地区的游牧部落编为羁縻府州纳入都护府体制进行管理，较前代是一个巨大突破，[①] 但其有效治理也只存在于唐朝初期太宗和高宗的五十余年间。明代朱元璋虽然推翻了元朝统治，但因国力所限，并未能够实现对草原地区的控制，而形成了农牧区之间长期的对峙局面，长城防御体系由此得到强化，成为明代国家治理体系的重要一环。然而，清朝在实现"大一统"的过程中采取了一系列措施，不仅放弃了历代以防御为主的长城防线，而且实现了农牧区之间的整合。众所周知，自努尔哈赤、皇太极时起，清朝通过联姻的方式实现了满洲和蒙古的联合，不仅为清军入关实现"大一统"奠定了坚实的基础，同时"消弭"了农牧区之间的对立。清朝实现"大一统"后，在总结前代经略经验的基础上，开创性地在漠南蒙古、漠北蒙古、漠西蒙古（包括青海蒙古）实行盟旗制度，有效减少了游牧人群流动性的同时加强了游牧部落的区域管辖，为清朝"大一统"国家的稳定与发展找到了一条有效路径。清朝统治者在思想上消除"中外华夷"的界限，使得草原地区的蒙古也成为王朝国家统一的维护者，是故在有官员建言康熙帝修缮长城时，康熙帝说："谕扈从诸臣曰：昔秦兴土石之工，修筑长城，我朝施恩于喀尔喀，使之防备朔方，较长城更为坚固。"[②] 放弃长城防御体系对于古代中国的边疆治理而言是一个伟大的革命。一方面消除了阻碍农牧区之间融为"一体"的人为屏障，加快了长城内外的交往交流交融；另一方面在清朝统治者屡屡强调"一体"的政治语境下，也有助于多民族国家的稳定和发展。

此外，清朝还通过《大清一统志》的编撰来明确"大一统"天下的范围。用"一统志"的方式将"大一统"天下明晰化虽然是元明两朝就有的做法，但就范围和内容而言，理想与现实还是存在较大差距。

---

① 李大龙：《"天可汗"与燕然都护府——唐太宗北疆经略的创新性尝试》，《西北民族研究》2023 年第 2 期。

② 《清太宗实录》卷 151，康熙三十年四月。

清朝则在元明基础上更加细致，并通过续修和重修《大清一统志》将清朝实现和巩固统一的过程及时完整地记录下来。清朝对"大一统"天下的认识既有对历代王朝的继承和与前代"大一统"王朝疆域的对比，同时基于清朝开疆拓土的实际而有所发展，即如雍正帝所言："中国之一统始于秦，塞外之一统始于元，而极盛于我朝。自古中外一家，幅员极广，未有如我朝者也。"[①] 与传统"大一统"思想相比，清朝的"大一统"思想减少了很多理想的色彩，"大一统之在王朝"更具有实践的特点。从康熙二十八年（1689）和俄国签订《尼布楚条约》开始，雍正、乾隆两朝接续了划界的做法，通过签署《布连斯奇界约》《恰克图界约》《修改恰克图界约第十条》《恰克图市约》等，明确了与俄国的东北和北部边界。[②] 由此，清朝也实现了传统"大一统"思想与近现代国际法理论在一定程度上的接轨。

（二）边疆行政"一体化"实践

为了将"大一统"付诸实践，清朝统治者虽然还高举"因俗而治"的旗帜，但在具体治理政策上则彻底否定了传统的"羁縻而治"思想，代之以"天下一家，满汉官民，皆朕臣子"。[③] 清朝实现"大一统"后延续了明朝在边疆地区推行的"改土归流"政策，自雍正帝开始，"改土归流"成为清朝巩固和维护国家统一的一项重要政策。自雍正年间起，便逐步开始在西南地区推行"改土归流"的政策，将土官转变为流官，将边疆地区的治理纳入国家行政管理"一体化"的秩序，消除长期以来存在的地方土官割据叛乱的隐患。"改土归流"政策在边疆地区推行，一方面加速了边疆地区社会治理方式的"一体化"趋势，另

---

① 《清世宗实录》卷 83，雍正七年七月丙午，中华书局影印本，1985 年。
② 李大龙、铁颜颜：《"有疆无界"到"有疆有界"——中国疆域话语体系建构》，《思想战线》2020 年第 3 期。
③ 《清世祖实录》卷 40，顺治五年八月，中华书局影印本，1985 年。

一方面也促进了边疆与内地的交往交流交融，为边疆与内地的"一体化"发展提供了制度保障。故而，有学者指出："对封建统治来说，当初设置土司是求得在全国发展不平衡的西南少数民族地区实行间接统治，而改土归流则意在取代土司，进一步实现对这一地区的直接统治。雍正朝的改土归流即突出地表明了这一根本目的。"[①] 实际上，如果我们从国家转型的视角来看清朝的"改土归流"，也可以看出"改土归流"是势在必行的举措。清朝前期，世界历史已经进入了近代序列，清朝也面临一系列的转型。从多民族国家疆域发展的层面来看，清朝存在由传统王朝国家向近现代主权国家转变的阶段；[②] 从国家统治者属性的层面来看，清朝有着由"夷狄"王朝向"中国"王朝进而向主权国家转换的必然；从最高统治者皇帝个人的层面来看，清朝存在由"夷狄"统治者身份向"大一统"王朝皇帝身份转换的内在要求。在此情况下，清前期的康熙、雍正两位皇帝迫切需要确立其在以天子为核心的"大一统"政治秩序中的核心地位，使"普天率土之众，莫不知大一统之在我朝。悉子悉臣，罔敢越志者也"。[③] 故此，对于阻碍中央政令畅通的土司制度进行变革是其必然的选择。清朝大规模的"改土归流"，客观上使得秦朝起就在西南地区施行的郡县管理体系定型，加速了边疆与内地行政"一体化"的进程，使王朝国家权力延展到了边疆地区的基层管理，对于巩固和维护国家统一起到了十分重要的作用。

（三）法制"一体化"实践

清朝在法律制度的建设方面，较之前的历代王朝更加注重国家法

①　李世愉：《清代土司制度论考》，中国社会科学出版社，1998年，第42—50页。
②　李大龙：《中国疆域诠释视角：从王朝国家到主权国家》，《中国社会科学》2020年第7期。
③　《清世宗实录》卷86，雍正七年九月癸未。

律制度建设，其法制体系也更加完善。尤其是在边疆地区治理过程中，先后出台了一系列法律，将国家对边疆的治理纳入法制化轨道，推动了边疆地区"一体化"治理的实践。

清朝为维护和巩固国家的统一，在继承前代的基础上先后制定了《大清律例》《理藩院则例》《蒙古律例》《番例条款》《回疆则例》《西宁青海番夷成例》《酌定西藏善后章程十三条》《钦定西藏章程》等一系列法律，特别是在边疆法制化治理方面较前代实现了重大突破。这些针对边疆地区制定的法律，在体现清朝"因俗而治"政策的同时，也将《大清律例》的基本精神和条文贯彻其中。实际上，早在天命七年（1622）二月，努尔哈赤在赐宴蒙古科尔沁王公时就说："尔蒙古人……，今既归我，俱有来降之功，有才德者固优待之，无才能者亦抚育之，切毋萌不善之念，若旧恶不悛，即以国法治之。"① 天聪三年（1629）正月，皇太极"敕谕于科尔沁、敖汉、奈曼、喀尔喀、喀喇沁五部落，令悉遵我朝制度"。② 这些均表明，清朝将边疆族群纳入"国法""一体化"建设的意图。崇德八年（1643），清朝就将对蒙古陆续颁布的法令加以整理编定了一部法规《蒙古律书》。此后不断增补完善，至乾隆六年十二月（1742 年 1 月）《蒙古律例》告竣方才基本定型。③

清朝将《大清律例》的基本精神贯穿至边疆地区的法律体系当中，一直是其在边疆地区社会治理中坚持的原则，有力地推动了边疆与内地法律制度的"一体化"实践。以康熙六年（1667）制定的《蒙古律例》为例，第一条虽然是礼仪方面的规定，但充分体现了清朝和蒙古各部的关系，贯彻了《大清律例》的基本原则和规范；第二条规定"外蒙古之人等，倘为在彼未结案件而来，先不得擅自奏上，具文案件情由，告于

① 《满洲实录》卷 7，天命七年二月，辽宁教育出版社，2012 年。
② 《清太宗实录》卷 5，天聪三年正月辛未。
③ 达力扎布：《〈蒙古律例〉及其与〈理藩院则例〉的关系》，《清史研究》2003 年第 4 期。

理藩院"，^① 则明确了理藩院是管理蒙古各部的主要机构。再如，乾隆时期对有关案件的处理体现得更直白。乾隆二十四年（1759），定大小和卓之乱"各部归一""今为我属，凡事皆归我律更章"。^②《清高宗实录》卷 608、648 前后两次记载了乾隆帝对相关案件的处理意见，其中都有"非可尽以内地之法治也"一语，似乎表现了"修其教不易其俗，齐其政不易其宜"的传统治边精神。但"非可尽以内地之法治也"的意思似乎可以理解为是尽可能"以内地之法治"，因此乾隆帝通过法律制度追求"一体化"的意图表露无遗。

（四）文教"一体化"实践

清朝完成"大一统"后，也继承了历代以儒家思想为核心的文教传统，并由内地到边疆逐步全面普及儒家文化教育。尽管"国语骑射"在清初被视为立国之根本，但是出于维护和巩固"大一统"的需要，以及身处汉字汉语文化圈之中的现实，以儒家文化为主体将境内不同文化整合为一体是清朝统治者的必然选择。有学者对清朝的文教政策进行了总结："本以武事起家却偃武修文，历经顺治、康熙、雍正、乾隆四朝皇帝可以经营提倡，以传心殿经筵日讲为皇家崇重历代文教道统之圭臬，以祀孔大典推行全国为普及儒学圣教之传承。"^③比较准确地归纳了清朝以儒学为核心的文教政策。清朝在文化建设方面实施的诸多政策和措施，依托儒家文化而确立并不断完善的科举制度和教育体系，自然体现了清朝统治者对汉文化的接纳，而残留至今的众多集儒释道乃至关公等文化元素为一体散布在中华大地上的众多文化和宗教场所则是清朝对境内不同文化整合的具体体现。在边疆地区也根据

---

① 中国第一历史档案馆：《康熙六年〈蒙古律书〉》，《历史档案》2002 年第 4 期。
② 阮明道主编《西域地理图说注》卷 2，《官职制度》，延边大学出版社，1992 年，第 62 页。
③ 王尔敏：《近代论域探索》，中华书局，2014 年，第 19 页。

实际情况不遗余力地推行儒家文化教育。例如，清末针对新疆"未能与内地一道同风""虽久录版图，实仍各分气类"[①]的状况，左宗棠在办理新疆善后事宜的奏折中提议，要"多设义塾并刊发《千字文》《三字经》《百家姓》《四字韵书》及《杂字》各本，以训蒙童。续发《孝经》《小学》，课之诵读。兼印楷书仿本，令其摹写。拟诸本读毕，再颁行《六经》，俾与讲求经义"。[②]新疆建省后"各城创设义学，选缠回子弟入塾读书"，"以易汉服通华语为先务，以读书讲解经义为紧要法门，并依照内地书院章程，取其粗知文义者，按月酌给膏火银粮以示奖励，行之数年，渐知向化"。[③]经过数年努力，回部百姓"渐知向化"，风气逐渐得到改善。遗憾的是"民族国家"观念传入中国后，清朝整合的进程又被分别打上了不同民族的标签，一定程度上瓦解了清朝统治者对文化整合的努力。此外，清朝将儒释道融为一体，不断将中原的文化风俗推行至全国，也是清朝"大一统"中华文化整合的重要举措。

（五）消除"华夷"之别的"一体化"实践

清朝统治者对"一体化"实践有着清醒的认识，从思想观念到文化习俗都致力于消弭"华""夷"之间的界限，塑造没有华夷之别的"天下民人"共同体。清朝的"大一统"思想中也有"华""夷"之分，但不避讳"满洲"属于"东夷"的身份认定，而是将其定性为具有中华地域性质的"籍贯"。清朝试图在"天下一统、华夷一家"的前提下将"天下民人"塑造为清朝"大一统"治下的"臣民"。[④]清朝的历

---

① 左宗棠：《左宗棠全集·奏稿（七）》，岳麓书社，1992年，第193、585页。
② 左宗棠：《左宗棠全集·奏稿（七）》，第519页。
③ 刘锦棠：《刘襄勤公奏稿》，文海出版社，1968年，第1414—1415页。
④ 李大龙：《转型与"臣民"（国民）塑造：清朝多民族国家建构的努力》，《学习与探索》2014年第9期。

史文献中出现了大量"一体"的表述，仅《清实录》中"一体"一词就出现过 8435 次，涉及国家治理的各个层面。其中，有不少是关于民人、满汉蒙人群相关的"一体"表述。如皇太极曾言"满汉之人，均属一体"，① "汉人、满洲、蒙古一体恩养"。② 康熙帝也说："朕视四海一家、中外一体。"③ 到雍正帝时进一步视"云、贵、川、广，猺獞杂处。其奉公输赋之土司，皆当与内地人民一体休养"，④ "满洲、汉军、汉人、朕俱视为一体并无彼此分别"。⑤ 如此，便在思想观念上和认识上不断将"大一统"疆域内所有百姓视为"一体"，推动了消除"华夷之别"构建"一体化"中华民族共同体的发展。

在"天下民人""一体化"实践当中，两项政策"剃发令"和统一"衣冠"是其重要的外在体现。实际上，利用剃发、衣冠来实现对境内族群的整合，既综合了中国历代王朝的传统做法，又借鉴了朱元璋在推翻元王朝统治后所采取的"胡服、胡语、胡姓一切禁止"，"百有余年胡俗悉复中国之旧矣"⑥ 的经验。尽管这种做法因为和很多族群尤其是同中原地区汉人的文化传统相对立，在清朝实现"大一统"过程中导致了严重的族群冲突，但是长期实施的实际结果是为境内不同族群之间的交融提供了基础，甚至作为清朝核心族群的满洲也在这种交融中丧失了对自己传统语言文字的使用，几乎在这种整合中失去了"自我"，而逐渐与汉人在文化习俗上日趋接近。也就是说，尽管清朝统治者试图以满洲的文化特点整合境内百姓，但中华传统也在改变满洲人，而最终的结果则是满洲人与汉人的交融。"剃发令"和统一"衣

---

① 《清太宗实录》卷 1，天命十一年八月丙子。
② 《清太宗实录》卷 19，天命八年八月丁丑。
③ 《清圣祖实录》卷 112，康熙二十年九月癸未。
④ 《清世宗实录》卷 3，雍正元年正月辛巳。
⑤ 《清世宗实录》卷 72，雍正六年八月丁亥。
⑥ 《明高祖实录》卷 30，洪武二年二月壬子，中华书局影印本，2016 年。

冠"政策的推行，不仅对于清朝明确辖境内族群的"臣民"身份起到了重要作用，而且也为将这些族群整合为"国民"提供了前提。①

总之，清朝对传统"大一统"思想的继承并非仅仅是简单地为了确立清朝的"正统"地位，更有很多发展的内容，其将"满洲"的"东夷"身份用"籍贯"进行解释，虽然具有狡辩的意味在内，但不失为对传统"华夷之辨"的有力反驳。在此基础上将"华夷之辨"和前代疆域不能广大相联系，更是指出了这一传统认识对历代王朝疆域发展带来的负面影响，实现了更大范围的"大一统"。清朝用"天下一统"和"华夷一家"取代"华夷中外"自然是一个正确的选择。更重要的是，清朝统治者对传统"大一统"思想的辨析并不是仅停留在"正统"之争的层面，而是将传统"大一统"思想的"九州攸同""天下大同"理念付诸国家治理的实践，推动了多民族国家中国在清代实现了从传统王朝国家向近现代主权国家的转型。清朝在实现、巩固和维护国家统一过程中的成功经验可以总结为以下几个方面：一是集历代王朝之大成，在继承传统"大一统"思想的基础上重新阐释构建超越历代的"大一统"思想，并确立了其"中国正统"的地位，为推动多民族国家的最终形成和"大一统"的国家认同意识深入人心作出了重要贡献；二是极大地拓展了多民族国家的疆域，并将中国疆域从传统王朝国家的"有疆无界"状态带到了近现代主权国家行列，使中华各民族共同的"家园"得以最终底定；三是积极实践"大一统"思想，在疆域理念、行政体制、法律制度、文教政策、国民共同体等诸多方面推动治理体系的"一体化"，为多民族国家的稳定和发展提供了有力保障；四是致力于消弭族群冲突，反对传统的"华夷之辨""中外有别"观念，并在"臣民"旗帜下整合境内百姓，促成了"中华民族"

---

① 李大龙：《转型与"臣民"（国民）塑造：清朝多民族国家建构的努力》，《学习与探索》2014 年第 9 期。

共同体的形成与发展。也就是说，清朝对"大一统"的继承不仅仅是从思想上继承和发展，更重要的是将"大一统"思想付诸实践，而追求的"一体化"即是传统"大一统"的理想追求"天下大同"，故而"大一统之在我朝"是对清朝"大一统"实践结果的准确定位。

（原刊《云南师范大学学报》2023 年第 5 期）

中国认同：边疆民族与内地民族"统一性"研究

赵永春[*]

2023 年 6 月 2 日，习近平总书记在文化传承发展座谈会上指出："中华文明具有突出的统一性，从根本上决定了中华民族各民族文化融为一体、即使遭遇重大挫折也牢固凝聚。"[①]中国历史上的"中国"认同就体现了这样的统一性。如果我们认真翻阅史料就会看到，中国古代无论是边疆民族及其政权还是内地民族及其政权，无论是在民族政权并立时期还是统一时期，都具有"中国"认同意识。边疆民族和内地民族的这种"统一性"，从根本上决定了中国各族逐步凝聚在一起，形成中华民族。

一 内地民族及其政权的"中国"认同

这里所说的内地民族主要指华夏、汉族。华夏、汉民族从其建立政权开始，就逐步形成了"中国"认同意识。

人们普遍认为，西周初年《何尊铭文》记载的"宅兹中国"和《尚书·周书·梓材》记载的"皇天既付中国民"，是目前发现的最早

---

* 赵永春，吉林大学文学院中国史系教授。

① 《习近平在文化传承发展座谈会上强调 担负起新的文化使命 努力建设中华民族现代文明》，《人民日报》2023 年 6 月 3 日，第 1 版。

用文字记载下来的"中国"。学界虽然多认为这里所说的"中国"是指称天下中心的洛阳地区（即后来所说的中原地区）和一国之中心的京师，但也有人认为文字记载的"中国"一定产生在人们口耳相传的已接受观念之后，并结合西周以后的文献记载和追述，认为"中国"观念早在夏朝建立时期就已经出现，且具有用以指称国家政权的内涵。[①] 此说明，随着"中国"观念的出现，人们已经称华夏人建立的夏、商、周为"中国"，并认为夏、商、周文化是当时最先进的文化而形成了"中国"认同意识。其后，华夏人建立的政权都称自己所建政权为"中国"。如春秋战国时期由华夏人建立的周、卫、齐、鲁、晋、宋及后来晋国分裂的韩、赵、魏等国都称"中国"，都具有"中国"认同意识。至于后来以汉族为统治者建立的西汉、东汉、隋、唐、宋、明等政权称自己为"中国"，具有"中国"认同意识，早已是众所周知之事，此毋庸赘言。

二　边疆民族及其政权的"中国"认同

这里所说的边疆民族，包括兴起于边疆后来进入内地并建立政权的少数民族。有关少数民族是否自称"中国"并且具有"中国"认同意识问题，学界存在不同看法，但历史上的少数民族也具有自我认同为"炎黄子孙"，自我认同所建政权为"中国"和"中国正统"的思想观念，并努力将自己所建政权纳入中国历史发展谱系，标榜自己也是统一的多民族"中国"的成员之一。

---

① 参见赵永春、迟安然《最早的"中国"：夏、商、西周时期的"中国"观》，《西南民族大学学报》2021 年第 6 期；"The Earliest 'China': The Concept of Zhongguo during the Xia, Shang, and Western Zhou Dynasties"，《文史哲》（英文版）2022 年第 3 期。

1. 被一些人视为戎狄的秦具有自我认同为"中国"和"中国正统"的思想观念

据《史记·秦本纪》记载，秦穆公在与由余交谈时曾说："中国以诗书礼乐法度为政，然尚时乱，今戎夷无此，何以为治，不亦难乎？"秦穆公这里所说的"中国"很是耐人寻味。如果将这里的"中国"释为东周和中原各国的话，只能说明秦穆公没有承认自己属于西戎，而是视秦国西边戎王的夷为戎夷。如果再从当时秦穆公与由余对话的语境来看，秦穆公所说的"中国"，不像是在说与秦和西戎无关的第三者东周或中原各国，似有自诩秦国既有文化又富有，又能"以诗书礼乐法度为政"的意思。如是则秦穆公在这里所说的"中国"，就有指称秦国的内涵了。由余听了秦穆公的话，回答说："此乃中国所以乱也。"由余这里所说的"中国"，虽有指称华夏王朝的意思，但由余是针对秦穆公的话进行反驳，似乎也没有谈论与双方无关的第三者的意思。所说"中国"，也应该是指秦国。秦穆公听完由余的议论以后，感觉由余是一个难得的人才，但害怕由余为敌国戎夷所用，对秦国构成威胁，遂去问策于内史廖。内史廖说"戎王处辟匿，未闻中国之声。君试遗其女乐，以夺其志"，[①] 再通过离间戎王与由余的关系，使由余为其所用。内史廖在这里先说戎王"未闻中国之声"，然后就让秦穆公"遗其女乐"，无疑是视秦国"女乐"等为"中国之声"，用"中国"指称秦国的意思是非常明显的。说明春秋战国时期，秦国虽然被中原各国视为具有夷狄之风的政权，但已经出现秦国以"中国"自居的思想观念。

秦统一六国后，更是以"中国"自居。李斯在其不同意攻打匈奴时曾谏称，如果进攻匈奴，将会出现"靡敝中国，快心匈奴"[②] 的局面，就是用"中国"一词指称秦朝。秦始皇又采纳战国时期邹衍"五

---

① 司马迁：《史记》卷 5《秦本纪》，中华书局，1982 年，第 193 页。
② 司马迁：《史记》卷 112《平津侯主父列传》。

德终始"的中国正统学说，按土、木、金、火、水五行相克的关系排列出黄帝为土德、夏朝为木德、商朝为金德、周朝为火德、秦朝为水德的中国正统王朝发展序列，将秦王朝排列到周朝之后的"中国正统"发展谱系之中，成为中国发展进程中的一个王朝，说明被一些人视为戎狄的秦在具有自我认同为"中国"的基础上，也具有自我认同为"中国正统"的思想观念。

2. 魏晋南北朝时期，少数民族及其政权也具有自我认同为炎黄子孙，为"中国"和"中国正统"的思想观念

十六国时期，匈奴人刘渊即认同司马迁等人关于"匈奴，其先祖夏后氏之苗裔"①的说法，以"汉高祖以宗女为公主，以妻冒顿，约为兄弟，故其子孙遂冒姓刘氏"，②"自谓其先本汉室之甥"，③并拒绝其叔父刘宣恢复"呼韩邪之业"的建议，特定国号为"汉"，称"太祖高皇帝""是我祖宗"。④匈奴人赫连勃勃建立夏政权之时，也"自以匈奴夏后氏之苗裔也"，特定国号为"大夏"，明确表示"朕大禹之后，世居幽朔"，建立大夏政权的目的就是要"复大禹之业"。⑤徐光曾对石勒说："陛下既苞括二都，为中国帝王，彼司马家儿复何异玄德，李氏亦犹孙权。符箓不在陛下，竟欲安归？"明确表示石勒没有完成全国统一，也可以称"中国帝王"。⑥后赵"据赵旧都"⑦是以战国时期被人们视为"中国"的华夏人建立的赵国为继承对象，并按照"五德终始说"，以继承西晋金德的水德自居，将后赵排列到西晋之后的中国正统发展谱系之

---

① 《史记》卷110《匈奴列传》。
② 《晋书》卷101《刘元海载记》。
③ 《资治通鉴》卷75，嘉平三年八月。
④ 《晋书》卷101《刘元海载记》。
⑤ 《晋书》卷130《赫连勃勃载记》。
⑥ 《晋书》卷105《石勒载记下·石弘》。
⑦ 《晋书》卷104《石勒载记上》。

中。慕容鲜卑也声称"其先有熊氏（黄帝）之苗裔"，[1]以炎黄子孙自居，所建前燕，"远遵周室，近准汉初"。[2]前燕皇帝慕容儁"自谓获传国玺，改元元玺"，并对东晋使者说"汝还白汝天子，我承人乏，为中国所推，已为帝矣"，[3]明确称自己已经当上了中国皇帝。前秦皇帝苻坚曾在不同意出兵讨伐氐、羌时说："彼种落杂居，不相统一，不能为中国大患。"[4]苻坚建立前秦也按"五德终始说"，以继承慕容燕木德的火德自居，将前秦排列到慕容燕之后的中国正统发展谱系中。

拓跋鲜卑建立北魏，更是以"炎黄子孙"自居。《魏书·序纪》称："昔黄帝有子二十五人，或内列诸华，或外分荒服，昌意少子，受封北土，国有大鲜卑山，因以为号。"他们以黄帝之子昌意少子为自己的直接祖先，认为"黄帝以土德王，北俗谓土为托，谓后为跋"，[5]因称自己为鲜卑拓跋氏。宋人洪迈称北魏政权建立后即"自为中国之位号"。[6]北魏孝文帝曾对大臣们说，"宕昌王虽为边方之主，乃不如中国一吏"，[7]说明北魏确实自政权建立之始即自我认同为"中国"。北魏还按"五德终始"的正统学说，意欲以继承苻秦火德的土德自居，将北魏排列到苻秦之后的中国正统发展谱系之中，孝文帝则选择北魏德运改为承晋金德为水德，将北魏直接排列到西晋之后的中国正统发展谱系之中。

3. 以少数民族为统治者建立的辽、夏、金、元、清等政权也具有自我认同为"中国"和"中国正统"的思想观念

以契丹族为统治者建立的辽朝，在自我认同为炎黄子孙的同时，

---

① 《晋书》卷 108《慕容廆载记》。
② 《晋书》卷 108《慕容廆载记》。
③ 《资治通鉴》卷 99，永和八年十一月丁卯。
④ 《资治通鉴》卷 104《晋纪》，太元元年十二月。
⑤ 《魏书》卷 1《序纪》。
⑥ 洪迈：《容斋随笔》卷 9《皇甫湜正闰论》，中华书局，2005 年，第 114 页。
⑦ 《魏书》卷 101《宕昌羌传》。

也自我认同为"中国"和"中国正统"。辽道宗时期，太子洗马刘辉曾上书说："西边诸番为患，士卒远戍，中国之民疲于飞挽，非长久之策。为今之务，莫若城于盐泺，实以汉户，使耕田聚粮，以为西北之费。"①刘辉这里所说的"中国"就是指契丹。契丹人为了表明自己所建政权是中国正统王朝，用契丹文字书写所建政权的国号为"大中央契丹辽国"或"大中央辽契丹国"，所使用的"大中央"一语就是"大中国"的意思。②辽朝又按"五德终始"的正统学说，以继承后晋水德的木德自居，将辽王朝排列到后晋之后的中国正统发展谱系之中。

西夏李元昊自称拓跋鲜卑之后裔（拓跋鲜卑早已自称"炎黄子孙"）而"改姓元氏"，③具有自称"炎黄子孙"的思想观念。史金波曾依据榆林窟第 15 窟西夏天赐礼盛国庆五年（1073）的汉文题记"愿惠聪等七人……并四方施主……免离地狱，速转生于中国"④，认为这表明当时西夏人的中国认同。西夏定国号为"夏"，就是袭用历史上夏商周时期"夏"的国号，⑤寓有继承华夏政权之意。女真人建立的金朝也自我认同为"中国"。海陵（完颜亮）欲伐宋，其嫡母徒单氏不同意，特劝谏说："国家世居上京，既徙中都，又自中都至汴，今又兴兵涉江淮伐宋，疲弊中国。"⑥金世宗时，依附于宋朝的吐蕃族系人青

---

① 《辽史》卷 104《刘辉传》。

② 辽朝的国号，有时称辽，有时称契丹。据刘凤翥先生研究，在汉字文献称国号为契丹的时期，在契丹文字中记录的国号是"大中央契丹辽国"；在汉字文献称国号为辽的时期，在契丹文字中记录的国号是"大中央辽契丹国"。"大中央契丹辽国"和"大中央辽契丹国"中"中央"的"中"也可视为"中国"的"中"。参见刘凤翥《从契丹文字的解读探讨辽代中晚期的国号》，《辽金契丹女真史研究》2006 年第 2 期。

③ 欧阳修：《归田录》卷 1，中华书局，1981 年，第 6 页。有人不赞成李元昊"改姓元氏"之说，认为李元昊改姓"嵬名"（于弥）等。

④ 史金波：《西夏佛教史略》，宁夏人民出版社，1988 年，第 305 页。

⑤ 参见王静如《西夏国名考》，白滨编《西夏史论文集》，宁夏人民出版社，1984 年，第 660 页。

⑥ 《金史》卷 63《后妃传·海陵嫡母徒单氏》。

宜可等"以宋政令不常，有改事中国之意"①等。金章宗曾按"五德终始"的正统学说，一度下诏依据继承北宋火德的关系，"更定德运为土"，②将金朝排列到北宋之后的中国历史发展谱系中。

元朝也自我认同为"中国"。至元二十八年（1291），元世祖欲发兵征伐安南，丞相完泽、平章不忽木劝谏说："蛮夷小邦，不足以劳中国。"③元成宗大德五年（1301），有人主张出兵征服八百媳妇国，中书左丞相、蒙古人哈剌哈孙说："山峤小夷，辽绝万里，可谕之使来，不足以烦中国。"④元朝还遵循中国古代为所灭之国修史即是认同继承其法统的传统观念，按照辽、宋、金"三国各与正统，各系其年号"⑤的编撰体例，修成了中国正史《辽史》《宋史》《金史》，将元王朝排列到辽宋金之后的中国正统发展谱系中。

建立清朝的满族也没有自外于中国。努尔哈赤时期以继承历史上大金之统自居，特定国号为"大金"（史称后金）。皇太极时因从北元苏泰太后手中获得"历代传国玉玺"，⑥改为继承北元；灭亡明朝以后，又以继承明统自居。实际上，清朝既继承明朝，又继承北元，上承元朝及辽、宋、夏、金等各个朝代。

清朝统一全国后，明确规定清朝可以称"中国"，但不能称"汉"。乾隆帝曾对臣下与缅甸往来文书中写有劝缅甸"归汉"之语十分不满，谓："传谕外夷，立言亦自有体，乃其中有数应归汉一语，实属舛谬。夫对远人颂述朝廷，或称天朝，或称中国，乃一定之理。况我国家中外一统，即蛮荒亦无不知大清声教，何忽撰此归汉不经之语，妄行宣

---

① 《金史》卷98《完颜纲传》。
② 《金史》卷11《章宗纪三》。
③ 《元史》卷167《张立道传》。
④ 《元史》卷136《哈剌哈孙传》。
⑤ 任崇岳：《庚申外史笺证》卷上，中州古籍出版社，1991年，第44页。
⑥ 《清太宗实录》卷24，天聪九年八月庚辰。

示，悖诞已极。"①此表明，大清王朝可以称"中国"，可以称"天朝"，但不能称"汉"，对"汉"与"中国"的内涵进行了明确区分，用以指称多民族国家的"中国"内涵最终确定下来。

清朝按照继承明朝和北元并上承元朝及辽、宋、夏、金等各个朝代的认识，不允许历史中国的领土分离出去，也不强行将不属于历史中国的领土纳入进来，②建立起一个"东极三姓所属库页岛，西极新疆疏勒至于葱岭，北极外兴安岭，南极广东琼州之崖山"，③包括汉、满、蒙、回、藏等族群的大一统王朝，中华民族正式形成。

总之，历史上无论是边疆民族（主要指少数民族，包括兴起于边疆后来进入内地的少数民族）及其政权，还是内地民族（主要指华夏、汉族）及其政权，都具有"中国"认同意识。在民族政权并立时期，中国各族虽然分属不同政权，具有多元性质，但在"中国"认同方面则表现出高度的统一性。在统一时期，中国政权内部虽有多个民族，也具有多元性质，但都一致认同"中国"，也具有"中国"认同的统一性，有效地巩固了多民族统一国家。

（原刊《中国边疆史地研究》2023年第3期）

---

① 《清高宗实录》卷784，乾隆三十二年五月庚午。
② 郭成康通过对乾隆二十二年（1757）清军追击阿睦尔撒纳叛军至哈萨克，哈萨克愿意臣服，但乾隆帝仅仅比照"安南、琉球、暹罗诸国"之例，将哈萨克作为"藩属国"对待，并未将哈萨克如同漠西蒙古和西藏那样纳入清朝版图等史事的讨论，指出"乾隆确认并认真践行自守的中国疆界不是无限的，昔日准噶尔与毗邻中亚国家的边界，即为中国边界的最后的界限"，"清朝皇帝推进的国家大一统事业不过是重整故国河山，把理应属于中国的土地和人民纳入中国的版图"。参见郭成康《清朝皇帝的中国观》，《清史研究》2005年第4期。
③ 《清史稿》卷54《地理志》。

从命运共同体视角看中华文明的统一性

——以"绢马贸易"为例

王小甫 *

一　中国古代游牧和农耕社会是一个命运共同体

文献史料中有关唐朝与东突厥、突骑施、回鹘进行绢马贸易的记载很多，动辄用缣帛数十万匹。如《旧唐书·突厥传》载："（开元）十五年，小杀使其大臣梅录啜来朝，献名马三十匹。时吐蕃与小杀书，将计议同时入寇，小杀并献其书。上嘉其诚，引梅录啜宴于紫宸殿，厚加赏赉，仍许于朔方军西受降城为互市之所，每年赍缣帛数十万匹就边以遗之。"《新唐书·兵志》载："其后突厥款塞，玄宗厚抚之，岁许朔方军西受降城为互市，以金帛市马，于河东、朔方、陇右牧之。"两书所指显然为同一事，所谓"赍缣帛数十万匹就边以遗之"就是"以金帛市马"。回鹘曾两次派兵助唐朝平定安史之乱，因而绢马贸易数额巨大，白居易的新乐府《阴山道》即为此而作。

> 阴山道，阴山道，纥逻敦肥水泉好。每至戎人送马时，道旁千里无纤草。草尽泉枯马病羸，飞龙但印骨与皮。五十匹缣易一匹，缣去马来无了日。养无所用去非宜，每岁死伤十六七。缣丝

---

* 王小甫，北京师范大学历史学院"双一流"特聘教授。

不足女工苦，疏织短截充匹数。藕丝蛛网三丈余，回鹘诉称无用处。咸安公主号可敦，远为可汗频奏论。元和二年下新敕，内出金帛酬马直。仍诏江淮马价缣，从此不令疏短织。合罗将军呼万岁，捧授金银与缣彩。谁知黠虏启贪心，明年马多来一倍。缣渐好，马渐多。阴山虏，奈尔何。

陈寅恪先生《元白诗笺证稿》第五章《新乐府·阴山道》曾从唐朝与回鹘政治关系的角度讨论绢马贸易逆差（入超）对唐朝财政造成的影响。[①] 我认为，绢马贸易甚至北族南徙（内迁）活动之所以发生，根本上是由游牧社会的生产方式决定的。因为"剩余产品的生产，财富的积累和占有是社会发展的必要条件。但（游牧经济）动物活畜和草原载畜量的矛盾显然不利于财富在游牧社会内部积累起来。因此，对外交换是游牧社会发展的必要条件"。[②] 而中国古代丝绸被称为"轻货"，携带方便而价值高，获取困难而需求广泛，在很大程度上是作为一种货币在使用，彭信威的《中国货币史》就说"唐朝的币制是一种钱帛本位"。[③]

游牧族群通过赐赉、互市（绢马贸易）等途径得到的绢帛在草原社会也有同样的（货币、金融）作用。巴托尔德曾经指出："游牧民比定居民更需要商业贸易，更需要发达国家的产品，无论在哪里，在中国、在伊斯兰世界以及后来在俄国，定居民族与游牧民之间的贸易一经发生，纺织品就成了游牧民最需要的东西。他们往往都是自己赶着畜群到发达国家的边境城镇上去，而等不及商人到草原上他们那儿

---

① 参见陈寅恪《元白诗笺证稿》，上海古籍出版社，1982年，第254—260页。并请参同作者《唐代政治史述论稿》下篇，上海古籍出版社，1982年，第154—157页。

② 王小甫：《古代游牧部族入侵农耕地区问题的研究》，《史学情报》1988年第3期。

③ 参见彭信威《中国货币史》，上海人民出版社，1965年，第318—319页。

去。"① 我们看到白居易《阴山道》里描写的绢马贸易就是这样。

笔者曾指出，"回纥汗国即使最强大的时候在西域击败吐蕃却仍同唐朝保持着册封、和亲和绢马贸易关系，应该说是相当和平友好的。回纥人通过军功赏赐、册封馈赠、公主陪嫁和互市贸易等途径，从唐朝得到了大量财富。据统计，回纥每年由绢马贸易等途径获得的绢帛不下五十万匹，以回纥本部人口约百万计，平均每人每年可得半匹。总之，回纥接受唐朝怀柔政策而从中原地区得到的实惠，远比从前匈奴、突厥用战争手段所取得的要多得多。所以回纥人取得的文化成就和社会进步，也远远超过以前的草原族群"。② 由此可见，绢马贸易乃至丝路网络适应了游牧社会的内在发展需要，反映出中国古代游牧与农耕社会存在着与生俱来密不可分的有机联系，二者本质上属于一个命运共同体。

二 大一统符合中国社会发展的内在逻辑

综上可见，草原社会单凭其游牧经济是难以发展起来的，摆脱这种困境的最佳途径就是改变社会经济结构。所以建立政权的游牧族群想要巩固发展，必然要以各种方式努力与农耕定居社会建立联系、发展关系，唐以后契丹族建立辽朝就是这方面成功的例子。以前学界有人把辽朝称为"征服王朝"，其实称其为"征服"并不妥当，应当看作一场社会变革。北方族群社会变革的主要特点是经济结构的多元化，因而在地域上必然追求南北大一统，正如我们看到中国古代后期辽、金、元、明、清的历史发展那样。辽朝以前的北方族群内迁原因和终

---

① Ｂ.Ｂ.巴托尔德：《中亚突厥史十二讲》，《巴托尔德文集》第 5 卷，莫斯科：科学出版社东方文献主编部，1968 年，第 68 页。

② 王小甫：《回鹘改宗摩尼教新探》，《北京大学学报》2010 年第 4 期。

极目标亦可作如是观。

我认为，古代北方游牧族群一批又一批前赴后继地奔向南部农耕地区的边缘地带，很可能并不是为了进行经济掠夺，也不是由于受到政治排挤，而只是想要寻求更为适宜的生存环境，想要分享南部农耕社会发达的政治、经济、文化资源。[①] 然而，既然"逐水草而居"是草原牧人迁徙活动的根本动因，那么这样一种"动态"经济本身就可能是南徙内迁的起源。所以我们看到，一个游牧族群的所谓"勃兴"，总是先扩张成草原帝国，即抢占其他族群的牧地草场，然后才发生袭扰农耕地区的事件。因此，可以说南进是先期扩张的继续。古代的农、牧关系实际上主要是游牧社会内部关系的继续和发展，南、北关系实际上主要是北方内部关系的继续和发展。

那么，古代北方族群的南进在历史上经历过一个什么样的演进过程，或者说发生了哪些时空社会变化，而最终内迁与南部农耕社会融合统一成为一体呢？学术界对这一问题有过多种讨论，甚至引起过很热烈的争论。但是，很多人的立场和思路都建立在古代世界南北农牧二元界分的固定架构上。[②] 可是，这种架构不能解释东亚历史上的一个重大现象：虽然古代北方族群的南进浪潮几乎从未停止，但是受到这些浪潮不断冲击的南部农耕区，其人群数量及文化影响却随之如滚雪球般越滚越大，那些南进的族群反而大都相继消失了。例如，建立所谓"征服王朝"的契丹和女真，到紧随其后的蒙元时代都正式成了"汉人"的一部分。

显然，中国古代人群的生存空间和文化属性并非是固定不变的。对于古代北方族群南进的本质及其演变，有必要在更为广阔的背景下

---

① 参见王小甫《中国中古的族群凝聚》，中华书局，2012年，第185页。
② 最新代表性的意见可参见狄宇宙《关于草原帝国历史分析的理论思考》，袁剑译，王晴佳、李隆国主编《断裂与转型：帝国之后的欧亚历史与史学》，上海古籍出版社，2017年。

从更长的历史跨度（跨时代、跨社会发育阶段）进行动态的、前瞻性的考察和讨论。

我注意到，中国古代北方族群历史活动空间的转换同时是他们社会政治文化的演进。例如，鲜卑、契丹诸族在南下进入辽西之前本身社会还不发达，经济文化都很薄弱。据史书记载，东胡各族群（乌桓、鲜卑、奚、契丹）大致都有一个从大漠深处向边郡塞外，然后是沿边州郡，最后进入内地成为区位或功能群体（经常是二者兼而有之），甚至入主中原的空间活动过程。这当然也是这些人群追求分享发达资源，从而自身社会走向文明进步的过程，考古成果是这一历史（兼及时间和空间）进程的真实反映。[①]

对周边族群向中原内地迁徙的这种动态空间考察非常有意义。后来唐末五代的沙陀人也经历了塞外（外蕃）—代北（内蕃）—雁南（边州）的转移过程。这一转移过程其实就是周边族群主观认同的转变过程，同时也是内地社会对这些人群的认知接受过程，中华民族大一统的观念就在这一过程中演进发展。跻身这一命运共同体的族群都认同中国，且相互以兄弟视之（例如辽、宋王朝）。更重要的是，无论以何种形式南徙内迁实现一统，内迁的族群或迟或早（甚至经历反复）都会以各种方式进行社会变革，实现不同政治文化的整合认同，尤其是维持中华文明意识形态的明显连续性，以获取政权合法性，或谓"争中原正统"。历史记忆一经改变，那么认同中国的族群最终会实现融合凝聚。

三 国体的统一是中华文明的特性

近年有学者提出中国历史上有两种国家建构模式：一种是秦王朝

[①] 参见王小甫《隋唐五代燕北地区的民族迁徙与分布》，王小甫编《盛唐时代与东北亚政局》，上海辞书出版社，2003年，第433—434页。

开始两千年内君主专制官僚制国家的建构模式；还有一种"是从汉地社会边缘的中国内陆亚洲边疆发展起来的内亚边疆帝国模式：它萌芽于辽，发育于金，定型于元，而成熟、发达于清"。"清朝当然也承袭了'天下中国观'的传统观念和传统朝贡体系，但它的国家建构模式还有新的创造。它把郡县制之外的朝贡地区、人群和国家分置于三个不同的治理空间。一即传统的土司地区，这可以认为是它从唐宋体制继承下来的。一称'外藩各部'……治理事宜均属理藩院。……最后一类，则称'域外朝贡诸国'，清朝对它们完全不负国家治理的责任，处理与这些国家之间交往的职责，由类似外交部功能的礼部鸿胪寺来承担。"① 这些认识主要是依据地理环境和人群分布特点如所谓"黑河—腾冲线"提出来的。如前所述，我认为还可以进一步深入分析研究社会基本矛盾——生产力与生产关系、上层建筑与经济基础的矛盾运动。

其实，清代的那些建构模式包括土司、外藩（羁縻）、域外等，在唐代甚至更早的历史时期就有类似的表现。如《旧唐书·太宗纪》载，贞观四年（630）"夏四月丁酉，御顺天门，军吏执颉利以献捷。自是西北诸蕃咸请上尊号为'天可汗'，于是降玺书册命其君长，则兼称之"。《新唐书·西域传》赞曰："西方之戎，古未尝通中国，至汉始载乌孙诸国，后以名字见者寖多。唐兴，以次修贡，盖百余，皆冒万里而至，亦已勤矣！然中国有报赠、册吊、程粮、传驿之费，东至高丽，南至真腊，西至波斯、吐蕃、坚昆，北至突厥、契丹、靺鞨，谓之'八蕃'，其外谓之'绝域'，视地远近而给费。开元盛时，税西域商胡以供四镇，出北道者纳赋轮台。"

前引《旧唐书·太宗纪》载："自是西北诸蕃咸请上尊号为'天可

---

① 姚大力：《追寻"我们"的根源：中国历史上的民族与国家意识》，生活·读书·新知三联书店，2018年，第151—152页。

汗',于是降玺书册命其君长,则兼称之。"什么叫"兼称之"?《资治通鉴》卷 193 对此的记载是:"四夷君长诣阙请上为天可汗,上曰:'我为大唐天子,又下行可汗事乎?'群臣及四夷皆称万岁。是后以玺书赐西北君长,皆称天可汗。"显然,尽管由大唐天子兼称/兼任,二者地位并不相等,"天可汗"只是大唐天子辖下部分地区(西北诸蕃)的共主(众汗之汗=王中之王)。可以认为,唐朝这种国体架构是传统中国的族群构成及其国体形式的继承和发展:先秦时期周初大分封,对前朝遗民"启以商政,疆以周索",对非华夏族群"启以夏政,疆以戎索"(《左传·定公四年》);秦汉统一,内地郡县与周边册封并行,地方政权的合法性原则上都来自中央朝廷的授予,只是具体实行中有影响程度的不同。

于是,唐太宗以唐朝皇帝兼"天可汗"的身份,成了大唐境内所有地方政府——正州和羁縻州权力合法性的唯一来源;无论农耕社会还是游牧社会,都成了官僚社会,都以唐朝中国官僚制度的形式——都督府、州县加入了同一个政治文化共同体。这就是唐朝"天可汗"制度或者说大一统制度的真相。

《契丹国志》记载:

> 其官有契丹枢密院及行宫都总管司,谓之北面,以其在牙帐之北,以主蕃事;又有汉人枢密院、中书省、行宫都总管司,谓之南面,以其在牙帐之南,以主汉事。其惕隐,宗正寺也。夷离毕,参知政事也。林牙,翰林学士也。夷离巾,刺史也。内外官多仿中国者。[1]

---

[1] 叶隆礼:《契丹国志》卷 23《建官制度》,贾敬颜、林荣贵点校,中华书局,2014 年,第 250 页。

　　显然，草原上的契丹人之所以能建立大辽王朝，完全由于此前有一个一统的大唐王朝，所谓"南北面官"政体应该就是"大唐天子，又下行可汗事"的仿制品。

（原刊《中国边疆史地研究》2023 年第 3 期）

从民族交融发展看中华文明的统一性

刘正寅 *

2023 年 6 月 2 日，习近平总书记在文化传承发展座谈会上强调：
"中华文明具有突出的统一性，从根本上决定了中华民族各民族文化融
为一体、即使遭遇重大挫折也牢固凝聚，决定了国土不可分、国家不
可乱、民族不可散、文明不可断的共同信念，决定了国家统一永远是
中国核心利益的核心，决定了一个坚强统一的国家是各族人民的命运
所系。"[1] 中华文明是由中华各民族共同创造的，中华文明的统一性突
出体现在中华各民族交融发展，共同开拓了辽阔的疆域，共同书写了
悠久的历史，共同创造了灿烂的文化，共同培育了伟大的精神。[2] 经过
长期的交往交流交融，中华民族凝聚、发展成为一个不可分割的民族
共同体；统一性不断增强，成为中华文明的突出特性。

一　中华民族的凝聚与中华文明的统一性

中华各民族从起源时期就彼此联系、相互吸收、交融发展，呈现

---

* 刘正寅，云南大学历史与档案学院研究员。

[1] 《习近平在文化传承发展座谈会上强调　担负起新的文化使命　努力建设中华民族现代文明》，《人民日报》2023 年 6 月 3 日，第 1 版。

[2] 参见习近平《在全国民族团结进步表彰大会上的讲话》，《人民日报》2019 年 9 月 28 日，第 2 版。

出统一的趋势。黄河中下游各族先民融合，形成了夏、商、周三族的主要来源，是华夏民族起源的核心。与此同时，在黄河上游和下游地区形成了后来的氐羌和东夷，在长江流域及其以南形成了苗蛮与百越的先民，在广大北方地区则分布着游牧和渔猎民族的先民。分布于祖国大地上的各族文化在起源时期即表现出联系性与统一性，"当时各族团间文化交流的过程，从多元之上增加了一体的格局"。[①]

西周分封诸侯、众建属国，统"天下"于一尊，建立起以周天子为核心的大一统，形成了"溥天之下，莫非王土；率土之滨，莫非王臣"（《诗经·小雅·北山》）的观念，促进了民族间的交融与认同。西周时期，原夏人、商人、周人三族融为一体，并吸收周边其他民族的成分，形成了华夏民族的雏形。周人自称夏人，并以夏称冠于诸侯，遂有"诸夏"之称。经过西周和春秋时期的交融发展，至春秋、战国之际，华夏民族与周边各族进一步融合，发展成为一个稳定的民族共同体。

中华各族的发展是在大一统下的交融、凝聚。春秋时期由于周边非华夏民族内迁加剧，华夏认同感强化，遂强调"夷夏之辨"。然而区分夷、夏的标准是文化，即以是否行华夏礼乐文明，亦即以是否合乎周礼来辨别。因此所谓"夷夏之辨"，并不是对非华夏族类的排斥，而是大一统下的民族互动。春秋时期，以孔子为代表的儒家最讲"夷夏之辨"，但强调的是大一统框架内的夷、夏之别。孔子作《春秋》，强调大一统，在大一统下明"华夷之辨"，标准则是是否符合西周礼乐文明，因而夷、夏可互变：夷用夏礼，即符合华夏文化，则进而为夏；夏用夷礼，则退而为夷。孔子崇尚周的礼乐文明，认为华夏文化优于其他文化，故强调"裔不谋夏，夷不乱华"（《左传·定公十年》），

---

①　费孝通等：《中华民族多元一体格局》，中央民族学院出版社，1989 年，第 6 页。

但并不排斥其他族类，其办学的方针即是"有教无类"，主张"修文德以来之"（《论语·季氏》）。以儒家为代表的传统夷夏观，虽然强调以华夏礼乐文化为标准相区分，但它是大一统视域下的"夷夏之辨"，究其实，是要将各族一统于礼乐文化，因而强调兼容并包，本质上是中华各民族在大一统框架下互动、交融与发展。

华夏与周边民族长期交往交流交融，联系日趋紧密，整体性、统一性越来越突出，形成了华夏居中、"戎夷"分布四方的"五方之民"共"天下"的观念。这正是先秦时期中华文明统一性的具体体现。

秦并六国，统一西戎、百越、西南夷，建立起空前统一的中央集权的多民族国家。最高统治者称皇帝，被认为是天下的主宰，"六合之内，皇帝之土"，"人迹所至，无不臣者"。① 秦在统治范围内推行书同文、车同轨、行同伦，促进了全国政治、经济、文化各个方面的统一，扩大了华夏文化的传播，加强了与周边民族的联系与交融。汉承秦制，是秦统一王朝的继承与发展。秦汉是中国统一多民族国家和中华民族共同体形成与发展的重要时期。处在统一政权治理下的各民族进一步交融发展，华夏民族吸收边疆民族成分，发展成为一个更大规模的民族共同体——汉族，以繁荣的经济文化、众多的人口和广大的地域成为中华民族凝聚的核心。以汉族为主体的统一的多民族国家，促进了中华各民族在政治、经济、文化、风俗伦理等各方面的进一步统一，"华夷一统"观念得到加强。

秦汉空前规模的大统一，奠定了中国统一多民族国家和中华民族共同体的基础；统一成为中国统一多民族国家和中华民族共同体的底色与基调。而发端于先秦时期的大一统思想，也在秦汉大一统政权下得以总结、完善，成为中华民族牢固不可动摇的信念。中国第一部全

---

① 《史记》卷 6《秦始皇本纪》。

国性的通史——《史记》，写成于西汉时期，正是大一统观念在历史书写中的反映。一改先秦时期分国割据的历史书写，《史记》上起五帝，下迄秦汉，一脉相传，建构起华夏正统谱系，并以此为中心将全国统一起来，建立起历史的统一观和正统观。《史记》及以后历代正史关于大一统历史的记述成为中华民族共同的历史记忆，是中华文明统一性的突出体现。

二 民族交融与中华文明统一性的增强

在以华夏/汉族为主体的秦汉统一政权建立的同时，我国边疆地区也出现了一些地区性的局部统一。匈奴是我国北方草原地区的一个古代游牧民族，在秦汉之际空前强大，兼并其他民族，建立起东起辽河、西至葱岭、北抵贝加尔湖、南达长城的强大的游牧军事政权。其他边疆地区也出现了地区性统一政权。边疆民族地区的局部统一是中华民族和中国统一多民族国家统一进程中的重要环节，有着重要的意义。

从东汉开始，边疆民族纷纷内迁，形成了匈奴、鲜卑、羯、氐、羌等内迁诸族错处杂居的格局，并于两晋之际出现了"五胡十六国"割据的局面。入主中原的各少数民族接受大一统思想，一边自称华夏先王之后，与中原汉人族源相同，[①] 一边主动接受汉族文化，以华夏正统自居，在其统治范围内努力推行汉化政策，促进了民族交融与中华文明认同。中国历史由此进入由北方少数民族建立的政权与南方汉

---

① 例如，大夏国建立者、匈奴贵族赫连勃勃自称"大禹之后"（《晋书》卷130《赫连勃勃载记》），前燕、后燕、西燕、南燕立国者鲜卑慕容氏则称"其先有熊氏之苗裔"（《晋书》卷108《慕容廆载记》），氐秦苻氏称"其先盖有扈之苗裔"（《晋书》卷112《苻洪载记》），北魏建立者鲜卑拓跋氏则称"轩辕之苗裔"（《魏书》卷23《卫操传》），建立北周的鲜卑宇文氏又称"其先出自炎帝神农氏"（《周书》卷1《文帝纪上》）。这从一个侧面体现了内迁各族对华夏/汉文化的认同。

族政权并立、共为中华的南北朝时期。两晋南北朝是政治上的大分裂、大动乱时期，但也是民族大迁徙、大融合时期，既有边疆民族的大规模内迁，也有中原汉人向南方及其他边疆地区的流动。这种大规模的民族迁徙和文化交流，促进了中华民族的交融与发展，进一步加强了各民族间的内在联系与密不可分的整体性，强化了中华文明的统一性。

魏晋南北朝民族交融发展，迎来了隋唐更大规模的统一。隋唐统治集团既坚持华夏正统，又与北方民族有密切的联系，因而对各民族及其文化采取包容开放的政策。隋唐的空前统一与繁荣加强了大一统下各民族交流与融合，促进了边疆各民族的发展，吐蕃、南诏、回鹘、党项、契丹、女真等在边疆地区的崛起，推动了中华民族共同体在更大规模、更大空间的丰富与发展，强化了各民族的中华认同。

唐末中国再度进入政权分立、民族大迁徙大融合时期。宋统一黄河流域及以南地区，与北方的辽及后继的金、西北的西夏形成并立之势。宋虽无力恢复汉唐大一统之治，但以华夏正统自居。契丹建立辽朝，统一北方诸族，形成了草原游牧文化与汉文化相结合的辽文化。辽道宗曾自信地说："上世獯鬻、猃狁荡无礼法，故谓之夷。吾修文物彬彬，不异中华，何嫌之有？"[①]契丹统治者以中华正统自居，将当时的宋、辽政权并立局面比作南北朝。继辽而起的金朝是由地处东北的女真人建立的。金灭辽、北宋，引发了大规模的民族迁徙与交融。金灭辽，辽宗室耶律大石率部西走，在西域复建辽政权，史称西辽。西辽是辽朝的延续，极大拓展了中原文化在西域的传播与影响。宋室南渡，大批汉人南迁，促进了江南的发展。而女真人南迁契丹、汉地，推动了北方民族的交融发展，并迅速走上了汉化道路。金朝统治

---

① 洪皓等：《松漠纪闻》，翟立伟等标注，吉林文史出版社，1986年，第22页。

者自居中华正统，奉行尊孔崇儒政策，"正礼乐，修刑法，定官制，典章文物粲然成一代治规"。① 在金朝的统治下，女真及北方各族进一步发展，民族交融与中华认同加强。与辽、宋、金并立的还有党项人在西北建立的西夏政权，亦自称"中华"，在发展自身文化的同时，重视学习汉文化，显示出其对中原文化的认同与继承。唐末开始的民族大迁徙、大融合促进了各民族的发展；辽、金、西夏等少数民族政权以华夏正统自居，促进了中华文化的进一步发展，增强了中华文明的统一性。

三　元明清大一统与中华文明统一性升华

元朝是中国历史上第一个由少数民族建立的全国性统一政权。建立元朝的蒙古族是我国北方的一个古老民族，在兴起和建立元朝过程中不断学习包括汉文化在内的各族文化。元世祖忽必烈实行"汉法"，即位之初即采用中原王朝建元之制，以中朝正统自居；又改国号为大元，"取《易经》'乾元'之义"，表示"必有美名，绍百王而纪统"，② 进一步宣示他所统治的国家是历代王朝大一统的继续。元朝统治者又按照中原传统，为辽、宋、金朝修史，反映了蒙古统治者以中华正统自居；同时又采取"三国各与正统，各系其年号"，③ 体现了元人不辨夷夏的中华整体观念。元朝结束了自唐末以来政权割据、对峙的局面，将各民族置于一个民族大熔炉中，促进了中华民族的交融、凝聚和发展，强化了中华文明的统一性。

代元而起的明朝虽然是汉族建立的政权，但它承认元朝为"天授"

---

① 《金史》卷12《章宗纪四》。
② 《元史》卷7《世祖纪四》。
③ 任崇岳：《庚申外史笺证》卷上，中州古籍出版社，1991年，第44页。

正统，以元朝的继承者自居，宣称"华夷无间"①"华夷本一家"，②强调自己是继元而"有天下"的正统王朝。明朝统一了全国大部分地区，北方、西北部分地区仍处于一些蒙古政权的统治之下。退居塞外的蒙古统治者仍称"大元汗"，不忘故元旧地。这从一个侧面反映了蒙古族对中国统一多民族国家和中华民族的认同。明朝在北防蒙古的同时，在其他边疆民族地区采取了适合当地民族发展的统治政策，加强了边疆与中原的联系，促进了各民族的交融发展。有明一代，中华整体观念与认同意识进一步加强。

清朝起于东北，是满族建立的政权。清朝统治者以少数民族入主中原，仿明朝政体，改革制度，颁布法律；又祭祀自太昊、伏羲至明太祖历代帝王，表明清朝继承历代王朝的正统；尊奉孔子，推崇儒学，立太学，行科举，以示对中原传统文化的尊重与继承；提倡程朱理学，以"君臣大义"反驳"夷夏之辨"。同时积极致力于对边疆民族地区的经营，至乾隆时期完成了对全国的统一，建立起空前统一的多民族国家。清朝的统一促进了中华各民族的交融与认同。发端于先秦时期的华夏认同历经演变，至此上升为超越族类的更高层次的认同，成为中华民族的标志。满族统治者以华夏正统自居，强调清朝是据有大一统之实的无可争辩的正统王朝；同时强调少数民族与汉族"同属臣民"，不得"目之为夷"。③在清朝的统治下，中华民族共同体进一步凝聚发展，中华民族整体性和中华文明统一性进一步加强。

近代以来，随着列强的入侵，中国边疆危机、民族危机不断加深，各族人民团结一致，在反帝反封建爱国主义斗争中，中华各民族生发出更加强大的凝聚力和生命力，中华民族共同体意识空前高涨。面对

---

① 《明太祖实录》卷53，洪武三年六月丁丑。
② 《明太宗实录》卷264，永乐二十一年十月己巳。
③ 《清高宗实录》卷354，乾隆十四年十二月戊寅。

外来侵略势力，中华民族整体性更加突出，各族人民由自发联合走向自觉联合，中华民族由一个自在的共同体升华为一个自觉的共同体。中华文明的统一性进一步升华，成为凝聚中华民族、维护祖国统一、稳定国家发展、赓续文明传承的共同信念和强大精神力量。

（原刊《中国边疆史地研究》2023 年第 3 期）

从西域历史看中华文明的统一性

王　欣　王添瑞[*]

作为统一多民族国家形成与发展史中的有机组成部分，一部西域史不仅浓缩了中国古代疆域演变的曲折而复杂历程，展现了各民族共同开拓辽阔疆域、共同书写悠久历史、共同创造灿烂文化、共同培育伟大民族精神的生动画面，指明了各民族通过交往交流交融共同构建中华民族共同体的实践路径，而且完整、全面而深刻地诠释了中华文明的连续性、创新性、统一性、包容性、和平性五个突出特性。就统一性而言，主要具体体现在以下几个方面。

第一，政治上的统一性。主要体现在从汉代西域都护府到清代新疆建省的政治制度与职官制度的一体化过程中。

西汉太初三年（前102）李广利伐大宛获胜，次年汉朝便设置使者校尉，率数百士卒在渠犁、轮台一带屯田戍守，在保障丝绸之路畅通的同时，开始将中央王朝政治制度引入西域，从而在政治上开启了西域纳入统一多民族国家的历史发展进程。

神爵二年（前60）前后，西汉创制了相当于内地"郡"一级的西域都护府（治所在原使者校尉屯戍之地乌垒城），统一管理天山南北

---

　　* 　王欣，陕西师范大学中国西部边疆研究院研究员；王添瑞，陕西师范大学中国西部边疆研究院博士研究生。

的屯戍与军政事务，"汉之号令班西域矣！"(《汉书·郑吉传》)作为一项具有创新性质的军政合一的边疆治理模式，西域都护府随之亦被纳入汉朝的政治体系，成为汉代政治制度的有机组成部分。其长官西域都护"秩比两千石"(《汉书·百官公卿表》)，代表朝廷颁行中央政令，在统领大宛以东诸绿洲城郭国的同时还负责监督乌孙、康居等游牧民族政权，并和下属各级官吏一起按照"因俗而治"的原则实施对西域诸国的羁縻统治和西域事务的全面治理。作为完善西域治理体系的重要举措，西汉又于汉元帝初元元年（前48）在车师（今吐鲁番）设置主管屯田事务的戊己校尉，包括西域都护和戊己校尉在内的各级官吏也被纳入汉朝的职官体系，成为汉代职官制度的组成部分。不仅如此，西域都护府治下的西域各国君王及其所属各级官吏，"自译长、城长、君、监、吏、大禄、百长、千长、都尉、且渠、当户、将、相至侯王，皆佩汉印绶"(《汉书·西域传下》)，至少在形式上也被纳入汉朝的职官体系，体现出西域地方与中央王朝在政治制度上的某种一体化趋向。随着西域都护府的建立，西域也正式被纳入统一多民族国家的疆域；汉朝开创的这种以屯戍为核心、军政合一的政治制度与"因俗而治"的羁縻治理模式，不仅在维护当地社会稳定和促进经济社会发展等方面发挥了重大作用，而且为西域与中原政治一体化的深化奠定了坚实的制度性基础，因而为此后历代王朝所承袭并不断完善和发展。

魏晋南北朝时期的中国各地尽管战乱频仍并在大部分时间里处于分裂割据的状态，但是西域政治制度的一体化却取得了长足的进步与根本性的发展，其标志便是郡县制开始在西域局部地区实行。东晋咸和二年（327），河西地方割据政权前凉在两汉戊己校尉屯戍之地设高昌郡，下置田地县，并以太守统之。高昌国建立以后，基本移植了中央王朝政治制度和地方治理体系并加以损益或变通，当地郡县制更是得到了全面的完善与发展，在麴氏政权统治末期甚至达到了五郡二十二县的规模，从而在西域局部地区实现了政治制度的统一。

唐代统一西域后，一方面延续"因俗而治"的治理传统，设置大量的羁縻府州；另一方面则如内地一样在天山南北相继设立了伊州、西州和庭州，建立起包括州、郡、县、乡、里等在内的完整行政管理体系，处理各地民政事务，从而扩大了州（郡）县制在西域的实施范围，深化了当地政治制度的统一性。与此同时，唐朝还设安西都护府和北庭都护府统领西域各地军政，将民政和军政制度分离，促进了当地与全国政治制度的一体化。在大一统的形势下，唐代西域政治的统一性不仅得到了全面发展和深化，而且促进了当地经济社会的全面发展及各民族之间的广泛交往、全面交流与深度交融。大量西域各族人士随之进入内地，其中的部分精英还成为统治集团的一部分（特别在军事领域），进而对唐代政治、经济与社会的发展产生了程度不同的影响；族际通婚也更加普遍，中华民族共同体的内涵进一步得到丰富；以西域文化为代表的"胡风"在内地盛行，进而成为全国各阶层民众日常社会生活的有机组成部分。西域各族的经济文化生活方式随之也被自然纳入唐代的经济文化体系，从而全面促进了中华民族共同体政治、经济与文化的统一性发展。

汉唐时期的政治统一性传统对宋元时期的西域也产生了深刻的影响。由西迁回鹘的一支建立的高昌回鹘王国依然延续漠北时期与中央王朝所结成的传统政治关系，其王族对宋朝朝廷以"舅"相称，其官制中则采用了大量诸如"宰相""枢密使""上柱国""开国子""都督"等官名、爵位和勋位，以此显示政治统一性的传统。由另一支西迁回鹘为主建立的喀喇汗王朝除继承了这种"舅甥"关系外，其统治者还自称"桃花石汗"，并以"东方与中国之王"或"东方与中国之苏丹"自居，强调自己是中国的一部分，至少在名义上保持了对中国的政治认同，坚守了大一统国家的政治统一性传统。正因如此，蒙古汗国兴起后，高昌回鹘统治者亦都护率先归附，与成吉思汗联姻并和其四子约为兄弟，成为成吉思汗的"第五子"，继而随蒙古大军东征西讨、屡立大功，为汗国的大一统作出了重大贡献。蒙哥汗在位时则首次在西域推行行省制，设别失八里等处行尚书省管理西域各地事务，借以强化西域的政治统一性。其后虽然蒙古王公发生内乱和分裂，元代仍在高昌设火州总管府，而大量西域畏兀儿人则进入内地协助元朝中央统治各地，并作为色目人的一部分成为元朝统治集团的重要组成部分，为元代经济社会的发展与各民族之间的交往交流交融作出了重要贡献。

从明代到清初，西域的大部分地区虽然相继处于东察合台汗国和叶尔羌汗国的统治下，其政治制度与职官制度亦极具地方性特点，但两者始终与明朝保持着密切的政治与经济联系；明朝还一度设哈密卫治理西域东部，并册封东察合台王公。这一时期西域与中原的政治统一性主要体现在两者朝贡关系的延续性上。清朝统一西域后在总体上虽然继承了汉唐以来传统的边疆治理模式，依然采取以军政军民合一的军府制为特征的混合型治理体制，但在政治制度与治理体系的系统化建设方面则日臻完备。清朝一方面设伊犁将军，统领天山南北军政军民事务；另一方面在西域东部的乌鲁木齐和巴里坤一带依然实行与中原相同的府县制，其他地方则辅之以札萨克制；在南疆维吾尔等民族聚居的所谓回部则实行"因俗而治"的伯克制，并设各级办事大臣加以监管，保证政令的统一。

近代以后，随着边疆危机的不断加深，清朝逐渐意识到传统的政治制度与边疆治理模式已经无法应对西方所主导的近代民族国家观念、秩序的冲击以及殖民扩张的挑战。在平定阿古柏入侵、收复天山南北后，清朝于 1884 年正式建立新疆省。至此，延续两千年的混合型边疆治理传统模式宣告终结，西域与中原政治制度的一体化至少在形式上整体完成，从而在根本上保证了国家领土与主权的完整和民族的团结与统一。

第二，经济上的统一性。主要体现在古代西域与内地以"朝贡"贸易为特征的经济关系的长期延续及经济一体化的不断深入，以及从古代屯田制、均田制到近代以"协饷"制度为代表的经济制度的一体化过程上。

考古发现表明，早在先秦时期西域便与内地存在包括玉石贸易在内的经济联系。张骞通西域后，这种经济联系更加频繁和密切，并伴随政治的一体化而不断深化。经过两千多年的持续发展，西域经济最终也被纳入全国的经济体系，从而最终结成稳定的经济利益共同体，进而为政治和文化的统一性发展奠定了坚实的物质基础。

兼具政治、经济与文化多重属性的"朝贡"贸易，是古代西域与内地经济联系的重要形式，也是西域与内地经济一体化的主要路径之一。无论全国处于统一还是分裂状态，西域各地与内地以"朝贡"为主的经济联系从未中断。在此过程中，西域地区以良种马、苜蓿等为代表的畜牧业产品，以葡萄、胡麻、胡桃及各类香料等为主的农业产品，以玉石、金属器及各类毛织物为代表的手工业产品，均沿着丝绸之路持续不断地输入内地，极大丰富了全国各族民众的经济文化生活；而内地以丝绸、茶叶和瓷器为主的各类产品的输出不仅成为西域丝路贸易的重要内容，更是历代中央王朝以"回赐"的形式宣示双方政治关系的重要方式之一，具有显著的历史连续性。包括尼雅遗址（汉代精绝国治所）出土的东汉"五星出东方利中国"织锦在内的大量丝织品的出土，便是其中最具代表性的例证。长期而连续的经济往来，不仅使西域与中原经济互补、利益共享、相互促进、共同发展，进而形成相互依赖、密不可分的经济利益共同体；西域经济由此也就逐渐发展成为全国经济体系中的有机组成部分。需要指出的是，对于历代中央王朝而言，与西域的这种"朝贡"贸易的政治意义往往大于经济意义，故其"回赐"物品的价值通常都要高于进贡物品，并以此强化双方的政治关系，促进政治的统一性。

屯田戍守不仅是历代王朝治理西域的主要政治与军事措施，而且在促进西域社会经济发展上具有重要的价值，并在深化经济统一性等方面发挥了关键性作用。如前所述，这种始于西汉使者校尉的屯田形式最初以军屯为主，主要目的是保障戍守士卒的日常生活、供应往来使者，并因其可行性和有效性而为此后的历代王朝或政权所承袭与发展，具有极强的历史延续性。延至清代，屯田的形式更趋多样，发展出包括兵屯、旗屯、民屯、回屯、犯屯等在内的多种经济生产类型，其价值与作用因之也更为丰富和多元。通过各种形式的屯田活动，内地成熟的耕作技术与发达的水利工程体系持续不断地传入西域，在保证当地社会稳定、促进经济全面发展的同时，还显著提升了西域绿洲的农业生产力水平，一定程度上缩小了西域和内地之间的区域经济发展差距，从而为西域经济的统一性发展奠定了坚实的技术基础。

除此之外，历代中央王朝或某些地方割据政权（特别是河西）在西域设置郡县制或州府制的区域推行与内地基本一致的经济制度，如魏晋南北朝时期高昌地区所实行的基于籍账制度的土地分配与租赋征调制度，与内地并无二致；而唐代的均田制、租庸调均曾在伊州、西州和庭州等州县实行。这些全国一体性的经济制度在推进西域社会经济发展、提升生产力发展水平的同时，在一定程度和局部范围内也促进了当地经济制度与内地的统一性发展。

由于自然环境和内外各种条件的制约，西域经济发展的总体水平依然十分有限，虽有屯田和各种地方性税赋制度的补充，但长期以来西域的经济总量和财政收入仍不足以支撑当地庞大的治理费用，故历代中央王朝往往还需要以某种类似中央财政转移支付的方式解决边疆治理所需的大部分军政开支。如清朝统一新疆后便明确规定，当地的各种财政收入均留归本地使用，不足部分则由中原相关省份提供"协饷"予以解决；如当地发生内乱或外敌入侵，或有大型水利或交通工程建设等的重大事务，则由中央政府划拨所谓的"专饷"加以应对。据统计，1760年至1911年之间清朝划拨新疆的各类"协饷"和"专饷"总计达白银4亿两之巨。协饷制度的建立不仅有效维护了新疆的经济发展、社会稳定和国土安全，而且进一步强化了新疆与全国的经济一体化和统一性；新疆的利益和命运由此也和中央及全国其他各省区更加紧密地联系起来，成为一个休戚与共的政治与经济共同体。

第三，民族与文化的统一性。主要体现在西域各民族的交融与中华民族共同体的形成与发展，多元文化的汇聚、包容与创新，以及汉文化在多元一体民族文化中的核心凝聚作用等方面。

西域自古以来就是东西方各民族汇聚与交融的地区，其民族与文化的多样性世罕其匹。自有文字记载以来，这一区域便呈现出与内地同构的南农北牧的基本经济与民族分布格局，而天山以南绿洲农业区域虽然民族（政权）数量众多但大小规模不等且互不统属，整体上处于碎片化的状态。如西汉时便有西域"三十六国（族）"之称，东汉更有"五十五国（族）"之谓。如果说张骞通西域正式开辟丝绸之路，为西域各民族之间的广泛交往和全面交流创造了有利的外部环境的话，那么西域都护府的建立及政治一体化则开启了当地各民族深度交融以及民族共同体构建的历史进程。据不完全统计，除了先秦时期的吐火罗人、塞种和羌人及南疆绿洲上的各类世居居民，在秦汉以后两千余年的时间里，西域地区在古代至少先后有月氏、乌孙、匈奴、汉人、悦般、嚈哒、粟特、鲜卑、吐谷浑、高车、柔然、铁勒、突厥、回鹘、吐蕃、蒙古等诸多民族迁入或活动，他们大部分在历史上的各个阶段以不同的方式和路径完成了相互之间的充分融合，成为近代以来新疆各个民族的重要来源之一。清代统一新疆后，除了满族，东北的锡伯族、达斡尔族也以屯垦戍边的方式进入新疆。此后内地汉族和回族也相继加入边疆的开发与建设事业，而土尔扈特蒙古的回归及哈萨克、塔塔尔、俄罗斯等族的陆续迁入，更加丰富了当地迄至近代的多民族格局内涵。他们连同当地的维吾尔族、柯尔克孜族和塔吉克族等一起，确立了当代新疆的主要民族格局，进而也发展成为中华民族共同体中的有机组成部分。

正如季羡林先生指出的那样："世界上历史悠久、地域广阔、自成体系、影响深远的文化体系只有四个：中国、印度、希腊、伊斯兰，再没有第五个，而这四个文化体系汇流的地方只有一个，就是中国的敦煌和新疆地区，再没有第二个。"[1] 他还进一步强调："世界上四大文化体系唯一汇流的地方就是中国的新疆。"[2] 诚哉斯言！仅以语言文字观之，据统计新疆地区历史上使用过的语言多达 30 余种，其中主要包括匈奴语、犍陀罗语、于阗塞语、汉语、吐火罗语（焉耆－龟兹语）、突厥语、粟特语、回鹘语、中古波斯语、吐蕃语、蒙古语、满语等，涵盖汉藏、印欧、阿尔泰、满－通古斯、闪含等五大语系的不同语族；古代西域流行过的文字也有 20 余种之多，其中主要包括汉文、佉卢文、梵文、婆罗迷文、吐火罗文（焉耆－龟兹文）、于阗文、突厥文、粟特文、叙利亚文、回鹘文、吐蕃文、西夏文、摩尼文、波斯文、察合台文、契丹文、回鹘蒙古文、托忒文、八思巴文、满文等。西域多元文化汇聚的盛景由此可见一斑。其中汉文不仅是西域地区通行的第一种语言文字，而且也是当地唯一沿用至今的语言文字，在西域文化的连续性与统一性方面发挥了不可取代的关键性作用。[3]

---

① 季羡林：《敦煌吐鲁番学在中国文化史上的地位和作用》，《红旗》1986 年第 3 期。
② 季羡林：《我心中的新疆》，《民族团结》1998 年第 10 期。
③ 参见维·维·巴尔托里德《中亚简史》，耿世民译，新疆人民出版社，1980 年，第 5 页。

作为中华文明的有机组成部分，西域文化同样具有突出的开放性与包容性。以宗教文化为例，10世纪前的西域地区曾流行过古代世界上几乎所有的宗教，其中包括萨满教、琐罗亚斯德教（即拜火教或祆教）、佛教（包括汉传佛教和藏传佛教）、摩尼教、景教和道教等，甚至出现佛教经西域传入内地后又回传西域的现象，从而使得古代西域文化长期呈现多元宗教文化和谐共生的繁荣景象。即使伊斯兰教传入西域并逐渐占据主导地位以后，基督教、东正教、藏传佛教、汉传佛教和道教仍然在一定范围存在并一直延续到近现代。不仅如此，多元文化的深厚历史积淀和开放包容的悠久传统，更为西域宗教文化的创新性发展提供了丰富的精神资源与强大的实践动力。以有"小麦加"之称的新疆鄯善县吐峪沟艾苏哈卜·凯赫夫麻札为例，这座建于原佛教石窟寺废墟上的伊斯兰教圣地不仅在思想上继承了景教的复活观念，而且在宗教实践中（特别是礼功上）完美融合了萨满教的祛病驱邪、琐罗亚斯德教的拜火献祭、摩尼教的崇拜光明乃至道教的有求必应等多种宗教文化因素；为了满足女性的宗教需求，当地人甚至在圣地旁创造性地另辟他窟，专供女性信众礼拜。外来宗教文化本地化与中国化的方式与实践路径在此得到了集中而生动的展现。所有这些不仅充分体现了中华文化"实践理性"传统对西域文化形成与发展的深刻影响，更是中华文化统一性的内在本质与外在表征。

在西域民族与文化的统一性发展方面，汉文化始终发挥着核心凝聚力的作用。随着汉唐时期政治一体化的不断深化，大一统理念就开始深深地根植于各族民众的思想之中，成为他们在实践中自觉维护国土不可分、国家不可乱、民族不可散、文明不可断的共同信念；而同时期以《孝经》《诗经》《三国志》《论语》等为核心的汉族文物制度与学术传统的整体移植，更是对此后西域民族文化的统一性发展产生了深远的影响，并内化为当地各族民众多元文化中的有机组成部分。正因为汉文化的核心凝聚作用，西域多元文化才得以发展成为一个有机整体，进而为中华文明的连续性与统一性发展提供了坚实而有效的思想和文化保障。

马大正先生指出，幅员辽阔的疆域和多元一体的中华民族，是我们的祖先留下的两大具有中国特色的历史遗产。[①]作为统一的多民族国家，古代中国虽历经各种纷争乃至分合更迭，但疆域的一统（统一天下）和中华民族共同体的构建，始终是中国古代历史发展的主线和各民族共同追求的最高理想与终极政治目标，并内化为积淀深厚、牢不可破的中华优秀历史文化传统，根植于每一个中华儿女的文化基因中。所有这些不仅成功抵御了近代列强的入侵和蚕食，而且维系了中国疆域基本形态的完整性与延续性（如汉代确立的东并朝鲜、南据交趾、西逾葱岭、北抵大漠的中国古代疆域形态一直保持到近代），中华民族共同体的内在凝聚力因之历久弥坚，从而在思想上、政治上、经济上、文化上保证了中华文明发展的连续性和统一性。一部波澜壮阔的西域史即有力地印证了这一点。

（原刊《中国边疆史地研究》2023 年第 3 期）

---

① 参见马大正《中国疆域的形成与发展》，《中国边疆史地研究》2004 年第 3 期。

中华文明统一性特征在清代的表达与实践
——以《清代国家统一史》为中心的探讨

朱　浒　孙浩然[*]

　　自从先秦时期萌生内涵明确的"大一统"理念后，中国在秦汉以降的两千多年历史进程中，虽然统一与分裂的局面交织出现，但是统一多民族国家的形成与发展是不变的大趋势。清代是中国历史上实现统一的重要时期，《清代国家统一史》（以下简称《统一史》）一书，对于清代实现、巩固和维护国家统一历程的论述，有力地表明清代国家统一的局面既是政治演进的必然要求，也是经济和文化发展的必然结果。[①]以《统一史》为引线，结合近年来出现的其他一些成果，清代国家统一进程完全可以被置于中国历史和世界历史的双重维度下来认识。这不仅有助于深入理解清代何以能够为现代中国的产生奠定基础，而且有助于正确诠释中华文明统一性特征在清代的特定表达与实践逻辑。

一　在中国认同驱动下的国家统一

　　对于实现了中国疆域大一统的清代，虽然国人习惯于称之为中国最后一个传统王朝，实则对其学理阐释长期存在着很多不足。这就给一些杂音的出现留下了可乘之机。例如，无论是早先日本学者提出的

---

　　*　朱浒，中国人民大学清史研究所教授；孙浩然，中国人民大学清史研究所博士研究生。
　　①　邢广程、李大龙主编《清代国家统一史》，中国社会科学出版社，2023年。

"同君联合"论，还是晚近以来美国学界掀起的"新清史"思潮，都视清朝为一个"满洲认同"主导下的政权，并且强调"中国"只是清朝统治下的一个以汉人为主体的地理空间。[①] 这种思路的根本目的，就是企图割裂清朝与中国传统王朝之间的接续关系。《统一史》针对围绕清朝历史定位而出现的乱象，明确指出："作为中国最后一个封建王朝，清朝的'中国王朝'定位是毋庸置疑的。"[②] 的确，从中国历史的发展脉络来看，清代国家统一当然不是所谓"征服王朝"的产物，而是在强烈的中国认同驱动下的国家统一。

中国认同与"大一统"理念及其长期实践密不可分。中国疆域在历史上虽多次处于分裂状态，但"大一统"具有的强大整合能力，总是促使诸多割据政权以实现国家统一为己任。由此形成的王朝嬗变谱系，不仅反映了中国认同日渐强化的发展线索，而且印证了中华文明特有的强大内聚力。这方面的一个显著证明是，许多少数民族政权的统治者，都往往以"中国"自居，致力于争夺"正统"地位。例如，十六国时期的前燕皇帝慕容儁在会见东晋来使时直言："我承人乏，为中国所推，已为帝矣。"[③] 辽道宗曾听汉人讲解《论语》，"讲至'夷狄之有君'，疾读不敢讲"，辽帝则曰："上世獯鬻、猃狁荡无礼法，故谓之'夷'，吾修文物，彬彬不异中华，何嫌之有？"[④] "大一统"理念及在其基础上生成的"正统"观念，既是中国历史上各大王朝的立国基石，也是诸多割据政权接受中国认同的重要动力。

应该承认，虽然"大一统"及"正统"观在很久以前便已绝非汉

---

① 孙志鹏：《从分割到遮蔽：矢野仁一的中国意象塑造及其近代性尺度》，《历史教学问题》2022 年第 5 期；沈卫荣：《"新清史"与中西学术》，《国际汉学》2023 年第 1 期。

② 邢广程、李大龙主编《清代国家统一史》，第 37 页。

③ 房玄龄等：《晋书》卷 110《慕容儁载记》，中华书局，1974 年，第 2834 页。

④ 叶隆礼：《契丹国志》卷 9《道宗天福皇帝》，贾敬颜、林荣贵点校，中华书局，2014 年，第 106 页。

人专享的思想资源，但到宋明时期又产生了新的复杂状况。杨念群的研究表明，由于宋朝无法在与辽、金政权的战争中实现疆域一统，宋代文臣便强化"夷夏之辨"来论证正统性，以凸显汉文明的优越感来抵消军事上的挫败感。同时，宋人也力图淡化"正统论"中疆域一统的要素，反复申明"文治一统"的重要性优先于疆域一统。明朝虽然认可元朝的正统地位，但在推翻元朝的过程中，仍然刻意突出了自身作为汉人政权的正统色彩。又因明代先后面对蒙古和满洲力量的严重袭扰，同样形成南北长期对峙的战事格局，所以在很大程度上延续了宋人的正统叙述模式。① 这样一来，满人所建立的清朝在推进国家统一事业时，就必须既传承又超越宋明时期的"大一统"观和中国观。

无疑，在清朝从地方性政权发展到全国性政权的过程中，中国认同起到了极其显著的驱动作用。在中国认同框架下，清代统治者在不断主动接受"大一统"理念的同时，又自觉对中国认同进行了合乎时代要求的重塑，不仅确认了自身在中国传统王朝序列中的合法性和合理性，而且冲破了传统思想中有关"华""夷"区隔的束缚，为后来"中华民族"概念的生成与发展奠定了坚实基础。清代前半期的几代统治者在意识形态层面的这种认同努力，与清代中国疆域的统一与整合形成了有机配合，是传统中国向现代中国迈进过程中的关键一环。大体上，清代重塑中国认同的取向，主要包含以下四个方面。

第一，通过确认先前朝代的历史定位，论证清朝获取"正统"的合理性，构建更加完整的正统王朝谱系。对于与宋朝并立的辽、金两朝，乾隆帝在认可元承宋统的同时，并不否认《辽史》与《金史》的正史性质，采取各予正统的做法，以弱化"华夷之辨"的影响。② 对

---

① 杨念群:《"天命"如何转移：清朝"大一统"观的形成与实践》，上海人民出版社，2022年，第90—91、109、115—117页。

② 赵永春、张喜丰:《试论清人的辽金"正统观"——以辽宋金"三史分修""各与正统"问题讨论为中心》，《社会科学》2014年第1期。

于元朝，清帝不仅恢复其在帝王庙祭祀体系中的位置，而且通过校核史书树立其积极形象，使清朝与拥有广阔疆域的元朝比肩，为创造新的正统叙事铺平道路。[①] 对于明朝，清帝一方面通过优礼明朝陵寝表明其接续明朝正统的合法性，另一方面通过批评明朝弊政来反衬清帝对"德性"的充分占有，以论证明亡清兴的必然性。[②] 在重估先前朝代历史地位的基础上，清帝既理顺了正统王朝谱系的传承，又确保了清朝的正统地位。

第二，以真正实现疆域层面中国"大一统"为基础，清代依靠凸显疆域一统的意义重构了关于"正统"的论述。为了对抗宋明理学有关"夷夏之别"的叙述，清代统治者反复申述清代疆域远超历代的成就，并将疆域一统确立为获取"正统"的首要标准。[③] 对此，雍正帝在上谕中的这番话体现得最为明显："是中国之一统始于秦，塞外之一统始于元，而极盛于我朝。自古中外一家，幅员极广，未有如我朝者也。"[④] 与这种自信心相呼应，清廷在推进国家统一的过程中，先后完成了《皇舆全览图》《雍正十排图》《乾隆内府舆图》的测绘工作，并接续纂修了《大清一统志》，明确了"大一统"天下的大致范围。[⑤] 显然，这些举措都有助于强化清朝"受天命有天下，增式廓而大一统"[⑥]的历史地位。

第三，通过塑造"臣民"身份来突破"华""夷"之间的界限，以推动中国疆域内的族群整合。康熙帝曾在谕旨中指出："朕统一寰区，

---

① 邓涛：《清朝皇帝的"元朝观"》，《烟台大学学报》（哲学社会科学版）2021年第4期。
② 邓涛：《清前期清帝对明朝的尊崇与批判——以正统观、民族观、疆域观为切入点》，《青海社会科学》2023年第2期。
③ 杨念群：《"天命"如何转移：清朝"大一统"观的形成与实践》，第140—141页；李金飞：《论清朝的疆域"大一统"观》，《北京师范大学学报》（社会科学版）2023年第2期。
④ 《清世宗实录》卷83，雍正七年七月丙午。
⑤ 邢广程、李大龙主编《清代国家统一史》，第241—244页。
⑥ 《嘉庆重修一统志·御制大清一统志序》，《续修四库全书》第613册，上海古籍出版社，2002年，第1页。

无分中外，凡尔民人，咸吾赤子。"①雍正帝则提出，"本朝之为满洲，犹中国之有籍贯"，并对严"夷夏之防"的传统观点进行了系统批判："夫我朝既仰承天命，为中外臣民之主，则所以蒙抚绥爱育者，何得以华夷而有殊视？而中外臣民，既共奉我朝以为君，则所以归诚效顺，尽臣民之道者，尤不得以华夷而有异心。此揆之天道，验之人理，海隅日出之乡，普天率土之众，莫不知大一统之在我朝，悉子悉臣，罔敢越志者也。"②乾隆帝也在登极之初强调："夫人主君临天下，普天率土，均属一体，无论满洲、汉人，未尝分别，即远而蒙古蕃夷，亦并无歧视。"③正如《统一史》所说，清廷在"臣民"框架下整合境内族群的努力，为中华民族共同体的构建及近代国民观念的形成提供了前提。④

第四，主动吸纳作为中国传统文化主体的儒家思想，重新解读经典，构建完整的教化体系。早在入关之前，清代统治者便开始修建文庙，遣官致祭，主动吸收儒家治国理念。入关以后，顺治帝在御制孔子祭文中称："朕惟治统缘道统而益隆，作君与作师而并重。先师孔子无其位而有其德，开来继往，历代帝王未有不率由之而能治天下者也。"⑤乾隆帝更是高度赞扬儒学思想："朕惟四子六经，乃群圣传心之要典，帝王驭世之鸿模。君天下者，将欲以优入圣域，茂登上理，舍是无由。"⑥在实践层面，清帝不仅亲自释读《春秋》等经典以强调"尊王"大义，而且通过刊刻书籍、经筵御讲等方式，大力促进"帝王

---

① 《清圣祖实录》卷112，康熙二十二年九月丁丑。
② 《大义觉迷录》，沈云龙主编《近代中国史料丛刊》第351册，文海出版社，1969年，第3—4页。
③ 《清高宗实录》卷8，雍正十三年十二月辛未。
④ 邢广程、李大龙主编《清代国家统一史》，第93、1254页。
⑤ 雍正《山东通志》卷11《阙里志四》。
⑥ 《清高宗实录》卷60，乾隆三年正月癸亥。

经学"的形成与传播。① 同时，清廷还积极推进全国特别是边疆地区社学、义学的建立与发展，充分发挥乡约与宗族在基层教化中的重要作用，构建起了从中央到地方、从官方到民间的教化体系，使国家认同意识更加深入人心。② 正是这种国家认同意识的深化，我们才能理解，当晚清时期国家疆域被列强蚕食鲸吞时，各族民众何以能够积极守土固边，共同抵御外敌入侵，努力维护国家统一。③

二　中西政治大分流背景下的国家统一

在中国历史的维度之外，清代国家统一在世界历史的维度上也具有十分重要的认知意义。而对这种意义的最重要支撑，来自17世纪全球危机造成的特定情境。对于这场全球危机，较早的认知线索主要来自经济史范畴。霍布斯鲍姆（E. J. Hobsbawm）在1954年提出，欧洲在由封建经济向资本主义经济全面过渡的最后阶段，在17世纪经历了一场"普遍危机"。④ 随后有学者认为同时期中国也经历了类似的经济危机，并尝试通过关注中国在此次危机中的表现，来观察中西发展道路的分野。⑤ 更有以"加州学派"为代表的一批学者，力图在重估明清中国经济发展的基础上，探讨中西社会"大分流"的内在机制。⑥ 然而，这方面的既有成果大多侧重比较经济史角度，缺乏政治视角下有关中西双方危机应对的横向对比，也就无法充分阐释中西何以走上不

---

① 杨念群：《"天命"如何转移：清朝"大一统"观的形成与实践》，第179—183页。

② 邢广程、李大龙主编《清代国家统一史》，第445—450、925—947页。

③ 邢广程、李大龙主编《清代国家统一史》，第299—302页。

④ E.J. Hobsbawm, "The General Crisis of the European Economy in the 17th Century", *Past & Present*, No. 5（May, 1954），p.33.

⑤ 董建中主编《清史译丛》第11辑《中国与十七世纪危机》，商务印书馆，2013年。

⑥ 徐毅、倪玉平：《近二十年西方明清经济史研究——以"大分流"讨论为中心》，《历史研究》2023年第3期。

同的社会发展道路，以及清代国家统一事业是否具有世界意义等问题。

有关 17 世纪全球危机的另一条认知线索，来自生态视角下的政治史范畴。杰弗里·帕克（Geoffrey Park）根据自然科学界的研究指出，北半球在这一时期普遍出现了"持续最长且最严酷的全球变冷事件"，并且"恰好同全球范围内的一系列革命狂潮和国家崩溃相对应"。在欧洲，整个 17 世纪仅维持了三年的完全和平，战争一度"成为解决国内国际难题的主流模式"。[1] 在 1618—1648 年的"三十年战争"后，神圣罗马帝国彻底分崩离析，"'德意志'此后不再是一个国家"。[2] 最终，欧洲的各种叛乱和起义"变得更依赖、更反映欧洲的深层次分裂，更少体现某种共同的不满，更难用一种整体的套路去解读"，这实质上说明"欧洲的地方主义本质在新媒介、新社会力量的调动下被改造成了一种范围更大的存在"。[3]

中国在 17 世纪同样处在小冰期的笼罩之下，也经历了明清鼎革带来的酷烈灾荒与战乱。但正如《统一史》论述的那样，这种分裂与混乱并不长久。满洲政权入关后不久便击败了农民军、南明等多股政治势力，基本实现了对中原地区的统一。在接下来的康雍乾三朝，清廷平定三藩，收复台湾，将漠北喀尔喀蒙古各部正式纳入治下，在西藏设立驻藏大臣，建立噶伦制度，实现对准噶尔的统一，平定大小和卓叛乱，有计划、有步骤地实现了"大一统"目标，极大地扩展了清代中国的疆域，奠定了现代中国的版图基础。[4] 因此可以说，"从欧洲角度看，清代国家统一是一个不可能完成的任务；而从中国角度看，不

---

① 杰弗里·帕克：《全球危机：十七世纪的战争、气候变化与大灾难》，王兢译，社会科学文献出版社，2021 年，"前言"，第 11—12 页。
② 彼得·威尔逊：《三十年战争史》，宁凡、史文轩译，九州出版社，2020 年，第 717 页。
③ 马克·格林格拉斯：《基督教欧洲的巨变（1517—1648）》，李书瑞译，中信出版社，2018 年，第 822—823 页。
④ 邢广程、李大龙主编《清代国家统一史》，第 153—154 页。

过是又一次完成大一统的历史使命而已"。[①]

以上情况表明，在面对全球危机的巨大挑战时，中国与欧洲出现了完全不同的国家发展形态，从而呈现出迥然不同的政权建设路径。从世界历史的维度来看，欧洲的大分裂和中国的大统一，是全球范围内政治文明的两大不同发展走向。清代国家统一不仅是中华文明突出特性的必然演化结果，更是一条异于西方政治模式的政治文明发展道路。由此可见，深入把握清代国家统一的世界意义，既有助于从根本上打破以欧洲为代表的西方世界对政治现代化理论的垄断，也有助于深刻理解中国式现代化深厚的历史底蕴及其实践逻辑。这是因为，如果以"国家统一"为准则，运用比较政治史框架来看待清代中国和同时期欧洲的国家形态演变，则两者至少因以下三个方面而构成了显著的政治大分流格局。

第一，欧洲缺乏像中国那样长期传承的"大一统"理念。在欧洲历史上，罗马帝国虽然盛极一时，但其与希腊、犹太、日耳曼的博弈构成了影响帝国命运的三对主要矛盾。[②]罗马帝国不仅未能实现欧洲统一，而且其崩溃和分裂左右了此后欧洲各方政治力量的持续冲突与矛盾，"帝国正统论"在基督教教会的干预下几经分裂、转移，最终丧失了普世性，无法成为推动欧洲统一的认同力量。[③]中世纪时期，基督教虽然得到广泛认同，拥有强大的政治影响力，但教会分裂与教派冲突注定无法孕育强烈的统一意识，宗教改革的蓬勃开展更是加速了欧洲政治格局的重组，使欧洲与统一渐行渐远。相形之下，中国深厚的"大一统"传统，使得任何王朝都需要在中国认同下确立自身的正统性。清朝在大力承接"大一统"与中国认同的同时，一方面沿袭内地

---

① 朱浒：《从清史看中华文明五个突出特性》，《历史研究》2023年第4期。
② 赵林：《罗马帝国的历史命运与现实影响》，《社会科学战线》2016年第8期。
③ 孙璐璐：《西方"帝国正统论"之流变》，《中央社会主义学院学报》2018年第5期。

儒学传承的历史谱系，另一方面又在蒙藏地区汲取藏传佛教信仰，建立了二者相互兼容且前者统摄后者的"正统"多元特性。① 相较于基督教在欧洲的权势格局，《统一史》明确指出，清廷采取因俗而治的宗教治理政策，推行政教分离，有力地维护了统一的中央集权。②

第二，欧洲范围内的帝国与中国传统王朝的统治方式存在结构性差异。神圣罗马帝国虽然领土广袤，但皇帝须由作为帝国主要诸侯的选帝侯选举产生，而各方诸侯又对内保有较强的自主性，以致"皇帝的统治权支离破碎、政治权威分散、管辖权重叠"。③ 三十年战争后，"德意志人民的权力早已转移到各诸侯手中"，"这些诸侯不管在和平年代还是在战争时期都在彼此角力"，最终导致了帝国的覆灭。④ 奥斯曼帝国虽然通过战争征服了广阔疆土，但边疆管理的低效和对外扩张的终止导致帝国在"漫长的衰落"中土崩瓦解。⑤ 与之形成鲜明对照的是，清朝在全国建立起"集权下有分权的行政管理体制"，对"直省"与"藩部"采取有针对性的治理方案，形成了一套八旗与绿营相维相制的边防体系，制定了兼顾内地与边疆的多层级法律制度，遵循"因俗而治"原则的同时，将"一体化"作为国家治理的最终目标，有效巩固了国家统一。⑥

第三，欧洲国家与清代中国的经济发展逻辑有本质不同。据西方学界研究，西欧曾多次经历人口与资源关系变动引发的"马尔萨斯抑制"，部分劳动力的迁徙和垦殖形成了"边疆运动"，不同区域资源禀

---

① 杨念群：《"天命"如何转移：清朝"大一统"观的形成与实践》，第 248、300—302 页。
② 邢广程、李大龙主编《清代国家统一史》，第 432 页。
③ 彼得·威尔逊：《神圣罗马帝国（1495—1806）》，殷宏译，北京大学出版社，2013 年，第 6—7 页。
④ 塞缪尔·罗森·加德纳：《三十年战争史（1618—1648）》，王晋瑞译，华文出版社，2019 年，第 314—315 页。
⑤ 王三义：《奥斯曼帝国移动的边疆与脆弱的霸权》，《上海交通大学学报》（哲学社会科学版）2010 年第 4 期。
⑥ 邢广程、李大龙主编《清代国家统一史》，第 304—399 页。

赋的差异则推动了市场贸易的发展，进而促成了产权制度的完善，以及强有力的民族国家建立。① 沃勒斯坦（Immanuel Wallerstein）按照劳动分工原则，将"现代世界体系"划分为中心、边缘和半边缘地区，认为三者在动态中维持着不平等的交换关系，反映了殖民掠夺对资本主义兴起的重要影响。② 与西欧以民族国家为单位，在殖民扩张中竞逐霸权不同，具有"大一统"特质的清代中国致力于推动内地与边疆的经济整合，继续以和平友好的态度处理对外关系。《统一史》的论述表明，在清廷政策引导和内地移民自然推动下，以农业、商业、交通通信等为主要内容的边疆开发有序推进，使边疆与内地具备了共同的经济基础，加速了二者的均质化进程，有利于统一多民族国家的最终确立。③ 在官方调控与市场机制的作用下，不同区域的资源互补使传统经济仍然葆有内在活力，也使国家内部各区域间的联系更加紧密。此外，清廷在确保海疆安全稳定的前提下积极开展海外贸易，在"天下"观影响下构建宗藩体制，彰显了"儒家的王道政治与善邻、睦邻的和平主义价值取向"，④ 与近代西方殖民体系形成了鲜明对比。

三　超越民族国家模式的国家统一

要更加全面地勘定清代国家统一的历史坐标系，还有一个无法绕过的问题，那就是国家疆域的界定问题。在中国疆域研究领域，如何界定历史中国的疆域，如何理解各王朝疆域的内在关联，如何阐释边

---

① 道格拉斯·诺斯、罗伯特·托马斯：《西方世界的兴起》，厉以平、蔡磊译，华夏出版社，2014 年，第 12—23、48—49 页。
② 伊曼纽尔·沃勒斯坦：《现代世界体系》第 2 卷《重商主义与欧洲世界经济体的巩固（1600—1750）》，郭方等译，社会科学文献出版社，2013 年，"英文版序言"，第 6—11 页。
③ 邢广程、李大龙主编《清代国家统一史》，第 547—548 页。
④ 魏志江：《宗藩体制：东亚传统国际安全体制析论》，《现代国际关系》2014 年第 4 期。

疆地区融入中国疆域的过程等问题，对于理解中国"大一统"传统具有关键意义。按照李大龙的概括，以往中国学界大多采取"以历代王朝疆域为中国疆域"或"以18世纪50年代到19世纪40年代鸦片战争前清代中国版图为中国疆域"，以及"以中华人民共和国疆域为基础上溯历史上中国疆域"等框架来界定中国疆域，但因中国疆域发展时间漫长、过程复杂，"历代王朝的建立者不同，疆域多以中原地区为中心盈缩不定"，这些框架在诸多细节上往往存在着解释力不足的缺陷。[①] 无疑，这些不足对于达成清代疆域一统的共识形成了严重干扰。

正因中国疆域研究不够充分，才使得西方的民族国家模式形成强烈冲击。西方学界基于欧洲的地方性历史经验，将"帝国"向"民族国家"的转型作为现代国家的生成模式。西方语境下的"帝国"，主要包括"合法的统治权威""由多民族构成的广大领土"及"以'责任'和'使命'相标榜的普世追求"三个基本要素。[②] 西方学者一般将"帝国"与"民族国家"视为相对立的两种国家类型，认为前者往往在等级秩序基础上实施间接统治，具有民族、文化等方面的多样性；后者则更加重视族群特性和文化传统以强化国家内部的认同感，以"平等"的立场界定自身与其他国家的关系。[③] 而"帝国"裂解与"民族国家"生成，被西方学界普遍认为是建立"现代"国家的必由之路，并试图以之作为普世性的国家演化图式。

事实上，无论是在历史基础方面，还是在发展趋势方面，源自西方的民族国家理论都存在难以自洽的先天缺陷。首先，虽然民族国家

---

① 李大龙：《中国疆域诠释视角：从王朝国家到主权国家》，《中国社会科学》2020年第7期。
② 刘文明：《"帝国"概念在西方和中国：历史渊源和当代争鸣》，刘新成主编《全球史评论》第15辑，中国社会科学出版社，2018年，第27页。
③ 李怀印：《中国是怎样成为现代国家的？——国家转型的宏观历史解读》，《开放时代》2017年第2期。

理论将"一族一国"视为现代国家的理想状态，但是，"实际上人们很难找到两个一样的以某个族类为主体的政治共同体"。就是通常被视为典型民族国家的英、法等国，"从渊源上追溯最终都是若干或许多族类或原型民族同质化的结果"，现实中并不存在某个民族国家发源于所谓"单一民族"。① 其次，"民族"和"民族主义"是直至18世纪末才出现的"一种特殊类型的文化的人造物"，所以"民族"构成了一种"想象的政治共同体"。② 最后，"促使文化多元的现代性取向和民族一体的现代性建构产生激化对抗，也造成了国家层面的认同建构与民族层面的族群发展形成内在张力"。③

"新清史"流派的一个重要立论根据，恰恰就是这种包含着先天缺陷的民族国家模式。正如钟焓剖析的那样，该流派大力否认"清朝"与"中国"的同一性，竭力将清朝描绘成一个涵括"中国"与"内亚"的"帝国"，认为清朝对蒙古、新疆、西藏等边疆地区的统辖属于"殖民"性质；而伴随着边疆各族群与汉人的自我认同意识日益鲜明，帝制时代的终结预示着"完成了民族意识塑造的边疆各地即自动脱离中国走上彼此独立的分头化发展路径"。④ 这明显是以"帝国－民族国家"为指归的倒推式论证，更是带有根深蒂固的"西方中心论"属性。按照近年来国内兴起的历史政治学路径的看法，欧洲民族国家本身就是战争的产物，"长期浸泡在权力型历史和文化中的西方人，是很难理解其他不同文明体系下的行为模式的""国人更

---

① 韩水法：《现代民族—国家结构与中国民族—国家的现代形成》，《天津社会科学》2016年第5期。

② 本尼迪克特·安德森：《想象的共同体——民族主义的起源与散布》，吴叡人译，上海人民出版社，2005年，第4、6页。

③ 崔延强、张子扬：《超越现代性：西方现代民族国家理论批判》，《世界民族》2023年第4期。

④ 钟焓：《清朝史的基本特征再探究——以对北美"新清史"观点的反思为中心》，中央民族大学出版社，2018年，第198页。

不可以拿着这种完全异质性的国家性的理论去当作分析自己行为的标准"。①

无疑，民族国家的理论模式根本无法适用于阐释中国历史疆域形成及现代转型的复杂历程。《统一史》采用动态的、关联的视野重新审视了这一复杂历程。该书提出，"统一多民族国家是中国历史发展的导向和主流"，清朝疆域是在继承和发展历代中国王朝疆域基础上"自然凝聚"的结果。②首先，清廷正是在"大一统"观的指导下，"确定哪些区域纳入国家版图之内，慎重处理邻近地区的一些部族、政权内附中国的问题"，这就使清朝与竭力谋求领土扩张的殖民帝国之间存在本质区别。③其次，1689年中俄《尼布楚条约》的签订，标志着中国开始由"有疆无界"的传统"王朝国家"向"有疆有界"的近代"主权国家"转型。④最后，清朝在雍乾年间与邻国、属国的"划界"诉求与尝试，则"让清朝近现代主权国家的特征更加明显"，直至1840年鸦片战争爆发，中国疆域转型的自然过程才被西方殖民力量的入侵打断。⑤

应该承认，学界对于上述看法还存在一些不同认识。这突出表现在，关于《尼布楚条约》对清前中期"划界"实践的标志性意义，学界至今仍有较为谨慎的看法。一方面，传统"天下"观影响下的清代帝王，对条约定界形式的陌生感比较明显。有人认为，在康雍两朝的中俄议约定界过程中，"清政府一直都被俄国殖民者所左右，中俄之间划界的过程也是清政府以牺牲局部利益换取国内

① 杨光斌：《历史政治学：中国政治学的范式革命》，中国人民大学出版社，2023年，第203—208页。
② 邢广程、李大龙主编《清代国家统一史》，第216页。
③ 邢广程、李大龙主编《清代国家统一史》，第218—219页。
④ 邢广程、李大龙主编《清代国家统一史》，第1237—1238页。
⑤ 邢广程、李大龙主编《清代国家统一史》，第1240—1241页。

局势稳定的过程"，"清政府仍然按照中国传统的管理和思维方式，对于疆土还没有明确的边界意识，还没有完全适应和透彻研究西方殖民心态和划界理论"。① 因此，虽然表面上中欧大致在相同时期出现了由传统国家向主权国家转变的趋势，但清朝是在应对俄国扩张的过程中，逐步了解和尝试运用现代边界理论的，从而具有被动性和防卫性。

另一方面，也不能忽视传统习惯疆界及相关观念的价值与影响。正如《统一史》所指出，与现代国界不同，"古代中国对'界'有着自己的理解和划定方式"②。早在入关之前，满洲政权便已在与朝鲜等交往中形成了传统边界意识，从而为康熙帝主动提议划定中俄边界提供了思想资源。虽然中俄双方边界观念渊源有异，但由于二者存在不少相通之处，最终促成了《尼布楚条约》的缔结。③ 中俄划界以后，清廷又主动运用取得的成功经验，寻求与属国确定更为明晰的边界，以解决越界流民等治安难题。④ 更准确地说，清廷在很长时间里既不明了也不重视传统习惯疆界与近代国界之间的严格区分，而是以现实层面的边疆安全与稳定为中心，其更关注的是所定边界能否起到所设想的根本作用。⑤ 传统边界意识与现代主权观念的交织与纠葛，既使清朝在与邻国、属国的往来中对自身疆域有了更加清晰的体认，促使中国传统王朝向现代主权国家转型迈出了关键一步，却也为日后的边界纠纷以及列强侵吞中国领土埋下了严重隐患。

① 马长泉：《康熙、雍正两朝中俄划界原则探析——以〈尼布楚条约〉〈恰克图条约〉为中心》，《中国边疆史地研究》2015 年第 2 期。
② 邢广程、李大龙主编《清代国家统一史》，第 623 页。
③ 易锐：《清前期边界观念与〈尼布楚条约〉再探》，《四川师范大学学报》（社会科学版）2019 年第 2 期。
④ 孙喆：《从中俄〈尼布楚条约〉到中朝长白山定界——穆克登查边定界动因再探》，《求是学刊》2014 年第 3 期。
⑤ 邢广程、李大龙主编《清代国家统一史》，第 624 页。

总体而言，面对传统疆域研究的不足及西方学术范式的挑战，《统一史》以"王朝国家－主权国家"框架来叙述中国疆域特别是清代疆域形成与发展的过程，从学理层面有力回击了"新清史"思潮的谬误，有助于中国学界摆脱民族国家理论的束缚，为正确阐释统一多民族国家的历史作出了极为有益的探索。该书确认了历代王朝更迭过程中边疆与中原关系日益密切的总趋势，充分肯定了清朝在观念与实践层面对"大一统"传统的继承和发展。该书通过辨明《威斯特伐利亚和约》与主权原则的对应关系，重申了主权而非民族作为现代国家基本要素之一的属性，从而打破了西方民族国家形态对现代性的垄断，足以起到正本清源的作用。该书在这一反思基础上提出，以"王朝国家－主权国家"视域诠释中国疆域历史更符合历史实际，并且"可以规避'民族国家'理论带给我们的诸如众多历代王朝谁能够代表中国，中国是'多民族国家'还是'民族国家'之类很多难以疏解的困扰"。① 无论如何，只有彻底冲破西方学术范式的桎梏，才能为充分阐释中国统一多民族国家的疆域演变及现代转型提供全新且正确的思路。

结　语

无论是从对中国历史的维度还是对世界历史的维度来说，清代国家统一都是一个内涵丰富且意义深远的重大事件。就中国历史而言，清朝作为最后一个中国传统王朝的身份认同，使得中国王朝系谱形成了毫无间断的完整序列；其对"大一统"观的继承、改造与实践，使得"中华一统"成为多族群复合政治文化共同体的共识性表述，促进

---

① 　邢广程、李大龙主编《清代国家统一史》，第41—45页。

了中华各民族的交往交流交融。这就可以理解，身为满人的清代最高统治者，何以当清朝和民国鼎革之际，居然能够完全接受"五族共和"的话语转换。在世界历史的观照下，在面对 17 世纪全球危机的共同背景下，清代中国的大统一和同时期欧洲世界的大分裂形成了鲜明对照，也深刻展示了两者在国家构建上的不同基础与走向。这里还应指出，无论是18、19世纪之交的拿破仑战争，还是20世纪欧盟和北约的建立，都表明欧洲并非与"大一统"基因完全绝缘。因此，深入揭示清代国家统一所代表的政治文明取向，肯定有助于进一步推进历史政治学研究，以打破民族国家理论过于强势的地位。只有在以上两个维度的共同印证下，才能确切认识清代国家统一过程中，中华各族人民在缔造历史中国广阔疆域方面的共同努力，才能更加有力地凸显中华文明统一性特征在清代的特定表达与实践逻辑。

不可否认，从全球史视域出发，伴随着清代国家统一而推进的社会发展，与同时期西欧等世界范围内先进地区相比，显然已处于相对落后的状态。这是否意味着，实现空前大一统的清代中国在向现代国家转型时，又蕴含着某种"先发劣势"呢？可以肯定，在现有西方政治学理论体系内，这种问题注定得不到令人信服的答案。只有充分运用"活"的唯物史观眼光，构建中国自主的历史学知识体系，才能完整把握清代国家统一的正反两方面经验，才能更加准确地阐明清代中国在中华文明发展史中的关键地位。

（原刊《清史研究》2024 年第 1 期）

思想、实践、制度：中国统一多民族国家形成、发展的话语体系构建
——读《清代国家统一史》

段金生*

历史上中国统一多民族国家如何形成，或者说"何以中国"，这是学术界及社会各界不断反复思考和探讨的重大命题。客观上，虽然各界形成了一些统一认识，但由于这一命题的重大性，以及历史发展脉络的多元性、政治实践的多变性、思维认知的复杂性等交互影响，各方仁智互见，对这一命题的答案仍在不断探索中。诚如有研究者认为的那样："深入发掘'中国'之所以为'中国'的环境与文化底蕴，无疑会更全面地澄清我国统一的多民族国家形成的历史轨迹。"[1] 但如何认识历史中国的环境与文化底蕴呢？这是相当复杂而具有挑战性的难题，既需要宏大的理论视野及思维，也要求细致入微的实证探究。就宏观视野而言，学术界多有从思想认知层面进行探讨的。显然，先秦时期《诗经·小雅·北山》中"溥天之下，莫非王土；率土之滨，莫非王臣"的"天下"观念，有利于推进我们对统一多民族国家形成的认识与理解。然而，我国历史悠久，虽然"天下"观念有利于思想认识的聚合并推进实践的发展，但统一多民族国家经历的演进过程绝非理念或思想认识就能决定，它必然是思想认识、社会政治实践、地理环境、经济发展、文

---

* 段金生，云南民族大学科技处教授。

[1] 许宏：《何以中国：公元前 2000 年的中原图景》，生活·读书·新知三联书店，2016 年，"解题"第 1 页。

化交流、制度设计等多维度或多层面因素交互作用的结果。这些综合因素的客观存在及主观思维的复杂、歧异，导致对统一多民族国家形成、发展的认识与理解具有极大艰巨性和复杂性。

在有关历史时期中国统一多民族国家形成与发展的各种论析中，目前学术界主要有三种路径。一是基于考古学的视角，对中国古代文明进行阐释，从古史构建维度论述历史中国的发展演变，充分发挥"考古写史"的功能。① 二是立足于文献解析，从理论构建的维度阐述统一多民族中国发展演变的脉络与谱系，主要围绕"天下"观、服事观、"大一统"理念与现实政治互动内容展开。② 按照这一路径阐述的一些相关研究，在注重文献史料的同时，也大量吸收了考古学的研究成果。③ 三是从国家治理的实践路径展开，对王朝时代的政治形态、制度设计、边疆治理、族群关系、文化聚合等展开论述。这一路径的研究，既涉及整个社会政治、经济及文化发展进程的宏大历史，也包括一些具体构成这些宏大历史的事件、人物、制度、政策、人口流动等

① 此方面的研究较多，苏秉琦、张光直、严文明、许倬云、王震中、许宏、韩建业等学者都展开了相关探讨。例如张光直《中国相互作用圈与文明的形成》，编辑组编《庆祝苏秉琦考古五十五年论文集》，文物出版社，1989 年；严文明《中国史前文化的统一性与多样性》，《文物》1987 年第 3 期；苏秉琦《中国文明起源新探》，生活·读书·新知三联书店，1999 年；许倬云《万古江河：中国历史文化的转折与开展》，湖南人民出版社，2017 年；许宏《何以中国：公元前 2000 年的中原图景》；韩建业《中华文明的起源》，中国社会科学出版社，2021 年；王震中《夷夏互化融合说》，《中国社会科学》2022 年第 1 期。

② 近年来较具代表性的著作主要有：葛剑雄《统一与分裂：中国历史的启示》，商务印书馆，2013 年；李大龙《从"天下"到"中国"：多民族国家疆域理论解构》，人民出版社，2015 年；赵汀阳《惠此中国：作为一个神性概念的中国》，中信出版社，2016 年；胡鸿《能夏则大与渐慕华风——政治体视角下的华夏与华夏化》，北京师范大学出版社，2017 年；姚大力《追寻"我们"的根源：中国历史上的民族关系与国家认同》，生活·读书·新知三联书店，2018 年；王柯《从"天下"国家到民族国家：历史中国的认知与实践》，上海人民出版社，2020 年；李大龙《政权与族群：中国边疆学基础理论研究》，人民出版社，2021 年。

③ 例如，许倬云在《万古江河：中国历史文化的转折与开展》及《说中国：一个不断变化的复杂共同体》（广西师范大学出版社，2015 年），张经纬在《四夷居中国：东亚大陆人类简史》（中华书局，2018 年）中，都大量运用了考古学的研究成果。

内容。这一路径的研究成果最为广泛，分布在不同的研究领域。① 当然，上述三种主要路径的探索是彼此互动的。通观学术界对历史上中国统一多民族国家形成、发展的研究，学者们进行了充分的尝试和努力，就历史上统一多民族国家形成、发展的概念表述、研究路径、理论构建、学术话语体系等方面均展开了深入探讨，也取得了丰硕成果，为深化认识提供了良好的基础。但同时，由于受到议题的宏大、文献资料的丰富、研究视野的差别等主客观因素制约，相关研究也存在理念架构与历代实践、历时性观察与共时性分析等不足。如何在继承学术界已取得成就的基础上，进一步深化、拓展这一议题的论析，尤其在当今世界百年变局场景之下阐述好"何以中国"，显得更具迫切性与重要性。

2023 年 4 月，由邢广程、李大龙主编的 110 万余字的《清代国家统一史》（以下简称《统一史》）由中国社会科学出版社正式出版。该书之立意，是通过系统阐述清代国家统一历程进而以深化对统一多民族国家的形成、发展史的认识和理解。该书开篇就强调，"统一多民族国家中国有着悠久的历史，是生息繁衍在中华大地的众多民族，包括已经消失在历史长河中的民族共同缔造的"，清朝则是"多民族国家中国疆域的定型时期"，其国家治理政策又"集中国历代王朝之大成"。因此，"正确诠释清代统一多民族国家形成与发展的历史，对于今天铸牢中华民族共同体意识有着十分重要的现实意义"。② 因其立意高，故该书的研究思路及具体内容等，对厘清当前学术界关于历史时期统一多民族国家形成、发展研究的路径、方法及理念等方面，都具有学术参考价值。是故，本文拟结合笔者研究过程中的一些粗浅思考，就《统一史》在思想、实践及制度诸层面表现出的一些学术特色与贡献做一评议。不当之处，敬请方家批评指正。

---

① 这一路径的研究成果颇多，在通论性、断代史、边疆民族史等研究领域中都有大量成果，限于篇幅，此处不再一一列举。
② 邢广程、李大龙主编《清代国家统一史》，中国社会科学出版社，2023 年，第 1 页。

一　思想史层面的话语逻辑构建

（一）阐释"何以中国"离不开历史维度的思考

探讨"何以中国"，即讨论历史上统一多民族国家形成、发展的复杂历程，既是一个实践性问题，也是一个哲学层面的思想性议题。在人类历史的长期演变中，思想与实践的互动、交织一直是观察、阐述或推进人类社会发展进程的主要脉络。由于人类社会的实践在表现一致性或趋同性的同时，也呈现出多样性、多元性、多变性、反复性乃至歧异性的内容，如何客观、理性审视人类社会的实践，既要求实践的不断探索，也需要理性的思想目标的引导。从这一意义而言，哲学维度的思想认识在某种程度上对实践具有高度的"统合"功能。当然，实践的复杂性、多变性也决定并丰富着思想认识的深刻性、洞见性。由于思想与实践在人类社会演进中的重要性、复杂性，二者中形成的统一性或一致性张力，一直是各学科研究经久不衰探讨的议题，同时也是难趋一致的话题。讨论中国统一多民族国家的形成与发展，也脱离不了这一逻辑。由于思想层面对"何以中国"的思考或认识，在某种程度上牵引着实践如何"运作"，而实践的反复性、复杂性、波折性自然也对思想层面的统合提出了挑战或要求。故而，如何理解与阐述统一多民族中国的形成、发展，一直是历史学、政治学、民族学等各学科领域关注的重要内容。

学术界阐释历史时期中国统一多民族国家形成、发展的演进历程时，在理念与路径、历史与现实之间均有较深入的思考与探索，但由于各种主客观因素的影响，这一学术探讨仍有进一步深入的必要与较大的拓展空间。理论对实践具有指导作用，从思想史的维度审视历史时期统一多民族国家形成、发展的演进逻辑，是推进这一研究领域进一步深入的重要路径。梁启超有谓："凡学问上一种研究对象，往往容得许多方面的观察。而且非从各方面观察，不能得其全相。有价值的著作，总是有他自己特别的观察点。"① 笔者以为，《统一史》的学术价值与贡献，或其写作的宏大构想，就在于尝试构建一种能够统合历史上统一多民族国家形成、发展脉络与谱系的话语体系。

完美阐释历史时期统一多民族中国的逐步形成过程，一直是史学工作者致力的重要研究内容与追求目标。在当代时势场景和话语体系下，如何将历史中国的演变与现代中国的发展自然对接，一直受到各界关注，历史学者也在努力进行探讨。汪晖从思想史的维度谈道："在中国历史研究中，人们经常对用于描述历史现象的概念和范畴以及相关的研究范式产生疑虑。这些疑虑主要集中在两点：首先是对理论范畴和社会科学范式能否有效地描述和解释历史现象的疑虑……其次是对西方概念和范畴在解释中国现象时的有效性的疑虑。"他认为基于上述疑虑，历史学者一直致力于激活传统范畴以解释历史现象。但是，"单纯地依赖传统概念和范畴并不必然保障解释的有效性，因为这些概念和范畴往往是在现代思想和理论的烛照之下才显示出意义的"。不过，"尽管我们需要对理论概念和社会科学范畴的运用保持审慎的态度（历史化的态度），但这些概念和范畴的运用本身仍然是不可避免的"。② 这一论述，说明历史概念与现实社会、人文思想与社会科学范式、西方理论与中国传统知识谱系之间隐含着矛盾或差异，而同时存在着极大的张力。近代以来，在世界政治、经济、文化秩序的激荡变革中，中国传统重综合的人文思想认知路径与西方社会科学重分科治学的精、专研究范式，以及西方理论与中国传统认知的归纳性经验之

① 梁启超：《评胡适之〈中国哲学史大纲〉》，桑兵等编《近代中国学术批评》，中华书局，2008年，第2页。
② 汪晖：《现代中国思想的兴起》上卷第1部，生活·读书·新知三联书店，2015年，第1—2页。

间单向失衡，社会科学的科学化路径、分科治学模式与各学科不同理论知识日益占据了上风。就历史时期统一多民族国家的形成、发展而言，自西方民族国家理论等相关概念传入之后，一直受学界广泛关注并运用。对此问题，李大龙认为 20 世纪中国大陆出现了两次讨论热潮：一是 20 世纪五六十年代，前辈学者白寿彝、翦伯赞、吕振羽、何兹全、孙祚民等就如何确定"历代国土范围"问题展开了系列讨论；二是 20 世纪八九十年代，以 1981 年 5 月中国民族研究学会和中国社会科学院民族研究所组织的中国民族关系史研究学术座谈会在北京的召开为开端，引发了学术界对"历史上的中国"的讨论热潮。① 时至今日，上述讨论也未见定论。新世纪，尤其是近十余年来，中国统一多民族国家形成、发展的认识再次受到关注，可谓第三次讨论热潮。不同阶段讨论热潮的出现，都与现实环境有密切关联。

当前学术界对理解中国统一多民族国家形成、发展的演变有不同的认识，并且由于这一问题的复杂性，有学者甚至是史学工作者认为，将现实中国与历史中国进行联系虽有价值，但由于历史的流变性，尤其在西方民族国家话语体系的影响下，中国历史上多民族或族群政权的存在，对现实中国的理解带来诸多难题，建议或可将二者进行"割裂"理解。这种认识虽然是为了今天国家建设的有序进行，但事实上只能成为一种假设理念或空想认知。这不仅缘于历史与现实之间的因果关系使二者不可"割裂"，而且中国历史发展的连续性远大于世界其他区域、国家或文明体系。许倬云就认为："在人类的历史上，中国这个个案，确实是相当特殊。欧洲有过希腊、罗马、教廷这几个大型的共同体，中东也有过伊斯兰的共同体，南亚有过印度共同体。但是，中国这个共同体，其延续之长久，而且一直有一个相当坚实的核心，

---

① 参见李大龙《"天下"视域下的"中国"与"边疆"——在"历史上的中国"讨论基础上的新思考》，《中央民族大学学报》2023 年第 4 期。

在同一个地区继长增高，其内容却不断地改变，不断地调适；凡此，都是上述另外那几个共同体不能同日而语的。"① 这些讨论，都表明了客观认识历史上中国统一多民族国家的形成、发展史所具有的重要学术与现实价值。

对历史的理解与叙述，乃至探讨的出发点或兴趣，不可避免受到现实世界需求、理解或认知的影响。在当下西方民族国家话语体系的影响下，各界对历史时期中国统一多民族国家形成、发展的复杂过程有着不同的认识和理解。对西方民族国家观念、民族概念的反思，对民族国家理论、民族与中国古代王朝政权及族类的比较分析研究等，历史学、民族学、政治学、社会学诸学科领域的学者都试图作出合理与深刻的阐述。例如，李大龙提出可采用传统的王朝国家到主权国家的视角来构建中国疆域形成与发展话语体系的探索，以此突破民族国家理论或话语的束缚。② 李怀印立足于"中国道路的独特性"这一判断，尝试构建"地缘、财政、认同"的分析框架来认识传统中国向现代中国的演变逻辑。③ 这些探讨表现了现实与历史之间的差异、矛盾，以及彼此之间存在的张力。

历史概念的描述或叙述，显然不应该是一种简单的追溯，而是理解和认识今天的一种反思性思考与审视。由于历史概念或历史叙述不能够完全阐述过往，也并不能完全表述今天的现实世界，甚至被一些学者视为"历史的负重"，一些关注现实的学科，基于现实社会发展的认识，以现实性的探讨为基调，简化甚至忽略历史因素的影响。诚然，历史不一定能够完全形塑今天，但要全面、深刻认识今天，断然

---

① 许倬云：《说中国：一个不断变化的复杂共同体》，"自序"第 1—2 页。
② 参见李大龙《中国疆域诠释视角：从王朝国家到主权国家》，《中国社会科学》2020 年第 7 期。
③ 参见李怀印《现代中国的形成：1600—1949》，广西师范大学出版社，2022 年，第 1—41 页。

脱离不了历史的视角与维度，离不开历史的叙述。历史概念与现实社会相互之间存在客观差别，但也有着巨大的张力。这是亘古已存的事实，而理性回归历史的现场去认识过去而深刻理解现在，是协调或平衡历史与现实的矛盾及张力不可回避的路径。古代中国的演变脉络难以与今天现实的中国一一对应，一些学者认为历史概念与现实社会存在区别或"悖离"，但在某种程度上，二者之间的区别乃至"悖离"及彼此间密切互动的共存联系，更深刻地催化了对历史上统一多民族国家认识理解的深入性、迫切性。

缘于现实社会的认知与历史事实、过程之间存在的区别，叙述与讨论历史中国的形成、发展，不能完全用今天分科化、精细化的知识概念去衡量或认识，需要一种综合性的理念或视野进行深入思考。换言之，要深刻认识及理解中国统一多民族国家形成、发展的复杂经纬，需要回到历史场景去寻求统合的根基。对历史中国的解析，既避免不了今天社会科学理论、话语与分科治学路径模式的影响，也要充分发挥传统中国重综合思考的治学思路与方式。赵汀阳曾言，"以民族定义国家能够表达一种明确的政治性质，而以文明去定义国家却难以表达同等明确的政治性质"，"中国区别于民族国家的理由必须是中国的政治概念或原则，即作为中国政治基因的天下概念及其'配天''无外'和'协和'等根本原则"。[①] 此语虽非针对中国传统治学理路与现代社会科学路径的专论，但其中隐含将二者综合运用的思维。一方面，现代社会环境与知识概念催化了对历史复杂性认识的探讨；另一方面，对现代社会科学理论与概念的准确理解与运用，又须深入历史的具体语境、理念中才能产生更充分的影响力。

---

① 赵汀阳：《惠此中国：作为一个神性概念的中国》，第 31—32 页。

（二）《统一史》在思想史层面的尝试与努力

对于学术界阐释"何以中国"时在上述理念与路径、历史与现实之间的思考，从思想史的维度来观察，《统一史》对此作出了贡献与努力。该书尝试以"大一统"理念来统合历史时期统一多民族国家形成、演变的逻辑，并以此来构建历史时期统一多民族国家形成的话语逻辑或体系。这一著作在构建"大一统"阐述的话语体系之时，非常注重三个方面的细致论证。

其一，重视在贯通视野下思考"大一统"理念及阐述历史中国演变的话语逻辑。统一多民族国家得以形成和发展的原因是什么？显然，对于文明从未中断的中国而言，仍需回到历史场景中认识。

《统一史》在开篇就强调："统一多民族国家中国有着悠久的历史，是生息繁衍在中华大地的众多民族，包括已经消失在历史长河中的民族共同缔造的。清代是多民族国家中国疆域的定型时期，而清朝的国家治理政策集中国历代王朝之大成，正确诠释清代统一多民族国家形成与发展的历史，对于今天铸牢中华民族共同体意识有着十分重要的现实意义。"[①]该书立足贯通视野，认识到历史中国存在统一与分裂时代的交织，称"我国作为一个多民族国家，并非自古以来就长期保持大一统的局面，而是经过统一与分裂的交替反复，最终形成的"。如何解释能够最终形成这一统一政治体的内在"引力"或内在逻辑，该书做了明确回答："中华大地上生息繁衍的众多民族及其所建政权，尤其是历代王朝对疆域'大一统'的持续追求是多民族国家中国得以形成和发展的重要原因。"[②]这一论述虽然简要，但内涵丰富。许倬云认为，在历史中国的发展中，"中国文化的内容与中国文化占有的空间

---

① 邢广程、李大龙主编《清代国家统一史》，中国社会科学出版社，2023年，第1页。
② 邢广程、李大龙主编《清代国家统一史》，第2、54页。

都不断变化"，即由以黄河流域为核心的"中国"一步步走向世界文化中的"中国"，在不同阶段都面临着"对别的人群及其缔造的文化"的接触与交换，在调整改变自身的同时影响对方，乃至于彼此整合为"一个新的'自己'"，新的"自己"又不断与"他者"互动而促进中国文化及地理空间不断成长与增大。同时，他强调中国文化有"内华夏、外诸夷的传统"。① 此论虽是从文化的视野阐述"中国"的交融、整合与互动，但牵引这种交融、整合与互动的线索，事实上是在"大一统"思想的引导下完成的，即中华大地上众多民族及其政权对统一的追求。因为追求并实践"大一统"理想是"中国历史的一个基本特点"，②《统一史》在论述中引用高翔的研究，强调清朝的大统一是数千年来中国社会历史趋势与历史演变的必然产物与必然结果。③蒙文通曾言："搞断代史不搞通史常常不易准确把握一代的特点。"④纵观该书论述的维度与具体内容的阐述，可以观察出该书虽然主要研究对象是清代国家统一历程，但注重从历史演进延续与发展的贯通视野中思考统一多民族国家形成与发展演变的内在规律与逻辑，从深处思考历史与现实的关联，既是构建统一多民族国家形成与发展的话语及理论逻辑的有益探索，也为深入认识清代统一国家的发展演变提供了准确的经纬。

其二，注重在具体历史场景中论析"大一统"理念的内核与时变性内容。吕思勉指出："人必有其所处之境，与其所处之境适宜则兴盛，不适宜则衰亡。"⑤此处之环境包括自然、社会及人文诸方面，在

---

① 许倬云：《万古江河：中国历史文化的转折与开展》，"序"第 3、5 页。
② 卜宪群：《谈我国历史上的"大一统"思想与国家治理》，《中国史研究》2018 年第 2 期。
③ 参见高翔《在历史的深处》，中国社会科学出版社，2012 年，第 55—56 页。
④ 蒙文通：《治学杂语》，罗志田主编《名家治史：方法与示范》，巴蜀书社，2022 年，第 45 页。
⑤ 吕思勉：《中国近代史》，中国画报出版社，2013 年，第 2 页。

某种程度上也就是通常所谓的时势，对人类社会发展的影响甚巨。蒙文通强调："任何思想总是时代的产物，是根据各时代的问题而提出的。时代一过，形势变了，这种思想便失去其意义，便消逝了。"① 钱穆也言："良以时代变则吾人所需历史之知识亦变。古来历史亦时时在变动改写之中。"② 显然，上引诸论虽各有侧重，但均表现了认知与时代变迁之密切关联。"大一统"思想作为先秦时期形成的影响历代统治者施政目标的重要理论，虽然有其一以贯之的内核，但在不同的历史环境下也有不同的表现。《统一史》对"大一统"思想的演变脉络做了细致而周详的阐述。

《统一史》以专节就传统"大一统"思想演变脉络及清代对此的继承与发展做了阐述。"'大一统'思想虽然形成于先秦时期的中原地区并为秦汉王朝所实践，但东晋之后为更多来自边疆地区的民族所继承和发展……进而分别为隋唐'大一统'和蒙古人建立的元朝实现'大一统'提供了思想和实践经验"，而在"大一统"思想的指导下，明朝"在实现中原地区'一统'的基础上也积极经略辽阔的边疆地区"，清朝则"集传统的'大一统'思想及实践之大成，不仅实现了中华大地的'大一统'，而且将多民族中国从传统王朝国家带到了近现代主权国家行列"。③ 这一对"大一统"思想演变及其对历史时期统一多民族国家形成、发展影响的论述，既系统阐明了"大一统"思想对统一多民族国家形成、发展的统合作用，又为深入理解清代这一边疆民族入主中原建立政权在统一多民族国家形成、发展中的重要作用提供了理论逻辑。

其三，强调从"大一统"视角来统合全书的写作，在"大一统"

---

① 蒙文通：《治学杂语》，罗志田主编《名家治史：方法与示范》，第 32 页。
② 钱穆：《评夏曾佑〈中国古代史〉》，桑兵等编《近代中国学术批评》，第 136 页。
③ 邢广程、李大龙主编《清代国家统一史》，第 54 页。

视野下阐述清代国家的聚合历程。1937年，童书业在评价缪凤林所著《中国通史纲要》时曾言："要历史常识的普及，必定先要有良好的通史读本，因为汗牛充栋的二十五史，我们生在现代的人，不要说贯通了，就是翻一遍也不容易；非要有完备的通史，才得借为捷径。"①其实，就一具体朝代，我们仍需要虽不同于一般通史，但能从某一角度做到贯通，展现其整体轮廓与过程的读本。在当前中国史学研究日益深化，清史探讨更加深入的学术氛围中，如何传承发展清史研究并取得进展及突破，显然是一个值得深入思考的议题。《统一史》作出了自己的研究探索。作者认识到我国学术界关于清史的研究已取得丰硕成果，但观察到现有研究成果多从断代史或通史的视角进行阐述，而"鲜有从国家统一的角度对清代多民族国家形成与发展的历史进行总结，而对近代大片领土丧失的高度关注以及国外学者对清朝历史肆意解读，更是影响了对清代国家统一历史的全面认识"，因此，"客观阐述清代国家统一史及其在多民族国家中国形成与发展中的贡献已迫在眉睫"。②基于这一学术关注点，该书以"大一统"视野为经，以清代统一国家的复杂艰巨历程为纬，"从时间维度展示清代多民族国家实现、巩固和维护统一的历程"，③又从空间上分区域论述了清代经略边疆实践，较系统地表现这一发展脉络的整体面相。既清晰呈现了清代国家的聚合历程，又深化了对统一多民族国家形成与发展历史的认识。

　　《统一史》这些认识与研究思考，不论是在视角与方法上，还是具体的写作架构与叙述中，都表现了该书尝试从思想史深度构建、阐释中国统一多民族国家形成、发展历程话语体系或逻辑的努力。这不仅

---

①　童书业：《读缪著〈中国通史纲要〉第一册》，桑兵等编《近代中国学术批评》，第148页。
②　邢广程、李大龙主编《清代国家统一史》，第1页。
③　邢广程、李大龙主编《清代国家统一史》，第100页。

对深化清朝统一多民族国家的形成、发展的研究具有价值，也会对建设边疆研究的"三大体系"产生积极作用。

二　实践层面的纵、横结合

讨论中国统一多民族国家的形成、发展历程，离不开历史上中华大地各民族的实践。思想或哲学层面对"何以中国"的思考或认识，在某种程度上牵引着实践如何"运行"。然而，实践的反复性、复杂性也对思想层面提出了新的要求与挑战。赵汀阳认为，"大一统的信念固然有其吸引力，但终究还需具有决定性作用的客观动力和运作模式，方能化为实在。所以，仅有大一统的信念恐怕仍然不足以解释中国存在的连续性和凝聚性，其中必定存在某种势不可挡的客观动力，这正是需要分析的问题"。[1] 要深刻理解清朝统一多民族国家的形成和发展，也不能仅停留在思想层面的认识，更必须重视实践层面的探讨。《统一史》对此有着清晰的认识，强调"起于黑水白山间的满洲继承了'大一统'思想，冲破了'华夷之辨'的桎梏，历经康雍乾三朝，至乾隆中叶平定新疆南北两路，完成了国家的统一"。[2] 此语虽短，但其中蕴含了清朝统一多民族王朝国家发展的复杂、艰辛历程。

中国统一多民族国家的形成与发展，经历了长期而复杂的历史演变进程，是历朝历代努力经营与开拓的结果与收获。对这一实践历程的深入认识，既是深刻理解统一多民族国家形成、发展的内在要求，也是阐释统一多民族国家形成、发展话语逻辑的自然要求。《统一史》一书从实践维度对清朝统一历程的系统、深入论述，推进并深化了对统一多民族国家形成、发展实践复杂性、艰难性、多元性的认识。其

---

[1]　赵汀阳：《惠此中国：作为一个神性概念的中国》，第25—26页。

[2]　邢广程、李大龙主编《清代国家统一史》，第2页。

突出之要点表现在以下方面。

首先，对清朝统一实践历程的宏观论述具有鲜明的学术导向，有利于拨开迷雾，树立正确的史观。如何认识清朝，近年来在学术界产生了讨论。清朝作为中国王朝谱系中的重要朝代，是中国统一多民族国家发展历程中的关键时期，是理解和认识中国历史不可回避的重要时期。但近年来，国内外学术界对此产生了一些不同的认识。新中国成立以来，国内学术界虽然在清朝具体史实、史事、人物评价研究等方面有不同的认识维度，但对清朝整体性的理解没有产生太大的分歧，普遍视清朝为统一多民族国家王朝谱系中的一个断代。但 20 世纪 90 年代中期以后，由于美国"新清史"研究视角及思路不断传播，如何认识清朝成为学术界讨论的热点议题之一。定宜庄认为，美国的"新清史"研究有三个特点："第一是将清朝史置于世界历史亦即全球史的范畴之内；第二是满洲特点；第三是强调以本民族语言亦即满语研究清史。"其中，国内学者"最关注的是第二个问题，里面又关注满族是否汉化问题"。同时，她还强调，从全球史来观察清朝史是美国"新清史"研究领域中最重要的特点，但为国内学者所忽略，对第二个特点的研究关注最多。[1]国内学者在对"新清史"第二个特点的研究的关注中，对"新清史"的研究取向产生了质疑和讨论。例如，李治亭认为提出"新清史"的美国学者是站在帝国主义立场看待中国历史，把传统中国看作"帝国"，把清朝视为"清朝帝国主义"，认为"新清史"并无创新。[2]钟焓梳理了"新清史"的理论背景及主要观点，认为其主

---

[1] 《〈从全球史的视野看清朝〉学术讲座主要内容》，中国社会科学院古代史研究所网站"学术研究"栏目 2014 年 7 月 8 日（http://lishisuo.cass.cn/xsyj/qs/201407/t20140708_1794121.shtml），访问日期：2023 年 10 月 3 日。

[2] 参见李治亭《"新清史"："新帝国主义"史学标本》，《中国社会科学报》2015 年 4 月 20 日，第 B02 版。

要着力点是学术"话语建构"。① 刘文鹏强调，学术需要交流和批判并行，"新清史"关注少数民族认同，"重视他们在清代中国历史中的主体地位，有利于我们破除某些'汉族中心主义'的不良影响"；同时，提出的内亚概念，"以全球化的和立体观念揭示中国边疆民族对中国历史和世界历史的推动作用，开拓了我们的史学视野"；并且，多语种材料的运用也丰富了史料来源的多元化。不过，"新清史"也有其严重缺陷，"如果以这样的理论框架来理解中国历史，会走入另外一种困境"，需要以"一种批判的精神来对待，不能回避"。② 针对"新清史"研究产生的迷雾，《统一史》观察到，虽然史学界关于清代史的研究成果丰硕，但"新清史"观点在国际国内学界的传播并产生影响力，加之"研究的碎片化和在'民族国家'视阈下传统的历代王朝话语体系存在的漏洞"，为"肆意歪曲清朝历史乃至中国历史所谓'学说'的流传提供了有利条件"，甚至出现"否认清朝而承认明朝为'中国正统'的观念"。③ 在这样的学术关怀与视野下，该书在结合当前国内外学术界的研究视角与讨论的基础上对清代统一国家历程的叙述，有利于厘清当前清史研究的一些争论点、模糊点乃至错误认识。

该书强调满洲继承的是中国传统的"大一统"思想，实现国家统一的历程"应自入关前计起"。统一过程主要经历了两个阶段。一是入关前，努尔哈赤、皇太极父子先统一女真诸部，又通过结盟、联姻及军事手段先后降服漠南蒙古诸部，并与喀尔喀部、和硕特部建立政治或宗教联系。于是，"女真建立的后金政权已经实现了局部的统一，为定鼎中原，统一中华大地奠定了基础"。二是入关明清鼎革后，清

---

① 参见唐红丽《"新清史"学派的着力点在于话语构建——访中央民族大学历史文化学院副教授钟焓》，《中国社会科学报》2015 年 5 月 6 日，第 A04 版。

② 刘凤云、刘文鹏编《清朝的国家认同——"新清史"研究与争鸣》，中国人民大学出版社，2010 年，"后记"第 431 页。

③ 邢广程、李大龙主编《清代国家统一史》，第 35、37 页。

朝作为中国历史上的正统王朝，"接续传统"并秉承"既得中原，势当混一"的方针，康熙朝统一蒙古喀尔喀部、西藏、台湾，雍正朝强化对西南地区的管理，乾隆朝解决准噶尔割据政权、平定大小和卓之乱，统一西北地区。这样，"统一多民族的清朝，面对多元的边疆格局，因地制宜，因俗而制，实施了一系列有效的统治举措"，有效实现并"维系了清朝'大一统'政治格局"。书中重点指出，"清朝的'中国王朝'定位是毋庸置疑的"，它不仅实现了国家的统一，将管辖范围在历朝的基础上进一步拓展，更通过各种举措"巩固着国家的统一"。[①] 这些论述不仅在学理上推动正确史观的树立，而且从实践上深化了清史的研究，可谓拨云见日，去除迷惑，寻得真相。

其次，重视对清朝经营边疆区域的纵向系统研究与横向分区域阐述的有机结合。在中国长期的历史演变中，形成了各民族交互杂居的格局，但中原地区以华夏族群（或汉人族群）为主，其他族群主要居住于边疆地区。李怀印在探讨 17 世纪以来中国的国家转型时认为，国家转型过程包含了三组关系：一是汉人与其他族群的关系，二是中国和外国的关系，三是中央与地方的关系。清朝将"'中国'的有效治理范围"扩大，从明代的两京十三省延伸至"满人、蒙古人、中亚穆斯林、藏人以及其他非汉人所居住的亚洲内陆各个边疆"，国家战略上转变为"以满洲和大漠以南的蒙古族聚居区为核心、以内地省份为腹地、靠边疆提供防卫保障的新格局"。[②] 这一论述的各项重要内容都关涉边疆治理，由此也说明在清代统一多民族王朝国家的发展过程中，经略或经营好边疆在其中发挥着重要作用。《统一史》从开发与经略边疆的思路入手，从纵与横结合的维度，对清朝的边疆经略作了深入论述。

纵向上，该书以国家统一为核心主旨，统领全篇，对清朝统一边

---

① 邢广程、李大龙主编《清代国家统一史》，第 2—3、37 页。
② 李怀印：《现代中国的形成：1600—1949》，第 11—12 页。

疆和经略边疆的历程进行了较系统的阐述。在统一边疆的论述中，强调顺治朝的军事行动虽然消除了当时中原地区威胁清朝实现"大一统"的主要势力，但并未彻底消除影响统一的各种力量，"特别是西南、台湾、新疆、西藏、外蒙古等边疆地区仍存在不小的隐患。随后的康熙、雍正、乾隆三朝均为此付出了巨大的努力"，最终不仅维护了顺治朝中原一统的成果，而且进一步拓展了管辖范围，完成了"大一统"目标。① 书中对边疆开发作了重点阐述，提出清朝的边疆开发分为三个阶段：第一阶段是康雍乾时期，这是逐步开发、有限开发、渐进开发的过程，主要目的在于对边疆地区设治及满足边疆地区人民生活的需要；第二阶段是嘉庆至同治时期，主要表现出开发在"守旧与倒退"之间的徘徊；第三阶段为光绪至清朝灭亡时期，主要表现为"全方位的开发趋势"。② 横向上，对清朝的边疆经略分区域进行了深入阐述，该书第五、六、七、八、九、十、十一章，分别对清代经略东北边疆、蒙古地区、新疆、西藏、西南边疆、海疆、台湾的政治、军事、经济、文化等政策实践进行了论述。这样纵、横维度的有机结合，既全面呈现了清朝统一国家的脉络与谱系，又细致展现了经略边疆的复杂性、特殊性、重要性。

最后，重视对清朝疆域变迁的阐述。"东亚大陆开阔的地理空间为中国古人提供广阔的视野"，促使"其思维呈现无限的延伸"，形成了普天之下的"天下"空间概念；政治上，在"大一统"思想的影响下，形成了"王者无外"的政治理念，国际秩序观念则形成了"以中国为中心、没有边界的'天下秩序'"。③ 在这种理念或认知形态中，历史上中国传统王朝国家的疆域虽然广阔，但又长期处于一种"有疆无界"

① 参见邢广程、李大龙主编《清代国家统一史》，第110页。
② 邢广程、李大龙主编《清代国家统一史》，第435页。
③ 赵现海：《明代的王朝国家之路》，社会科学文献出版社，2022年，"导言"第13—14页。

的模糊形态。作为中国历史上最后一个王朝国家的清朝，其统一历程
及经略边疆的实践，使中国疆域"实现了由传统王朝国家疆土的'有
疆无界'向现代主权国家领土的'有疆有界'转变"。《统一史》针对
国外学术界认为清朝疆域仅系"开拓边疆"而形成的这一片面认识，
提出清朝疆域是在"继承、发展先秦以来中国历代王朝疆域基础上的
'自然凝聚'，历代王朝的疆域是清前期中国疆域形成与发展的历史基
础"。① 这一论断与阐述的重要意义，在于回应学术界尤其是国外学术
界对清朝国家统一历程的误解乃至错误认识。

　　同时，该书还对近代列强侵略我国边疆和中华各民族共同缔造中
国疆域、共同维护国家统一的过程进行了阐述，对深入认识统一多民
族国家疆域形成的艰巨性有着重要价值。早在民国时期，顾颉刚、史
念海就指出："近年以来，强邻虎视，欲得我地而甘心，乃谓满、蒙非
我旧土，不知汉之辽东、玄菟，实当今辽宁诸地……原强邻侵略之野
心，固当抹煞事实，而国人亦多数典忘祖，随声附和，岂不谬哉！"②
此论虽是在近代中国贫弱时期所言，有其特定的历史场景与历史内涵，
但今读之而思索《统一史》中论述清代疆域的形成，更彰显了该书的
学术价值与现实意义。

三　制度层面的多维解析与历史经验的深刻评析

（一）维护清代国家统一的制度解析

　　统一多民族国家形成、发展的复杂历程，既脱离不了思想目标的
追寻，也是历代王朝统治的实践，而这一目标的实现与实践的完善离
不开制度的设计与保障。早在三代之前的陶寺文化中，就表现出"礼"

---

① 邢广程、李大龙主编《清代国家统一史》，第213、216页。
② 顾颉刚、史念海：《中国疆域沿革史》，商务印书馆，2015年，第7页。

的制度，此后发展为三代礼乐制度的雏形，也是"中国之所以成为中国的文明精髓所在"。所谓礼制，即"等级名分制度，用以确定上下、尊卑、亲疏、长幼之间的隶属服从关系"。陶寺文化之后，河南的二里头（洛阳偃师）、二里岗（郑州）、殷墟文化（安阳）进一步发挥了礼乐的内涵，使之成为"一波一波华夏文明潮的策源地"。[①] 这一考古学研究观察的是中国传统文化核心及源头的礼乐制度，虽不表现制度的全部面相与内容，但从中可窥见制度在人类社会发展史上发挥了不可替代的重要功能。吕思勉认为，制度"旧时多就政治方面言"。[②] 换言之，政治制度在国家治理中发挥着关键性功能。有研究者认为它是人类社会发展到一定阶段的产物，"具有一种表面上凌驾于社会之上的力量。它从社会中产生，但又自居于社会之上"。[③] 清朝统一多民族国家的形成与巩固离不开制度的保障，《统一史》对此有着较深刻的解析。

首先，分析了清朝制度的特点与功能。该书观察到"大一统"是清朝政治的根本原则及特色所在，但"统"与"治"因为"实施的层面不同，内涵自有区别"：就国内政治体制而论，"'统'是不可动摇的前提；'治'的层面可以有多元形态"。[④] 显然，这一辩证性的论断既是清朝制度的客观性解析，也是作者的精心总结；既观照了全书"大一统"的理念内核，又横向上表现了内地与边疆、集权与分权的书写逻辑，也客观表现了清朝统一多民族国家形成、发展的制度逻辑。

其次，对清朝国家统一制度的架构进行了多维度解析。制度是基于一定原则制定的以保障目标实现的规则，清朝实现了国家的统一，

---

① 许宏：《何以中国：公元前 2000 年的中原图景》，第 10、21—22 页。
② 吕思勉：《中国近代史》，第 3 页。
③ 白钢主编《中国政治制度史》，天津人民出版社、新西兰霍兰德出版有限公司，1991 年，第 1 页。
④ 邢广程、李大龙主编《清代国家统一史》，第 304 页。

也需要一定的制度以保障国家统一的长期性、稳定性、牢固性。《统一史》认识到"满族统治者凭借很少的人口要长期统治幅员辽阔、民族众多、人口规模庞大且历史文化悠久发达的大国，维持国家统一和长治久安，势必要在政权结构、政治权力分享、对外体制、内部民族关系协调、区域治理及国内政治、经济、文化各类资源整合上进行合理完善的制度设计，同时依据国情的变化调整和纠错"，于是从行政管理制度、军事驻防制度、多层级法律制度、灵活的宗教管理制度等不同维度，较全面解析了清朝统一国家的制度架构，分别阐述了这些制度的机制与功效，认为这些制度性因素是清朝能够长期维持统一多民族国家不被分裂的重要保障，"是值得研究的历史遗产"。① 显然，这不仅是一个学术性的探讨，也是针对学术界研究现状的一个阶段性总结，同时说明了制度史研究的重要性。

（二）清代国家统一历程的经验教训

清朝是统一多民族国家形成、发展及转型的关键时期，其成败得失的经验性内容具有历史与现实的双重重要价值。习近平总书记在致中国历史研究院成立的贺信中强调："新时代坚持和发展中国特色社会主义，更加需要系统研究中国历史和文化，更加需要深刻把握人类发展历史规律，在对历史的深入思考中汲取智慧、走向未来。"② 这一重要的学术研究导向，也是《统一史》追求的重要目标。

清朝作为历史上中国统一多民族国家形成、发展的最后一个王朝，是由传统农业生产形态向近代工业形态转型的王朝时代，也是经历千年未有之大变局的王朝，对其实现、巩固和维护国家统一的功效进行

---

① 邢广程、李大龙主编《清代国家统一史》，第 433—434 页。
② 《总结历史经验揭示历史规律把握历史趋势　加快构建中国特色历史学学科体系学术体系话语体系》，《人民日报》2019 年 1 月 4 日，第 1 版。

客观的评价及其内在逻辑进行总结，显然具有重要意义。《统一史》在这方面表现突出。

其一，全面审视清朝的重要性和特殊性，明确认识到总结清朝"实现、巩固和维护国家'大一统'过程中的治理经验与教训，对于当今统一多民族国家治理体系和治理能力现代化依然有着非同一般的重要借鉴意义"。① 因为有了这样的学术关怀，不论是思想史维度的统领性阐述，还是实践层面对统一历程的系统论析，以及制度层面的多维度解析，该书都在各部分的相关论述中进行了扼要的规律性、经验性总结。

其二，从清代国家治理经验和教训的双向维度，对清代实现、巩固和维护国家统一过程中的成功经验和失败教训进行了全面总结。《统一史》的研究认为，清代国家治理的成功之处在于：一是继承和实践传统"大一统"思想，让"'大一统'的国家认同意识深入人心"；二是在继承历代经营的基础上将中国疆域由传统王朝国家形态带入近现代主权国家行列，使"中华民族的'家园'得以最终底定"；三是积极实践"大一统"传统思想，力求治理体系"一体化"，"为多民族国家的稳定和发展提供了有力保障"；四是努力弥合族群冲突，以此"促成了国民（中华民族）的形成与发展"。在失败教训方面，该书不仅在清代经略边疆各章的论述中分别进行了评析，最后还从宏观层面进行了总结，认为清代经略边疆的共性问题表现在：一是传统思想的固守难以适应新形势的变化；二是边疆实行"封禁"与"重镇抚"而轻"开发"的治理思维；三是治理能力弱化导致无法有效应对晚清变局中爆发的边疆危机。② 有学者就强调，广阔的疆域、多族群的人口、多元文化的并存，一方面使王朝国家具备了近现代国家所不具备的优

---

① 邢广程、李大龙主编《清代国家统一史》，第 1229 页。
② 参见邢广程、李大龙主编《清代国家统一史》，第 1128—1269 页。

势，另一方面也使王朝国家治理的难度远超近现代国家。①而清朝正处于王朝国家与近现代国家的交织点，对其国家治理成败得失的系统总结，无疑可为今天多民族国家的稳定与发展提供镜鉴。

结　语

当然，由于《统一史》立意的宏大，以及研究对象、内容的复杂性等主客观因素的影响，该书仍然存在一些可进一步深入阐述的薄弱环节。具体而言，主要表现在以下方面。一是该书尝试构建阐述统一多民族国家形成、发展的话语体系或逻辑，提出了清朝继承并发展"大一统"思想、近现代主权国家概念、"臣民"社会向"国民"社会转型等观点及内容，但这些观点与内容的互动阐释仍需深化与提升，以辨清彼此之间的逻辑关联。二是该书对清朝统治的演进历程按照实现、巩固和维护统一三个阶段进行时期划分，表现了创新性，但这一视角偏重对清朝政治、军事维度的考察，若能将之与清朝的文化、思想及经济变迁等有机结合，则相关论述会更加完善。三是在对清代前期及后期的相关论述中，对清代后期尤其是晚清史的复杂性、巨变性等内容的分析与讨论不够充分，从国家史、全球史的视野思考清代统一历程的相关阐述仍有较大的深入空间。

总之，构建具有中国特色、中国风格、中国气派的边疆研究学科体系、学术体系和话语体系，是近年来学术界努力的重要目标。《统一史》的书写，就是这一目标的有益尝试。该书有明确的书写意图，观察到目前学术界对中国疆域形成与发展的理论、边疆政权在中国疆域形成中的作用等探讨中，还没有形成一个"自圆其说的学理性解答"

---

① 参见赵现海《明代的王朝国家之路》，第 23 页。

或"合理的学理解释";一些不正确观点的流行,解构着"中国传统
以王朝为系列构建的话语体系",也制约着"中国边疆乃至整个中国
历史话语体系的构建",提出"话语体系的建构现在迫切需要的是理
论和方法的创新"。[①]于是,《统一史》明确确立"东亚历史上有自己
独特的源自于中国中原地区农耕人群的世界观"[②]的书写理念,以国家
统一史为研究视角,以"大一统"思想为哲学层面的统领,对清代统
一的实践历程和制度构架进行了较系统和全面的剖析,尝试构建"符
合中国历史发展实际的清代国家统一史话语体系"。这是从"中国传
统和本土出发构建清代史研究"的"三大体系"的重要努力。[③]显然,
该书关于构建一种符合学术内在要求和现实需求的阐述中国统一多民
族国家形成、发展话语逻辑或体系的努力,虽然不一定完善,但有利
于推进边疆研究及清史研究的"三大体系"建设,也是在这方面取得
实际成效的表现。要特别指出的是,构建具有中国特色的阐述历史上
统一多民族国家形成、发展的话语体系是一个复杂而艰巨的过程,难
以一蹴而就,需要学术界的不断努力与持续探索。

（原刊《中国边疆史地研究》2023 年第 4 期）

---

① 邢广程、李大龙主编《清代国家统一史》,第 39 页。
② 邢广程、李大龙主编《清代国家统一史》,第 1228 页。
③ 参见邢广程、李大龙主编《清代国家统一史》,第 35、37 页。

浅谈如何认知中华文明的统一性

严　庆*

习近平总书记指出："中华文明具有突出的统一性，从根本上决定了中华民族各民族文化融为一体、即使遭遇重大挫折也牢固凝聚，决定了国土不可分、国家不可乱、民族不可散、文明不可断的共同信念，决定了国家统一永远是中国核心利益的核心，决定了一个坚强统一的国家是各族人民的命运所系。"[①] 这段阐述既包含了中华文明统一性的内涵，也指出了中华文明统一的功能。统一性是中华文明的突出特性之一，这一特性赋予了中华文化坚韧的品质和一体化的构成，决定了中国人追求团结内聚的信念、捍卫国家统一的气节，也内在地决定了各民族与国家共命运的选择。中华文明统一性意味着对中华文化内在多样性的包容，也是对中华民族共同体发展趋势的规约。中华文明统一性是理解中华民族多元一体格局的内部决定性因素和中华民族团结发展持久内生动力的一把钥匙。

统一性既体现为结构上的整全，也体现为实质上的一致。亚里士多德指出：结构上的统一性就是，如果结构中任何一个部分缺失或移位，整体就会松散和不稳定。如果一个部分的存在或缺失而并没有

---

*　严庆，中央民族大学中国民族理论与民族政策研究院教授。

①　《习近平在文化传承发展座谈会上强调　担负起新的文化使命　努力建设中华民族现代文明》，《人民日报》2023 年 6 月 3 日，第 1 版。

产生明显的不同，那么它就不是整个有机体的一部分。① 实质上的统一，是指形式或内容蕴含的属性的一致性。苏珊·赫尔利（Susan L. Hurley）认为，统一性体现了部分有机地联结构成了整体，即"统一性更像是把绳子的一股股条索拧到一起，每一根条索都显示了感觉和运动方面的连续性"。② 根据统一性的这些意涵，我们理解中华文明的统一性，可以包括对中华文化构成的整全性的理解、对不同文化形式所含实质（精神、价值、意义等）一致性的理解、对中华文化和中华文明内在有机性的理解。

作为中华文明的突出特性，统一性体现为各民族的文化、信念、利益、命运的一体性、一致性。从功能的意义上看，中华文明的统一，增强了中华民族文化的韧性与融聚，保障了疆域空间、国家格局、社会结构、文明构成的整全，维护了国家统一这一中国核心利益，决定了各民族归属、忠诚于同一国家，捍卫统一国家的命运抉择。我们可以从四个方面进一步深化对中华文明统一性的认知。

一 文化统一性：各民族文化因共含共有中华文明而成为一体

从文化与文明的关系上来看，文化作为"人"化与自然相对，文明一般与野蛮相对，文明是文化的精华；从时间维度看，文化的产生早于文明的产生，文明是文化发展到一定阶段而形成的。在空间范围上，文明可以涵盖多个文化类型或文化主体；在价值判断上，文明倾向于积极的、向上的，文化通常是中性的，文明都是"好文化"，但

---

① Aristotle, *The Poetics of Aristotle*, trans by S.H.Butcher, 2008-11-03, https://www.gutenberg.org/files/1974/1974-h/1974-h.htm, 2023-06-20.

② S.L.Hurley, *Consciousness in Action*, Cambridge, MA:Harvard University Press,1998, p.183.

文化可分为精华与糟粕。

依据文化与文明的关系机理，我们可以认识到中华文明因集聚、融汇了各民族文化的精华，从而具有了对各民族文化的整合作用，各民族文化也为中华文明贡献了各自的"文化营养"。中华文明能从更高的共同价值、共享的真善美意义上统领起各民族的文化，促进了各民族文化"好"的一体性，进而又促进各民族在文化表达中进一步凸显中华文明的价值与导向。文化形式可能存在一定的差别，但文明内涵却有一致性。比如，不同的民族语言、文字等文化形式可以表达和彰显共同的真善美。

没有包容则难以实现统一，包容文化差异、追求文明统一是价值，也是发展趋势。中华文明的统一性包含各民族文化和地域文化之间的特殊性。[①] 在古代文明时期，中华文化的一体性与中华文明的统一性就已存在。严文明指出，由于中原及周围文化区联系紧密，并且具有一定程度的统一性，所以在往后的历史发展中，不论哪个文化区占了主导地位，都能牢固地保持中国古代文明的特色。[②] 刘家和则认为，中国古代文明的统一性特点的形成，并非依靠它能排斥或者消除异己的因素，恰恰相反，完全依靠它能兼容并蓄，然后经过熔冶将不同的因素化为一个不断发展的新整体。[③] 文明就像文化的筋骨与灵魂，它生成、升华于文化，又赋予文化稳定性和坚韧性。

随着统一多民族国家的发展，国家的统合极大地促进了各民族之间的经济、政治和文化交流，增加了不同民族文化之间的共同性成分与要素，增进了各民族对中华文化的向心力和认同感，增强了中华民族的凝聚力、生命力和创造力，进一步促进了中华文明的统一性。

---

① 单霁翔：《民间文化遗产保护》，天津大学出版社，2015 年，第 233 页。
② 严文明：《中国史前文化的统一性与多样性》，《文物》1987 年第 3 期。
③ 刘家和：《古代中国与世界：一个古史研究者的思考》，武汉出版社，1995 年，第 497—500 页。

二 信念统一性：各民族因崇尚大一统信念而反对分隔与断裂

大一统，乃中国历史哲学的崇高概念，是中国人对于天地万物、宇宙时空、人类生命活动与文明活动的终极本质的精妙概括，[①] 亦是中华文明的核心要素。从词义上来看，作为形容词，"统一"意味着集中、团结、联合，具有浓郁的褒义指向，与分开、分散、分裂、分歧、分化、对立、散乱、割据相对；作为动词，意指使零散、分离的部分统合为一体。

信念体现为人们对确信的事物持有坚定不移的观念和坚决执行的态度。历史长河中的持久经历和真切体验使各族人民坚信：家园要合而不分，国家要稳而不乱，民族要聚而不散，文明要连而不断。从"一统"的角度看"统一"，统一既包括结构和格局组成上"横"的统一，也包括文化、文明存续与发展进程中"纵"的连贯。不间断的中华文明发挥长期形塑作用，既维护了同一时代结构层面（民族、国家、社会、文化等）的统一性，又将不同时代的结构"截面"统一性延续为时间维度（朝代更迭、历史演进中）的过程统一性。

三 利益统一性：国家一经形成，维护和促进国家统一便成为中国人的核心利益

在近代列强入侵中国之前，中国人的国家观就是天下观和中国观的结合，中国既是天下的重心（中心），也是唯一的国家，这也决定了在漫长的中国政治发展进程中，中国人心中的国家只有一个，家国

---

① 毛峰：《大一统文明：中国梦的文化诠释》，知识产权出版社，2014 年，第 3 页。

同理、家国同构，国家应该统一。姚大力指出，从天下中国观到统一王朝的国家认同意识（包括对北族王朝的认同意识在内），乃是中国多民族统一国家发育过程中长时期、持续性的历史记忆与经验，它深刻地影响现代中国人的国家观念和国家认同的形态。"例如现代中国人对中国的多民族构成和中国版图的见解，就与王朝国家的政治遗产，特别是清朝政治遗产有着极密切的历史联系。"① 也就是说，国家统一的合法性基于历史记忆和政治价值追求。

比较而言，西方国家观中的爱国，爱的是国度，是所在国度的政治权力机构（state）。中国人的爱国，爱的是祖国，是一个饱含情感色彩的地域、人口、文化、历史概念。王振海对于这一比较的研判是：西方的国（state）及其对应的同义词丝毫不包含"家"的意思，但对于中国人而言，丝毫不怀疑"国＝国家"的表达，这不是简单的文字组合上的巧合，而是一种最能体现中国人的国家观的政治概念。②

在中国国家共同体的缔结与发展进程中，以家国统一理念为内核的中华文明统一性具体转化为坚持不懈的政治整合，追求政治稳定。《全球通史》的作者、美国著名历史学家勒芬·斯塔夫罗斯·斯塔夫里阿诺斯（Leften Stavros Stavrianos）这样评价中华文明："与印度文明的不统一和间断相比，中国文明的特点是统一和连续。"③ 中华文明连续性和统一性的形成原因是多方面的，有空间因素、种族同质因素，但更为重要的是政治的稳定与统一。斯塔夫里阿诺斯认为，中国文明是"在任何时候都未产生过祭司阶级的伟大文明，具有独特的现世主义……因而，存在于欧亚其他文明中的教士与俗人之间、教会与国家

① 姚大力：《追寻"我们"的根源：中国历史上的民族与国家意识》，生活·读书·新知三联书店，2018年，第22页。
② 王振海：《公众政治论》，山东大学出版社，2005年，第70—71页。
③ 斯塔夫里阿诺斯：《全球通史：1500年以前的世界》上卷，吴象婴、梁赤民译，上海社会科学院出版社，1988年，第278页。

之间的巨大分裂，在中国是不存在的……中国人的经典都强调人在社会中的生活，尤其是强调家庭成员之间、国王与臣属之间的关系。这种对现世的强烈偏好为政治组织和政治稳定提供了一个坚固的、根本的基础"。① 也就是说，家国理念不同于神国理念，家国理念重视人际、人伦、人本，能促进社会稳定，进而有助于中国长期保持政治统一、文化统一、社会统一。欧亚其他文明中曾经经历的宗教与社会、宗教与国家之间的剧烈冲突在中国历史上未曾发生。

中国的民族国家（主权国家）认同是在近代国家面临灭亡或被列强肢解的危机形势下产生并发展起来的，自此中国人长期内视的家国一体、国家统一的利益观，开始外视国家之间的关系，即如何在面对其他国家侵扰、破坏时，保持国家统一、民族团结。国家统一是各民族的共同利益，体现了各族人民利益的统一性。国家统一是中国人、中国各族人民最为深切、最为普遍、最为核心，也最为一致的利益关切。

四　命运统一性：各族人民的命运与国家命运紧密地联结在一起

当今世界政治格局囊括了 200 多个国家和地区，绝大多数民族都依附于所属的国家，并得到国家的呵护。关于民族与国家的关系，埃里克·霍布斯鲍姆（Eric Hobsbawm）有过这样的描述："'民族'概念脱离了'民族国家'这个实体，就会像软体动物被从其硬壳中扯出来一样，立刻变得歪歪斜斜、软软绵绵。"② 无论过去还是现在，个人、小群体都难以高效获取生产生活所需要的资源与机遇，也都难以获得来源于有效公共治理的安全保障。进入国家时代，国家机器的运行使

---

① 斯塔夫里阿诺斯：《全球通史：1500 年以前的世界》上卷，第 278—279 页。
② 霍布斯鲍姆：《民族与民族主义》，李金梅译，上海人民出版社，2006 年，第 182 页。

人们获取了诸多公共产品，诸如国防安全、社会秩序、司法服务、公共卫生、公共文化、环境保护、义务教育、基础设施、社会保障和社会救济等。可以说，进入国家时代，尤其是进入社会主义国家时代以后，公民个人和各民族的生产生活成本，因能够获取国家公共服务而大大降低。2012年，在参观《复兴之路》展览时，习近平总书记指出："历史告诉我们，每个人的前途命运都与国家和民族的前途命运紧密相连。国家好，民族好，大家才会好。"①

中华文明的统一性是贯穿于中华民族发展史的，是贯穿于中华民族的国家建设历史的。2019年习近平总书记指出：一部中国史，就是一部各民族交融汇聚成多元一体中华民族的历史，就是各民族共同缔造、发展、巩固统一的伟大祖国的历史。我们辽阔的疆域是各民族共同开拓的，我们悠久的历史是各民族共同书写的，我们灿烂的文化是各民族共同创造的，我们伟大的精神是各民族共同培育的。②"四个共同"体现了中华民族家园、历史、文化、精神上的统一性，这既是中华文明统一性的彰显，也是中华文明统一性的生发路径与结果。

强调中华文明的统一性，对于中华民族的发展以及中国国家建设产生了重要的规约作用。一方面，中华文明规约、形塑了中华民族这一人们共同体的内在结构的整全性、有机性；另一方面，中华文明规约、形塑了中华民族所选择的政治制度、国家政体的单一制、整合性。在长期的历史发展进程中，共同体内在结构的统一性与共同体治理的统一性相互促进，进一步巩固了中华民族命运共同体的走向。

总之，我们认知和把握中华民族文明的连续性、创新性、统一性、包容性、和平性，既要有所侧重、深度理解，又要彼此兼顾、协同理

---

① 《习近平在参观〈复兴之路〉展览时强调　承前启后　继往开来　继续朝着中华民族伟大复兴目标奋勇前进》，《光明日报》2012年11月30日，第1版。

② 习近平：《在全国民族团结进步表彰大会上的讲话》，《人民日报》2019年9月28日，第2版。

解。中华文明的突出特性是由中华优秀传统文化中的很多重要元素共同塑造的，中华文明的统一性是由和合文化、贵"和"尚"中"、六合同风、四海一家等文化要素综合塑造而成的。因此，我们还要从文化形式、文化内容、文化类型的角度理解文明，尤其要深入对各民族优秀传统文化的研究，厘定特色，找准共性。中华优秀传统文化本身就是中华文明的重要组成部分。"中华文明博大精深、源远流长，是由各民族优秀文化百川汇流而成。"[1] 我们还要从文明的源头挖掘统一性，厘清统一性由何而来，怎样生长，如何影响文化发展，如何规约中华民族的发展方向。"要把中华文明起源研究同中华文明特质和形态等重大问题研究紧密结合起来，深入研究阐释中华文明起源所昭示的中华民族共同体发展路向和中华民族多元一体演进格局，研究阐释中华文明讲仁爱、重民本、守诚信、崇正义、尚和合、求大同的精神特质和发展形态，阐明中国道路的深厚文化底蕴。"[2]

中华民族处于新的发展起点，既有的中华文化、中华文明也必将随着中国式现代化建设而丰富发展，并对现代化建设产生影响。同时，中国式现代化建设本身也是新的文化创造与文明书写。不断增强的现代性将促进中华文化的繁荣，并赋予中华文化鲜明的时代特征，文化繁荣也必将推进中华民族的现代文明建设。

（原刊《中央民族大学学报》2023 年第 4 期）

---

① 《完整准确贯彻新时代党的治疆方略　建设团结和谐繁荣富裕文明进步安居乐业生态良好的美好新疆》，《光明日报》2022 年 7 月 16 日，第 1 版。

② 《习近平在中共中央政治局第三十九次集体学习时强调　把中国文明历史研究引向深入　推动增强历史自觉坚定文化自信》，《人民日报》2022 年 5 月 29 日，第 1 版。

中华文明的"统一性"
——以清代"大一统"为中心的考察

吕文利*

2023 年 6 月 2 日，习近平出席文化传承发展座谈会并发表重要讲话，深刻阐释了中华文明的五个突出特性，即突出的连续性、突出的创新性、突出的统一性、突出的包容性和突出的和平性。习近平指出，"中华文明具有突出的统一性，从根本上决定了中华民族各民族文化融为一体、即使遭遇重大挫折也牢固凝聚，决定了国土不可分、国家不可乱、民族不可散、文明不可断的共同信念，决定了国家统一永远是中国核心利益的核心，决定了一个坚强统一的国家是各族人民的命运所系"。[1] 这一重要论述，"深刻揭示了中华文明突出统一性对于中华民族发展的重大意义"，[2] 是在对中国历史经验进行深刻总结基础上的高度凝练，极其鲜明地指出了实现、巩固和维护国家统一的极端重要性。

"大一统"是中国传统思想史上的重要概念和核心议题。历朝历代都力图实现政治一统、经济一统和文化一统，正是历史上这种对"大一统"前后相继的不断强调和实践探索，使中华大地上各个不同民族的文化在漫长的历史演进中逐渐融为一体，即使遭遇重大挫折也牢固

---

* 吕文利，中国社会科学院（中国历史研究院）中国边疆研究所研究员。

[1] 《习近平在文化传承发展座谈会上强调 担负起新的文化使命 努力建设中华民族现代文明》，《人民日报》2023 年 6 月 3 日，第 1 版。

[2] 邢广程：《深刻理解中华文明突出的统一性》，《人民日报》2023 年 7 月 31 日，第 9 版。

凝聚。清朝作为中国最后一个传统王朝，其实现、巩固、维护"大一统"的过程是中华文明突出的统一性的具体展开，具有丰富的实践内容和鲜明的时代特征。近年来，学术界对"大一统"尤其是清代"大一统"的研究成果颇为丰富，[①] 其中以杨念群、邢广程等人的著作较具代表性。[②] 本文拟在已有研究的基础上，从清代"大一统"的三个维度，即政治一统、经济一统、文化一统来探讨中华文明的"统一性"在清代的展开，分析和研究清代中国边疆治理的历史经验。

一 "大一统"是中国历史发展的核心内容

"大一统"一词，内涵丰富、意义久远，最早出现于《春秋公羊传》。《春秋》首书"元年，春，王，正月"。《公羊传》解释称："元年者何？君之始年也。春者何？岁之始也。王者孰谓？谓文王也。曷为先言王而后言正月？王正月也。何言乎王正月？大一统也。"东汉学者何休注曰："统者，始也，总系之辞。夫王者始受命改制，布政施教于天下，自公侯至于庶人，自山川至于草木昆虫，莫不一一系于正月，故云政教之始。"[③] 此处何休将"统"解释为时间意义上的"始"，即王者首先要改正朔，如夏以建寅之月为正，商以建丑之月为正，周以建子之月为正，然后"布政施教于天下"，如此"自公侯至于庶人，自山川至于草木昆虫，莫不一一系于正月"，即奉正朔，此为"大一统"。

---

① 刘正寅：《"大一统"思想与中国古代疆域的形成》，《中国边疆史地研究》2010 年第 2 期；李元晖、李大龙：《"大一统"思想的形成与实践——多民族国家中国疆域的形成和发展》，《西北民族大学学报》2016 年第 1 期；张一驰、刘凤云：《清代"大一统"政治文化的构建——以〈盛京通志〉的纂修与传播为例》，《中国人民大学学报》2018 年第 6 期；吕文利：《试论元明清〈一统志〉的思想内涵及纂修方式》，《中国地方志》2020 年第 4 期。

② 杨念群：《"天命"如何转移：清朝"大一统"观的形成与实践》，上海人民出版社，2022 年；邢广程、李大龙主编《清代国家统一史》，中国社会科学出版社，2023 年。

③ 何休：《春秋公羊传注疏》，上海古籍出版社，2014 年，第 12 页。

需要注意的是，此"大一统"的前提是疆域一统，是物质条件方面的一统，而非简单的观念一统，是可以"布政施教于天下"的具体空间范畴。

历代王朝统治者都将实现"大一统"作为治国施政的重要目标。中国作为一个统一的多民族国家，在漫长的历史发展演进过程中，虽然统一与分裂交替反复，但"大一统"作为历朝历代所追求的最高理想，始终是推动中国历史发展的重要动力。"大一统"思想作为中华优秀传统文化中极为重要的政治思想，在中国历史发展进程中，不仅被视为"天地之常经，古今之通义"，而且凝聚着中华民族共同的价值理念，使中华文明具有强大的凝聚力和向心力。高翔认为，"到明清时期，中原和边疆不但在政治上，而且在经济上和文化上出现了明显的一体化趋势，使国家统一不但成为政治的需要，而且成为经济和文化发展的必然。清朝的大统一，实际上是数千年中国社会历史趋势的必然产物，是中国历史演变的必然结果"。[1]

清朝疆域辽阔，基本奠定了现代中国统一多民族国家的版图，通过前后三次纂修《大清一统志》，清王朝将实现和巩固统一的过程完整记录下来，成为十分珍贵的历史资料。清朝注重对传统儒家思想中"华夷之辨"的驳斥，试图用"大一统"的空间评判价值体系来瓦解宋明以来以"华夷之辨"为代表的种族评判价值体系，[2]雍正皇帝曾亲自撰文曰："自古中国一统之世，幅员不能广远，其中有不向化者，则斥之为夷狄。……至于汉、唐、宋全盛之时，北狄、西戎世为边患，从未能臣服而有其地，是以有此疆彼界之分。自我朝入主中土，君临天下，并蒙古极边诸部落俱归版图，是中国之疆土开拓广远，乃中国臣

---

① 高翔:《在历史的深处》，中国社会科学出版社，2012年，第55—56页。
② 吕文利:《清廷的正统理论及文化建设》，《中国边疆史地研究》2010年第2期。

民之大幸，何得尚有华夷中外之分论哉！"[1] 这一观点重新诠释了"大一统"中空间"一统"的内涵，集中论证了"疆域合一而无内外之别是'大一统'的核心要义"，[2] 反映出清朝统治者对"大一统"的追求具有一定的自觉。

从国家治理过程中的施政实践来看，为实现更深层次的"大一统"，清朝在政治、经济、文化等多个方面追求"一统"。在政治上，突出表现为实现疆域统一和建立中央集权制国家；在经济上，突出表现为实现国内统一市场；在文化上，突出表现为变"一"为"和"，和而不同，儒释道三家合流。

二　政治一统：从宜从俗，统归于一

政治领域是国家治理的重心所在。清朝政治上的"大一统"首先表现在国土疆域上的"一统"，清朝疆域的形成历经了一个曲折而漫长的历史过程，是清代政治"大一统"实现的具体载体。早在入关前，努尔哈赤、皇太极就在逐渐统一女真诸部的基础上，通过结盟、联姻、敕封及军事等手段，使孔有德、耿仲明、尚可喜等相继归附，并降服了科尔沁、内喀尔喀五部、察哈尔等漠南蒙古诸部，因此清朝在入关前，就已经大体实现了对东北地区的统一。1644 年，李自成率军攻占北京，镇守山海关的明军统帅吴三桂向多尔衮求援，清军趁机整兵入关，逐鹿中原。入关后，清朝统治者秉承"既得中原，势将混一"[3] 的方针，持续推进政治上的"一统"。顺治朝通过一系列战争，清除了南明残余势力和农民起义军余部。康熙朝在平定"三藩之乱"之后，

---

[1]　中国社会科学院历史研究所清史研究室编《清史资料》第 4 辑，中华书局，1983 年，第 5 页。

[2]　杨念群：《"天命"如何转移：清朝"大一统"观的形成与实践》，第 129 页。

[3]　吴晗辑《朝鲜李朝实录中的中国史料》，中华书局，1980 年，第 3739 页。

又先后收复台湾，收服漠北蒙古喀尔喀部。雍正朝设立了驻藏大臣，又在西南地区推行"改土归流"，强化了对西藏和西南地区的管理。乾隆朝赢得了对准噶尔战争的最终胜利，勘定新疆，统一了天山南北地区。历经顺治、康熙、雍正、乾隆四朝，在1759年平定大小和卓之后，清朝形成了辽阔的疆域。

清朝统治者还通过加强中央集权来巩固皇权，试图实现政权管理上的"大一统"。一般认为，清朝建立了高效的中央集权制皇权，在没有相权掣肘的情况下，康熙帝建立了南书房，雍正帝建立了军机处，并通过这些措施削弱了内阁、议政王大臣会议等传统议事机构的权力，专制皇权进一步加强。但仔细分析就会发现，这些机构的设立，不仅加强了皇权，还大大提高了政府的治理效能，适应了人口规模巨大的大国治理的客观需要，起到了积极的历史作用。特别是军机处的设立，因其具有"简、速、密"三大特点，使之作为特殊衙门，能够有效提高清朝行政效率。雍正朝以降，军机处在清代的国家治理中发挥了中枢的重要作用，这对于管理人口规模巨大、拥有辽阔版图、通信手段落后而又族群边情复杂的大国治理而言，不仅行之有效，而且意义重大。美国学者白彬菊（Beatrice S. Bartlett）的研究也表明："军机处的崛起并没有支持迄今被认为是日益增长的18世纪皇帝专制统治，而是创立了一个能够有效地运行的政府。"①

尽管历代王朝都将"大一统"作为最高政治理想，但在如何巩固与维护"大一统"的具体举措方面则各有不同。清朝在实现疆域一统的基础上，进一步加强对边疆地区的治理。传统中国对边疆地区的治理一直遵循"因俗而治"的传统，先秦典籍《礼记·王制》中就曾提

---

① 白彬菊：《君主与大臣：清中期的军机处（1723—1820）》，董建中译，中国人民大学出版社，2017年，第336页。

出"修其教不易其俗，齐其政不易其宜"的治理主张，清朝尤其推崇这一思想，并将其贯彻到具体的治边措施中。

与现代不同，清代中国并无明确的"边疆"概念，"近现代以来通过条约确定了国际法意义上的国境线以后形成的'边疆''边疆地区'，在清代的绝大多数时段只是使用区域指称的地理意义为主的专名，如'东北''藩部''西域'（新疆）和'西南'这些名称"。① 边疆地区与内地在经济、文化等方面存在的巨大差异决定了清廷在全国范围内实施"行省"和"藩部"两大治理体系。在中央，清廷设置理藩院总管边疆民族地区事务，在地方机构的设置上则"从俗从宜"，设立盟旗制度、伯克制度，尊崇藏传佛教，并设将军、都统等军府制对各边疆地区实施有效管理，形成了一整套自上而下、灵活多元的边疆民族地区管理体制。

在蒙古地区，清朝在蒙古原有社会组织结构的基础上，结合满洲八旗制度进行了合理的制度创新，所建立的盟旗制度，不仅符合清廷"因俗而治""分而治之"的统治策略，而且大大节约了统治成本。在新疆地区，清朝札萨克制、伯克制、军府制和州县制兼用。其中，在哈密、吐鲁番实行札萨克制度，编旗设佐；在南疆地区，实行伯克制，清廷派遣至南疆各城的办事大臣、领队大臣虽为当地军政长官，但并不直接管理民政事务，各地田赋、教化、商贾、税务、治安、刑名等事务悉由伯克办理，伯克有 30 余种，其中阿奇木伯克，总理一城。又设伊犁将军，统辖天山南北军政事务。在北疆的巴里坤、乌鲁木齐等汉人聚集的地区，则实行州县制，与内地无异。清廷管理西藏地区，以尊崇藏传佛教为国策，乾隆皇帝曾云："盖中外黄教，总司以此二人（指达赖和班禅——引者注）。各部蒙古，一心归之。兴黄教，即所以

---

① 参见邢广程、李大龙主编《清代国家统一史》，第 336 页；吕文利：《何谓"边疆"——论中国"边疆"概念的三重空间》，《中央民族大学学报》2019 年第 4 期。

安众蒙古，所系非小，故不可不保护之。"① 这种"因俗而治"的统治策略，较好地处理了边疆地区宗教、民族等关系，实现了对相关地区的有效治理，完成了对"统而不治""羁縻而治"等传统治边思想的超越。"'统'是不可动摇的前提；'治'的层面可以有多元形态。这是清朝制度的最大特点。"②

需要指出的是，"因俗而治"只是实现"修其教不易其俗，齐其政不易其宜"的一个方面。另一方面，清朝还实施了"修教齐政"之策。如通过设置驻藏大臣、建立噶厦体制、创立金瓶掣签制度等进一步加强对西藏地区的统治。再如在西南地区进行大规模的"改土归流"，以及晚清时期在边疆地区设立行省、废除封禁政策、放垦蒙地等，这些都体现出清朝在加强边疆和中原联系，更有效地实施"大一统"治理方面的努力。

三　经济一统：国内统一市场的形成

明清之际，世界市场初步形成，中国作为当时世界贸易的中心之一，白银大量流入，在这种大背景下，清朝经济快速发展，为"大一统"提供了难得的经济条件。根据许檀的研究，明清时期，中国已经形成了一个完整的城乡市场网络体系，而这一市场网络的形成过程，实际上也就是市场机制的逐渐形成过程。到清代中叶，全国范围内已经形成一个涵盖广阔、运作自如的城、乡市场网络体系。③ 朱浒认为，"明清时期中国传统经济在生产力和生产关系没有重大突破的条件下，仍然保持着内在的动力与活力，主要就是市场

---

① 张羽新：《清政府与喇嘛教》，西藏人民出版社，1988 年，第 340 页。
② 邢广程、李大龙主编《清代国家统一史》，第 304 页。
③ 许檀：《明清时期城乡市场网络体系的形成及意义》，《中国社会科学》2000 年第 3 期。

机制在起作用"。①

清朝还尝试通过多种办法加强边疆与中原地区之间的贸易联系，从而将边疆地区也纳入全国统一的经济体系。在蒙古地区，旅蒙商扮演了举足轻重的角色。康熙朝在与漠西蒙古准噶尔作战期间，为保证军需供应，允许商人随军贸易。商人在满足军需外，亦与沿途蒙民交易，旅蒙商贸易逐渐兴起。②旅蒙商主要以晋商为主，长途贩运茶叶、布匹等，从蒙古地区换回毛皮、活羊等物品。旅蒙商须从各地衙门请领票照，方能进出关口进行贸易。乾隆二十四年（1759），针对有大臣议令禁止旅蒙商与当地民众贸易一事，乾隆皇帝特发谕旨："向来前往蒙古部落贸易商人，由部领给照票，稽核放行，懋迁有无，彼此均为便利。近因货市日久，不无争竞生事，是以议令禁止。殊不知商贩等前往乌里雅苏台等处，亦必由各该部落经过，若中途一切货物，抑令不得通融易换，未免因噎废食。嗣后凡有领票前赴贸易人等，所过喀尔喀各旗，仍照旧随便交易，俾内地及各部落商货流通，以裨生业。"③乾隆皇帝用"因噎废食"来评价大臣议令禁止旅蒙商沿途贸易之举，并特别强调旅蒙商的沿途贸易方便了内地及各部落的商货流通。此后，旅蒙商快速发展。到后来，旅蒙商"径赴蒙古游牧贸易，既不指定地方，去来亦无期限"。④随着旅蒙商的不断发展，出现了大盛魁、元盛德、天义德等一批规模较大的商号，便利了内地与蒙古地区商品贸易往来，促进了边疆与内地之间的经济联系。

---

① 朱浒：《明清时期中国的内在活力：中国式现代化的历史底蕴再认识》，《求索》2023 年第 3 期。
② 刁莉、王敏芬：《北路贸易中的旅蒙商与旅俄商（1727—1911）》，《中国社会经济史研究》 2018 年第 4 期。
③ 《清实录》第 16 册，中华书局，1986 年，第 401 页。
④ 《清实录》第 33 册，中华书局，1986 年，第 884 页。

在新疆地区，准噶尔部盘踞在天山南北，清朝康、雍、乾三代持续与之发生战争，但有证据表明，准噶尔在经济上逐渐依赖清朝这个大经济体，被逐渐纳入全国统一市场。乾隆四年（1739），清廷和准噶尔通过谈判划分了准噶尔与喀尔喀部游牧场的分界线。此后，准噶尔通过互市与清朝贸易，并三次进藏熬茶（第一次没有成功，实际入藏熬茶只有两次）。不仅如此，准噶尔使臣每次进京，都要捎带皮毛等货物进行贸易。经统计，仅使臣贸易一项，就占乾隆十二年（1747）前清准贸易额的47%，虽然清政府屡次申明不许使臣携带货物，但准噶尔使臣携货贸易的贸易额却逐年增加。这主要是由于每当使臣申请带货物进关时，清政府都是从政治稳定的角度出发，"施恩"放行，由此，使臣贸易竟成为一种重要的贸易途径。[①]

另外，由于白银在清代已成为主要货币，所以准噶尔人在与清朝以货易货的贸易过程中，总是以种种理由不断要求搭给现银。主要理由有：（1）因进藏熬茶布施之用，请求与清朝的贸易全部用银两进行交易；（2）以清朝与俄罗斯交易中亦有金银为由，要求至少一部分货物用银两交易；（3）偶有因内地货物未齐的情况发生，准噶尔人便称因清朝方面拖延贸易，不给银两则不卖货物，要求用现银交易；（4）为避免回到游牧地时用大量的马驼携带货物，节省脚力，请求用银两交易；（5）因赶到肃州贸易的牛羊等货物分属不同人家，为便于利润分成时找零，请求用一部分银两交易；等等。[②]准噶尔之所以频繁要求用银两交易，最根本的原因在于获利更大。从准噶尔与清朝的贸易额逐年扩大以及准噶尔在贸易中屡次请求用白银交易来看，准噶尔对清朝这个庞大经济体的依赖程度逐渐加深。

---

① 吕文利：《嵌入式互动：清代蒙古入藏熬茶研究》，内蒙古大学出版社，2017年，第230—231页。

② 吕文利：《嵌入式互动：清代蒙古入藏熬茶研究》，第244—245页。

西藏寺院在清乾隆年间，主要依赖布施等活动维持收入，但蒙古各部的布施并非常态，所以西藏地方政府每年均入不敷出，乾隆皇帝"轸念达赖喇嘛商上入不敷出，每年赏赐银五千两、茶叶五千斤"。① 事实上，即使是如准噶尔两次入藏熬茶所布施的 30 余万两白银，也是通过和清政府的贸易间接得到的。换句话说，无论是哪个蒙古部落入藏熬茶布施的白银，均是与清政府贸易后而换得的，而西藏在收到蒙古各部布施的金银后，采买茶叶等必需品，仍需依赖与清政府的交易才得以实现，所以西藏经济无论是从间接还是直接上，都越来越融入清朝这个庞大的经济体。②

从全国范围来看，到 19 世纪初，"棉花、棉布、生丝、丝织品四大宗手工业制品，全国每年长距离运销值将近 3000 万两。加上粮食，五大宗商品，全国每年长距离运销总值将近纹银 7000 万两（包括进出口贸易）。而这些大宗商品在全国范围内的长距离流通，是以江浙棉、丝加工业等手工支柱产业的带动下流通的，足以表明全国统一市场业已形成"。③

总之，清朝不仅对边疆地区实现了实质性的管辖，也通过各种方式，加强了内地与边疆地区经济上的联系，实现了经济上的"大一统"。经济上的"大一统"有助于各民族交往交流交融，各地在经济上实现了"你中有我，我中有你"的嵌入式互动格局。经济的发展是长期的，也是潜在的。各地之间经济联系的加强，也为全国文化的统一发展奠定了坚实基础。

---

① 中国第一历史档案馆编《清代军机处满文熬茶档》（下），上海古籍出版社，2010 年，第 1692 页。
② 吕文利：《嵌入式互动：清代蒙古入藏熬茶研究》，第 231 页。
③ 罗肇前：《全国统一市场形成于 19 世纪初——兼论明清手工业和商品经济的发展》，《东南学术》2002 年第 3 期。

四 文化一统:"一"与"和"的平衡

除了政治一统、经济一统,清朝统治者还追求文化上的"大一统",但这种"一统"不是"一",而是"和",属于一种柔性指标。对此,康熙皇帝曾有过精彩论述。其云:"治天下当宽裕仁慈,加惠以因人性,不可拂逆。即如满洲、蒙古各方之人,饮食日用,其性各殊,必欲一之,则乱,亦断不可行也。"① 他进一步论述道:"拂人之性,使之更改,断不可行。譬如陕西、江南百姓,令其易地而居,则不但彼处田土此不能耕,此处械器彼不能用,即水土亦多不服。惟天赋忠孝之性,无有异同,虽穷荒僻壤,亦有至忠至孝者。"② 这实际上涉及的是一个国家内不同民族之间文化的差异性与统一性问题,清朝在文化上的"大一统",追求的不是静态的、简单的"一",而是动态的、多元的"和"。

总体来看,清廷尊重不同地区的文化传统,强调由和至一,"和而不同"是其在文化领域治国施策的指导思想和鲜明特征。清朝皇帝积极融合汉、满、蒙、藏、回等多族群文化,构建"天下一家"的意识,为国家的治理融入了综合一体的文化因素。"国语骑射"虽然在清朝被视为立国根本,强调"首崇满洲",但在实际治理过程中,则非常强调"满汉一体""天下一家"。顺治五年(1648),清朝统治者谕礼部:"方今天下一家,满汉官民皆朕臣子,欲其各相亲睦,莫若使之缔结婚姻。自后满汉官民有欲联姻好者,听之。"③

从文化发展来看,中国传统文化经由多元而达致一体,"和而不

---

① 《康熙起居注》第8册,东方出版社,2014年,第135页。
② 《康熙起居注》第8册,第135页。
③ 《清实录》第3册,中华书局,1985年,第320页。

同"的理念是至为重要的一环。"一"既包含有大、始、全的含义，也有普遍性、标准性、统一法则的含义。经常与"一"一起出现的另一个字是"统"，"统"是纲领、纲纪，以一统之，进而有"大一统"之说。"大一统"秩序突出表现在内在自洽一致的价值体系的形成，有了"一"，其内外政治秩序中也便有了"和"，共同体内则可以呈现"共一为和"的状态。"一"是"和"的最终目的，"和"是实现"一"的方式途径。"和而不同"的思维方式则是连接"一"与"和"的关键。"从西周末年史伯提出'和实生物，同则不继'开始，'和而不同'的思维就是一种理解差异和融通对立的伟大力量。而诸子时代普遍追求的'一'，以及'一'的不同表现，则体现出中国文化对于世界统一性的追求和理解。……在诸子时代，道家的'道'，儒家和墨家的'天'，易学传统中的'太极'等，都是'一'的不同体现。"①"和而不同"是一种理解差异、融合对立和矛盾的思维，万物并育共生比千篇一律更符合世界的本来状态，中国先贤早就指出"万物并育而不相害，道并行而不相悖"的思想，即"求同存异"，在多元共生中求"和"而达致"一"。

纵观清朝的文教政策，其注重追求动态和谐的"和"而不是简单划一的"一"。在文化政策上，清朝全面推行崇儒重教的政策，不断完善科举制度和儒学教育体系。与此同时，在广大民间社会，佛教、道教等也非常活跃，"主导性的儒家经学和补充性的佛教、道家一起成为中国传统社会的文化基础，形成既有主体、又有充分弹性的思想文化氛围，为大一统国家的长期延续提供了有效的保障"。②

明清时期，文化领域的一个显著特点就是儒释道三家合流。黄宗羲曾观察明朝万历年间的儒家和佛教禅学，认为"万历间，儒者讲席遍天下，释氏亦遂有紫柏、憨山，因缘而起。……儒、释几如肉受

---

① 王博：《中国文化的一体和多元》，《人民论坛》2017 年第 20 期。
② 王博：《中国文化的一体和多元》，《人民论坛》2017 年第 20 期。

串，处处同其义味矣"。^①清朝入关后，主张"三教并垂"。顺治帝认为，"儒释道三教并垂，皆使人为善去恶，反邪归正，遵王法而免祸患"。^②对于儒释道之间的争论，雍正皇帝在其《拣魔辨异录》中，试图以"异用同体"论来整合三教："后世或以日月星比三教，谓某为日，谓某为月，谓某为星。朕意不必如此作拘碍之见，但于日月星之本同一光处，喻三教之异用而同体可也。"^③"异用同体"作为整合三教的原则，"如果说多元治理是'异用'的话，那么所谓'同体'，则既为多元治理提供了可能性的前提，实际上也构成了多元治理的最终目的"。^④

清朝在文化"大一统"方面的另一个重要表现，就是把"大一统"作为意识形态并加以系统化表达。清朝进行了大规模的文化纂修工程，其中包括纂修《大清一统志》《蒙古回部王公表传》等，不但昭告了蒙古、新疆、西藏等边疆地区已经纳入清朝管辖范围，而且以"大一统"话语来强调清朝的合法性。

结　语

清代大一统的三个维度并非简单的并列集合，而是呈现出一种融合发展的态势，即"嵌入式互动"。清代的"大一统"不仅在政治、经济和文化上呈现整体发展的态势，同时又表现出特定的融合路径。具体说来，政治"大一统"是前提和根本，清朝统治者通过多年征战、恩威并施，实现了前所未有的疆域"大一统"，为各民族的经

① 《黄宗羲全集》第 20 册，浙江古籍出版社，2012 年，第 469 页。
② 《清实录》第 3 册，第 811 页。
③ 《雍正御制佛教大典》，中国社会科学出版社，2004 年，第 337 页。
④ 张志强：《超越民族主义："多元一体"的清代中国——对"新清史"的回应》，《文化纵横》2016 年第 2 期。

济交往和文化交流提供了前提；经济"大一统"是基础，是潜流，清朝统治者进行各种制度创新，改革漕运制度、赋税制度、商业管理方式，促进国内统一市场的形成，极大地加强了各族民众之间的经济联系，促进了朝廷对各地的管理；"大一统"思想的系统论述，使统治集团的这一主流意识形态在全国范围内不断推广，为广大民众认同清朝政权、和谐相处提供了坚实的文化基础，也为经济发展和治理提供了重要的柔性力量。[①]清代"大一统"的政治、经济和文化三重维度的交融是一种整体上嵌入式互动发展的实施路径，这种互动带来了主体的深刻改变，实现了主体的良性发展，无论是经济、政治和文化不同领域之间嵌入式互动，还是汉、满、蒙、藏、回等多族群之间的嵌入式互动，都为清代"大一统"的实践发展提供了前所未有的广阔天地。

中华文明的"统一性"植根于中华民族悠久的历史传统，纵览中华上下五千年，凡是国富民强的盛世，无不出现在"大一统"的昌明时代；而民不聊生的岁月，往往具有政权衰落、分裂割据的历史背景。正如孙中山所说："'统一'是中国全体国民的希望。能够统一，全国人民便享福；不能统一，便要受害。"[②]

中国历朝历代都重视实现"大一统"目标，都以实现"大一统"为己任，并在历史长河中积淀了诸多难得的治理智慧。清朝是中国最后一个传统王朝，留下了诸多建设"大一统"的重要历史经验。从清代"大一统"的多重维度展开和发展来看，清朝实现"大一统"的过程是中华文明突出的统一性在清代的具体展开，展现出其鲜明的时代特征。

具体来讲，清朝力图实现政治一统、经济一统和文化一统，进而

---

① 有关"嵌入式互动"理论，详见吕文利《嵌入式互动：清代蒙古入藏熬茶研究》。
② 《孙中山全集》第8卷，人民出版社，2015年，第730页。

实现多重维度的嵌入式互动，形成内在活力十足、外在形式统一的独有的"大一统"格局。从政治一统上讲，清朝主要实现疆域一统和中央集权，实施"因俗而治"之策，辅之以"修教齐政"之举，对边疆民族地区进行有效治理。从经济一统上讲，清朝建立了较为完善的市场网络体系，形成了国内统一市场，进一步促进了各个族群的交往交流交融，也促进了嵌入式互动格局的形成。从文化一统上讲，清朝秉承"和而不同"的理念来处理民族和宗教关系，主要追求的是"和"，在"和"的基础上而达致更高程度的和谐发展的"一"，并以一定的理论自觉发展了"大一统"思想，用之指导实践。清朝"大一统"的三个维度及其嵌入式互动，是人口规模巨大的大国治理的内在要求，也充分体现了清朝在国家治理层面的历史智慧。

清代"大一统"的三个维度及其嵌入式互动充分说明，中华文明具有突出的"统一性"。正是这种深入中国人骨髓的"统一性"，决定了国土不可分、国家不可乱、民族不可散、文明不可断的共同信念，决定了国家统一永远是中国的核心利益，决定了一个坚强统一的国家是各族人民的命运所系。这充分说明，习近平总书记关于中华文明具有突出的"统一性"这一重要论述，是在全面总结历史经验基础上提出来的，具有深刻的历史内涵和重大现实意义。我们要深刻领会中华文明具有突出的"统一性"这一历史内涵，深入钻研，细心考证，认真总结历史经验，在中华优秀传统文化的思想资源里，提炼标识性概念，不断进行创造性转化与创新性发展，以学术戍边，坚守中华文明的文化底蕴，自觉担负起中华民族伟大复兴这一新的文化使命，为构建中国边疆学的学科体系、学术体系和话语体系贡献自己的力量。

（原刊《求索》2023 年第 5 期）

"大一统"：中华文明的核心文化符号

朱　尖[*]

　　文化兴则国运兴，文化强则民族强。党的十八大以来，以习近平同志为核心的党中央把宣传思想文化工作摆在治国理政的重要位置，对宣传思想文化工作作出一系列重大决策部署，推动意识形态领域形势发生全局性、根本性转变，形成了"习近平文化思想"。2023 年 6 月 2 日，习近平总书记在文化传承发展座谈会上，明确了文化建设方面的"十四个强调"，鲜明提出坚持党的文化领导权、深刻理解"两个结合"、担负新的文化使命等重大创新观点，提出建设中华民族现代文明的重大任务，这是习近平文化思想的集中体现。中华优秀传统文化有很多重要元素，共同塑造出中华文明的突出特性，连续性、创新性、统一性、包容性、和平性是中华文明的五个突出特性。"只有全面深入了解中华文明的历史，才能更有效地推动中华优秀传统文化创造性转化、创新性发展，更有力地推进中国特色社会主义文化建设，建设中华民族现代文明。"[①] 作为哲学社会科学工作者，要对习近平文化思想加强研究阐释，坚持学以致用。

　　中华文明的突出统一性是"大一统"国家形态在文化层面的集中

---

　　[*]　朱尖，中国社会科学院（中国历史研究院）中国边疆研究所副研究员。

　　[①]　《习近平在文化传承发展座谈会上强调　担负起新的文化使命　努力建设中华民族现代文明》，《人民日报》2023 年 6 月 3 日，第 1 版。

表现。习近平总书记列举的中华优秀传统文化中的诸多重要元素，其中就有"九州共贯、多元一体的大一统传统"。①"大一统"人文思想和政治理念作为中华优秀传统文化，经历两千多年的传承与实践，夯实了"华夷一体"文化认同，缔造了统一多民族国家的疆域，形塑了中华民族共同体。这一过程中，各民族在"大一统"主导下，共同创造了灿烂的中华文化，这些灿烂文化既有诗经、楚辞、汉赋、唐诗、宋词、元曲、明清小说等伟大作品，又有《格萨尔》《玛纳斯》《江格尔》等震撼人心的伟大史诗，还有长城、都江堰、大运河、故宫、布达拉宫、坎儿井等伟大工程。这正是习近平总书记所指出的"中华文化是各民族文化的集大成""各族文化交相辉映，中华文化历久弥新，这是今天我们强大文化自信的根源"。②尽管历史上中国屡遭战乱，甚至出现分裂，然而中华民族即便到了最危险时刻也没有分崩离析，反而各民族之间的互动融合不断深入、文化认同不断增进，追求统一、趋于统一、实现统一成为主旋律。

一 "大一统"思想夯实了"华夷一体"文化认同

多民族国家中国形成和发展于亚欧大陆东部辽阔的中华大地上，最迟到夏、商、周三代，诸夏融为一体，四方则为夷狄，逐步形成了中国、夷、戎、蛮、狄"五方之民"的"族群观"。先秦时期形成的族群认知，与西方有着本质区别，我们更多的是从文化的角度看待民族差异性，而不是像西方那样以一套与近现代资本主义经济体制相配合的政治学说体系来看待这个问题。当然，无论中国还是西方民族观

① 《赓续历史文脉 谱写当代华章——习近平总书记考察中国国家版本馆和中国历史研究院并出席文化传承发展座谈会纪实》，《人民日报》2023 年 6 月 4 日，第 1 版。

② 习近平：《在全国民族团结进步表彰大会上的讲话》，《人民日报》2019 年 9 月 28 日，第 2 版。

念的形成都跟政治有关。但如果只从政治角度理解民族，很多问题就无法解释。在这一点上，理解中国传统文化中的"大一统"理念对认识中国的民族问题非常重要。[①]《礼记·王制》曰："凡居民材，必因天地寒暖燥湿。广谷大川异制，民生其间者异俗，刚柔轻重迟速异齐，五味异和，器械异制，衣服异宜。修其教，不异其俗；齐其政，不易其宜。中国戎夷，五方之民，皆有其性也，不可推移。"[②] 这是生活在中华大地上的先民最早对不同人群的认识，也是在空间层面对一统的朴素认知。从中可以发现两个突出的特点：其一，不同族群的划分标准基于生产生活方式，属于文化范畴；其二，统治者对不同族群的管理方式是承认各自文化的差异性，但是也有明确的要求，在政治理念上是统一的，在思想教化上也要统一。这里的"中国"指的是居住在中心位置的华夏，也是周天子所居之地。华夏作为较为成熟的族群，在五方之民中，在文化和生产力水平上相对处于优势地位，因为先进文化能够对周边产生积极影响，在"齐其政"下，通过"修其教"，周边人群都可以学习华夏的先进文化，进而成为"中国之人"。正如韩愈在《原道》中所记："孔子作《春秋》也，诸侯用夷礼则夷之，夷而进于中国则中国之。"[③]《左传·襄公二十九年》季札观周乐亦有"能夏则大"之论。[④] 以上清楚地表明，早在先秦时期，我们先人的一统思想早已超越狭隘的种族观念，在尊重各民族生产生活习惯的基础上，通过教化引导各民族文化相互融合，为逐步形成中华民族共同体奠定文化基础。这一观念被以后的历朝各代所推崇，我们可以在诸多文献中发现"因其故俗"或"因俗而治"的记载。春秋战国时期，在三代

---

① 陈理：《"大一统"理念中的政治与文化逻辑》，《中央民族大学学报》2008 年第 2 期。

② 王梦鸥译注《礼记今注今译》，台湾商务印书馆，1978 年，第 181 页。

③ 韩愈撰，魏仲举集注，郝润华、王东峰整理《五百家注韩昌黎集》卷 11，中华书局，2019 年，第 675 页。

④ 杜预集解《春秋经传集解》卷 39，上海古籍出版社，1978 年，第 1121 页。

以来"天下""四海""夷夏之别"等思想基础上孕育出了"大一统"的观念。故此，"大一统"的思想内核与以上思想有着紧密的关系，其思想内涵也因之丰富和发展，不仅有"用夏变夷""华夷一体"，亦有"华夷之辨""夷夏转换"。

随着秦汉王朝建立，"大一统"思想在实践层面获得长足发展。秦朝统一结束了"万邦林立"的局面，一个"车同轨、书同文、地同域、人同伦、器同衡"的中央集权国家为"大一统"提供了制度上的保障。汉承秦制，将"大一统"实践推向了高潮。可以发现秦汉通过进一步将思想文化、礼仪制度的一体化设计，让文字符号和价值理念成为各族共享的文化，这是"大一统"具备连续性和凝聚力的根本前提。无论王朝如何更迭，后继统治者是"夏"还是"夷"，都有"大一统"的政治追求。通过秦汉王朝"大一统"的整合，中华大地的"五方之民"演变为"华夷"两大群体。在此基础上，司马迁在《史记》中，以极其开阔的视野，阐释了"华夷共祖"的社会理想，将秦、楚、越，以及包括中国四边的匈奴、南越、东越、西南夷等的祖先一同纳入华夏的同祖共源的世系，并以黄帝为华夏第一帝。正是这个观念构成了当今中华民族共同体意识的渊源，这种观念造就了古代中国多元一体的民族格局。[①] 司马迁的"华夷共祖"思想是一种平等的民族观念，为华夷一家找到了历史依据，客观反映了先秦中华大地上各族群相互交融的事实。此后，"华"和"夷"之间的界限逐渐淡化，"用夏变夷""华夷一体"成为主流趋势。

按照"大一统"思想内涵，"华夷一体"尽管突出表现在"用夏变夷"方面，但华夷之间亦可相互转换。"用夏变夷"并非华夏化，更非汉化，而是历代王朝统治者希望通过政治、经济、文化、社会的"一

---

① 邹国力、李禹阶：《中华民族共同体意识探源——以西汉武帝时期族群整合为研究对象》，《中华文化论坛》2022 年第 5 期。

体化"而实现政治秩序稳定发展的另类表述。① 这种"华夷观"也被"夷狄"所接受和利用，成为他们建构政权、争夺中华正统的有力思想武器，"夷狄"入主中原多以华夏先王之后自称，认同大一统理念，在文化上以华夏后继者自居，并积极加入正统之争。因此，正统并非华夏所独占。

"大一统"思想所蕴含的文化观是包容开放的，而非暴力征服，体现为在尊重差异性的同时，又通过国家政权调整差异性，逐步实现多民族文化的交融与提升，最终形成具有鲜明特色的中华文化。在"大一统"思想的主导下，各族群产生了对中华民族、中华文化共同的文化心理认同，并发展为中华民族不断凝聚的精神动力，成为建设统一多民族国家的重要基础，也是中华民族共同体意识的文化根基。

二 "大一统"实践缔造了统一多民族国家疆域

早在新石器时代晚期，中华大地上的人群为了生息繁衍，形成了不同规模的政治体，创造了"万邦林立"的古国时代。夏朝的建立结束了黄河流域的部落纷争，并以王畿为中心形成了势力范围。其后出现的商、周虽然在夏朝疆域的基础上拓展了自己的疆域，但"王"的直接管辖区域依然局限在"王畿"的范畴。但这一时期统治者形成了以"王畿"为中心的天下观和疆域观，《诗经·小雅·北山》中"溥天之下，莫非王土"就是直接反映。同时也出现了关于疆域范围的模糊记载，《左传·昭公九年》记周的疆域："我自夏以后稷，魏、骀、芮、岐、毕，吾西土也。及武王克商，蒲姑、商奄，吾东土也。巴、濮、楚、邓，吾南土也。肃慎、燕、亳，吾北土也。"② 从秦时期开始，"大

---

① 李大龙：《中国古代国家治理思想及其实践》，《云南社会科学》2022 年第 3 期。
② 杜预集解《春秋经传集解》卷 45，第 1320 页。

一统"实践获得长足发展，吞并六国、推行郡县，实现了对中原九州的"一统"，并北击匈奴、南征百越。在秦的基础上，汉代郡县范围进一步扩大，同时开发西南夷，经略海疆，拓展了秦朝以来的南部疆域，并通过设置西域都护、护羌校尉、使匈奴中郎将、护乌桓校尉等，对郡县区域之外的更广阔区域实施直接与间接相结合的管辖和治理方式。在《史记》《汉书》等文献中，对秦汉疆域范围也有了较为清晰的记载。秦汉的大一统实践，奠定了我国疆域的基础，为各民族共为一体创造了政治条件和地理空间，促进了多民族国家内部政治、经济、社会、文化等方面的进一步统一，"夷夏"一统的观念得到加强。尤其四百余年的郡县制发展，使其成为多民族国家疆域凝聚的核心。

秦汉之后，中华大地存在着诸多王朝或政权，它们也存在不同形式的疆域和边界，特别是被称为"正统"的历代王朝大都试图构建以自己为中心的"大一统"统治体系，并以秦汉的疆域为标榜。《新唐书》《宋史》《元史》《明史》《清史稿》在记载相应的王朝疆域时多以秦汉的疆域为参照，或者作为突破的基点。正是这种"大一统"疆域观的影响，激励着中华大地上诸多王朝或政权的统治者在秦汉疆域的基础上，开疆拓土，将更大范围的区域融入统一多民族国家疆域形成的轨道。魏晋南北朝时期，"正统""入华"是华夷交融和各分裂政权政治实践的基本进路，而唐朝统治者则采取了尊重北方民族文化的独立性的策略，提出"自古皆贵中华，贱夷、狄，朕独爱之如一，故其种落皆依朕如父母"，[①] 实现"华夷共主""华夷一尊"，突破和发展了"大一统"的实践。辽金元时期，争夺中华正统而实现国家一统的"合九州居正统"思想是各政权政治实践的取向，也是元朝实行多元文化政策和疆域面积空前广阔的主要因由。到清代，清朝作为"夷狄"建

---

① 司马光编著，胡三省音注《资治通鉴》卷198《唐纪十四》，中华书局，1956年，第6247页。

立的政权，突破了"华夷之别"和"内外之别"的政治实践，强调
"华夷一体""中外一体"，在塑造"天下臣民"、整合中华文化的基础
上，改变了传统王朝对"夷狄"的管理模式。通过不断丰富发展"大
一统"思想，从实践层面将中华大地的"大一统"推向了顶峰。一方
面，采取"改土归流"，变"因俗而治"为"有法而治"等一系列政
策措施，将"大一统"的理念落实到国家治理的各个层面，促成了多
民族主权国家中国最终定型；另一方面，通过与邻国及藩属国的划界
分疆，清朝辽阔的疆域开始有了清晰的边界，中国疆域由传统王朝时
期的"有疆无界"，转变为近现代主权国家的"有疆有界"。1840 年
以后，随着西方列强的侵入，清王朝的主权国家转型，在殖民势力扩
张过程中不得已而停止。经过百余年的斗争，中华民族突破重重困难，
最终于 1949 年建立了中华人民共和国。正如费孝通所言："中华民族
的家园坐落在亚洲东部，西起帕米尔高原，东到太平洋西岸诸岛，北
有广漠，东南是海，西南是山的这一片广阔的大陆上。这片大陆四周
有自然屏障，内部有结构完整的体系，形成一个地理单元。"[1] 今天，
960 多万平方公里的国土富饶辽阔，这是各族先民留给我们的神圣国
土，也是中华民族赖以生存发展的美丽家园。[2]

三 "大一统"思想与实践形塑了中华民族共同体

中华民族作为一个概念近代才有之，但中华民族的实体早已存在。
梁启超指出："甲时代所谓夷狄者，乙时代已全部或一部编入诸夏之范
围。而同时复有新接触之夷狄发现，如是递续编入，递续接触，而今

---

① 费孝通：《中华民族多元一体格局》，中央民族大学出版社，1999 年，第 4 页。
② 习近平：《在全国民族团结进步表彰大会上的讲话》，《人民日报》2019 年 9 月 28 日，第
2 版。

日硕大无朋之中华民族，遂得以成立。"① 顾颉刚强调："我们只有一个中华民族，而且久已有了这个中华民族！"② 费孝通亦指出，"中华民族作为一个自觉的民族实体，是在近百年来中国和西方列强对抗中出现的，但作为一个自在的民族实体则是几千年的历史过程所形成的"。③ 这个中华民族实体即中华民族共同体，"大一统"思想与实践则是这一共同体形成的主导力量。

先秦时期是中华文化的创生期，奠定了此后几千年中华文化的发展基础。考古学证实，早期中华文明的形成经历了从"满天星斗"到"月明星稀"再到"多元一体"的过程。④ 在"大一统"思想的主导下，先秦以黄河流域为中心，形成了诸夏群体，而"五方之民"则是当时中华大地族群分布的基本格局。历经夏商周三代，形成了中华民族历史上最早的政权，也促成夏人、商人、周人的融合，到西周基本融为一体，成为华夏族的主要来源。因其具有文化的先进性，早期的分散文明逐步向中原聚合，不断华夏化，不同地域、不同人群的文化深度交融，这也是"用夏变夷"的过程。秦汉以来，五方之民演变为夷夏之分，夷夏变换、互动、融合愈发强烈，并演化为对华夏的继承和正统的争夺，中华民族共同体得以形成并不断发展壮大。

关于"大一统"思想与实践形塑了中华民族共同体，历史上有一个生动的案例可以说明问题。王莽新朝时期的大将军严尤将处理汉匈关系问题，放到了先秦至秦汉处理北部边疆民族问题的大背景下分析，针对匈奴、高句丽，提出了"无上策""五难""慰安貉人"等看法，可称之为"严尤之论"。尽管"严尤之论"未被王莽所采纳，但

---

① 梁启超：《中国历史上民族之研究》，《饮冰室合集》专集之四十二，中华书局，1989年，第8页。

② 顾颉刚：《中华民族是一个》，《益世报·边疆周刊》第9期，1939年2月13日。

③ 费孝通：《中华民族的多元一体格局》，《北京大学学报》1989年第4期。

④ 高翔：《中国历史文化具有一脉相承的优秀传统》，《人民日报》2020年10月26日，第9版。

其作为"华夷之辨"主要思想，对后世产生了深远影响。而后世朝臣、史家和帝王关于"严尤之论"的激烈讨论和实践突破，则充分彰显了大一统思想和实践对于形塑中华民族共同体的重要作用。通过史料的梳理，可以发现朝臣和史家对"严尤之论"的认识存在一个嬗变的过程。在东汉至南北朝时期，朝臣和史家大都认可并推崇"严尤之论"，均结合汉匈关系历史背景以及当朝的具体情况，展开分析、提出看法，进而援引"严尤之论"加以强调。南北朝之后，朝臣和史家对"严尤之论"的评判发生了嬗变，开始质疑，并展开批判，既有对"严尤之论"的整体质疑和批判，也有对具体"无上策"评判标准的商榷。在实践层面，可以说统治者基本不认可严尤的"无上策"论，一直尝试突破，并在唐朝太宗时突破成功。[①]后世为何对"严尤之论"有一个从推崇到批判的过程，原因在于在统一多民族国家中国的形成过程中，尽管经济和文化上占有主导地位的农耕族群将"华夷之辨"或"守在四夷"作为处理农耕族群与游牧族群之间关系的重要指导思想，但在这一指导思想的具体实践过程中，无论是农耕族群还是游牧族群，都在积极践行"大一统"思想，并没有把"夏"和"夷"割裂开来，也没有将"夷"排斥在"天下"之外，反而是以一统为前提，一方面认为"夏""夷"是可以变化的；另一方面认为"夏""夷"共同构成了"天下"，逐步推动二者的一体化。[②]对此，清高宗有一段重要的表达："夫人主君临天下，普天率土，均属一体。无论满洲、汉人，未尝分别，即远而蒙古蕃夷亦并无歧视。本朝列圣以来，皇祖皇考，逮于朕躬，均此公溥之心，毫无畛域之意。此四海臣民所共知共见者。"[③]可以说，清朝统治者，作为"夷狄"入主中原，更加强调"一体"，消

---

① 朱尖：《论严尤的民族观与边疆思想》，《民族研究》2021年第3期。

② 李大龙：《自然凝聚：多民族中国形成轨迹的理论解读》，《西北师大学报》2017年第3期。

③ 《清高宗实录》卷8，雍正十三年十二月辛未，中华书局影印版，1985年，第303页。

弭"华""夷"之间的界限。这一观念的形成并不断强化，正是"大一统"思想和实践带来的直接结果，而这一结果则对中华民族共同体的形成和壮大起到了根本性作用。

数千年来，"大一统"理念早已根植于中国各民族的心灵深处，形成了一种无形而强大的向心力。从帝王将相到平民百姓，各社会阶层无不以国家统一、疆域完整、民族团结、共享太平为价值追求。以"大一统"为核心的中华文明具有共同的国家认同，即"各民族共同开拓辽阔疆域、共同书写悠久历史、共同创造灿烂文化、共同培育伟大精神"；[①] 具有鲜明的共同体理念，即"休戚与共、荣辱与共、生死与共、命运与共"；[②] 具有坚定的爱国信念，即"国土不可分、国家不可乱、民族不可散、文明不可断"。[③] 习近平总书记强调的"中华文明具有突出的统一性"有其清晰的历史逻辑。今天的国家统一与中华民族共同体建设是历史发展的规律，是大势所趋、民心所向。

（原刊《文学遗产》2023 年第 4 期）

[①] 习近平：《在全国民族团结进步表彰大会上的讲话》，《人民日报》2019 年 9 月 28 日，第 2 版。

[②] 《不断巩固中华民族共同体思想基础 共同建设伟大祖国 共同创造美好生活》，《人民日报》2022 年 3 月 6 日，第 1 版。

[③] 《习近平在文化传承发展座谈会上强调 担负起新的文化使命 努力建设中华民族现代文明》，《人民日报》2023 年 6 月 3 日，第 1 版。

中华文明统一性中"四个不可"的逻辑意蕴

袁　沙[*]

习近平总书记在文化传承发展座谈会上强调，"中华文明具有突出的统一性，从根本上决定了中华民族各民族文化融为一体、即使遭遇重大挫折也牢固凝聚，决定了国土不可分、国家不可乱、民族不可散、文明不可断的共同信念"。"四个不可"从多维度阐释了中华文明统一性的重要内涵，为维护国家统一、铸牢中华民族共同体意识、推进中华民族现代文明和社会主义文化强国建设提供了根本遵循。

"大一统"思想铸牢"国土不可分"的文化共识

国土是国家的重要组成部分和安全屏障，也是孕育和承载特定文明的物质载体。"国土不可分"就是要维护国家统一。中华文明的统一性内在地要求国家统一。有秦以来，"大一统"思想贯穿了我国王朝历史政治的全过程。国家疆域的统一为各民族交往交流交融提供了稳定的条件，也使"大一统"思想深入人心。中华民族具有五千多年悠久历史和灿烂文化，长期的统一是中华文明得以延续而不中断的基本前

---

*　袁沙，中国社会科学院（中国历史研究院）中国边疆研究所副研究员。

提。公元前 221 年，秦灭六国，结束了诸侯攻伐和社会动荡的混乱局面，开启了中国统一多民族国家发展的历程。此后的中国历史，虽然经历了魏晋南北朝、五代十国等分裂时期，但与整个统一王朝历史时期相比时间较短。总体来看，在任何历史时段，"大一统"思想始终是我国疆域演变的主线。历史清晰地证明，不论哪个民族入主中原，都以实现"大一统"为己任，并以中华文化谋求正统地位。

在古代文明史上，统一的封建王朝不仅为中华文明大发展提供了和平稳定的环境，而且为其发展积蓄了更多物质力量。从秦汉到元明清，不同王朝在"大一统"思想指导下不同程度地实现和巩固了疆域的统一，先后出现了汉武盛世、开元盛世、康乾盛世等。这些大一统盛世不仅极大地解放了当时的生产力、创造了盛极一时的物质文明，而且在精神、文化领域丰富了中国传统文化，抒写了中华文明的历史。同时，国家大一统也促进了文化多元与交融互动，有利于推动中华文明持续向前发展。历经元明清 600 余年的发展，古代中国统一多民族国家从黄河、长江再到塞外，达到了时空与文化融合式发展的最高阶段，中华文明的多元一体结构充分显现，其包容了中土（黄河中下游和长江中下游）农耕文明和塞外游牧半游牧文明等。历史不断地证明，中华文明"大一统"思想早已成为各民族的文化共识，"国土不可分"也成为各民族缔造中华文明的文化自觉和共识。

迈上全面建设社会主义现代化国家、向第二个百年奋斗目标进军的新征程，我们要毫不动摇地捍卫国家主权和领土完整，绝不允许任何人、任何势力侵犯和分裂中国的神圣领土，在维护国家统一中，不断开创中华民族现代文明的新境界，建设社会主义文化强国。

治乱兴衰史昭示"国家不可乱"的安全共识

"国家不可乱"本质上是要坚定维护国家的安全与稳定。国家安全是国家的核心利益，也是人民的根本利益。维护国家安全能够为繁荣一国文化营造和平稳定的环境。一旦国家发生混乱，动荡不安，国内各民族的正常生产生活会陷入失序状态，文化发展也将遭遇挫折。中国几千年治乱兴衰的历史不仅缔造了不朽的中华文明，也不止一次地证明，国家安则社会稳、文化兴，国家危则社会乱、文化衰。

在治乱兴衰的封建王朝史中，中华文明在冲突与和平的激荡中淬炼生长、推陈出新、绵延发展。中华文明浸润在中国古代封建王朝发展史中，不断地塑造着中华民族的国家安全观。无论在任何历史时段，各民族都希望国家能保持安全与稳定，社会能够保持有序发展。"国家不可乱"已经成为各民族的安全共识。尽管中国古代封建王朝治乱交替，但总体来看，治世的时间远长于乱世。治世除能让各民族休养生息、安定生活外，还带来了经济和文化的繁荣。政治稳定和经济发展强化了各族人民对国家安全的深刻理解。中国历史上的几次大乱世则给当时的社会带来了巨大的灾难和冲突，社会失序，正常的文化发展陷入泥沼。几乎每一次历史之乱都导致人口锐减、民不聊生，经济陷于困境。"国家不可乱"成为各民族共同的安全追求。

当今世界百年未有之大变局加速演进，我国发展进入战略机遇和风险挑战并存、不确定难预料因素增多的时期，各种"黑天鹅""灰犀牛"事件随时可能发生。国家安全与社会稳定对各民族都至关重要。习近平总书记强调，国家安全是民族复兴的根基，社会稳定是国家强盛的前提。必须坚定不移贯彻总体国家安全观，把维护国家安全贯穿党和国家工作各方面全过程，确保国家安全和社会稳定。因此，我们要从中华文明中汲取文化力量，构建维护国家安全和社会稳定的柔性体系，化解社会矛盾，增强国家安全韧性，织密国家安全防线。

"多元一体"凝聚"民族不可散"的价值共识

"民族不可散"强调中华民族的整体性。"多元一体"格局既是各民族交往交流交融形成中华民族共同体的基本形态，又是中华文明"美美与共"的表现形式。纵观历史，多元文化不断交融发展形成了中华文明"多元一体"格局。"多元"指各民族有自己的历史和文化；"一体"指我们灿烂的文化是各民族共同创造的，各民族因文化融合和价值认同形成了一个具有统一文明标识的文化共同体。中华文明"多元一体"格局凝聚了中华民族"民族不可散"的价值认同和国家共识，内在地决定着"民族不可散"的统一性。

自古以来，长江流域、黄河流域、西辽河流域以及其他周边山地区域的各民族交往交流交融，创造出丰富多彩且各具地域特点的中华文化。目前，根据最新的考古和研究成果，我们可以将其按照地域划分为：黄河流域文化（海岱文化区、中原文化区、甘青文化区）、长江流域文化（江浙文化区、江汉文化区、巴蜀文化区）、长城以北文化（河套文化区、燕辽文化区）等三类八种区域文化。这些文化融合绵延发展，从未间断，焕发出无尽的生命力。五千多年的中华文明就在这些多元文化相互融合中起源、发展并形成稳定的"多元一体"的基本格局，其核心价值是中华民族共同体意识。实际上，"多元一体"格局不仅体现在中华民族共同体形成的过程之中，而且也体现在各民族文化互动交融抒写中华文明统一性的历史长卷之中。

习近平总书记指出，"中华民族多元一体是先人们留给我们的丰厚遗产，也是我国发展的巨大优势"。其中，多元之所以聚为一体，源自各民族文化上的兼收并蓄、经济上的相互依存、情感上的相互亲近，源自中华民族追求团结统一的内生动力。"多元一体"格局凝聚了各民族的共同价值和国家认同，使各民族深刻认识到"民族不可散"的极端重要性，"促进各民族像石榴籽一样紧紧抱在一起"。

包容创新夯实"文明不可断"的历史共识

"文明不可断"是由中华文明统一性所决定的。中华文明即使遭遇重大挫折也牢固凝聚，充分显示了中华文明具有突出的统一性。中华文明没有中断且保持统一的关键在于其具有强大的韧性，这种韧性离不开包容和创新。包容和创新不仅是中华文明的突出特性，也是中华文明绵延不绝的内生动力。包容、创新贯穿了中华文明形成的整个过程，也夯实了中华民族"文明不可断"的历史共识。

作为世界上唯一没有中断的古老文明，中华文明始终对不同文明表示尊重、包容，不断创新，求同存异，兼收并蓄。中华文明的包容与创新主要体现在两个维度。一是从域内视角看，中华文明"多元一体"格局的形成说明中华文明不是一开始就存在的文明形态，而是经过漫长的历程，多种文化交流、交融，兼收并蓄创新发展积淀而成。从赵武灵王胡服骑射，到北魏孝文帝改革；从"洛阳家家学胡乐"到"万里羌人尽汉歌"等文化发展的历史画卷，无不显示了中华文明的"各美其美，美人之美，美美与共"，无不反映了不同文化在多民族交往交流交融中实现了大融合、大创新和大发展。二是从域内与域外互动视角看，中华文明以平等、开放的姿态同世界其他文明保持交流互鉴。从历史上的"佛教东传""伊儒会通"，到"西学东渐"、新文化运动、马克思主义传入中国，中华文明从未拒绝与其他文明交流，而是持一种包容开放的态度，不断吸纳外来文明的优点，创新自己的内容与形式，丰富自己的历史内涵，焕发出勃勃生机。总之，中华文明的发展历程充分证明包容和创新已深入中华文明的骨髓，成为中华文明的突出特性。只要包容和创新不止，中华文明就不会中断。

新时代，建设现代文明已成为当代中华民族新的历史使命。习近平总书记提出"对待不同文明，我们需要比天空更宽阔的胸怀"，这要求我们在推动文化发展、文明延续中，不能闭门造车、故步自封，也不能妄自尊大、目空一切，必须保持平等尊重包容的心态，必须坚持开放交流互鉴的态度，推动中华文明创新发展。同时，要建设社会主义文化强国，还需要坚持把马克思主义基本原理同中国具体实际、同中华优秀传统文化相结合，更有效地推动中华优秀传统文化创造性转化、创新性发展。

（原刊《旗帜》2023年第10期）

中华文明的统一性与清代多民族大一统国家的形成

樊志强 [*]

习近平总书记在 6 月 2 日召开的文化传承发展座谈会上阐述了中华文明具有突出的"连续性""创新性""统一性""包容性""和平性"。其中习近平总书记从文明高度阐述了"统一性"之于中华民族融为一体以及在各民族共同创造悠久中国历史、灿烂中华文化进程中的重要意义,"中华文明具有突出的统一性,从根本上决定了中华民族各民族文化融为一体、即使遭遇重大挫折也牢固凝聚,决定了国土不可分、国家不可乱、民族不可散、文明不可断的共同信念,决定了国家统一永远是中国核心利益的核心,决定了一个坚强统一的国家是各族人民的命运所系"。而中华文明突出的统一性在中华民族发展史上的一个重要表征就是"大一统"思想及其实践。

"大一统"思想是中国历史上各民族在长期交往交流交融中共同创造和不断完善的政治思想,由此主导各民族参与缔造了多民族国家中国,进而成为中华文明突出的统一性在历史上的一个显著特征。16 世纪末崛起于东北黑水白山间的满洲经过吸纳和整合女真、汉、蒙古等民族的政治、军事和文化资源,入主中原,最终于 18 世纪中叶统一全

---

* 樊志强,中国社会科学院(中国历史研究院)中国边疆研究所副编审。

国，缔造了一个多民族国家。质言之，清代多民族大一统国家的形成史反映了中华文明突出的统一性。

一　在多民族交往交流交融中崛起的满洲及其对"大一统"思想的继承

满洲的先世被明人概称为女真，是东北渔猎民族，在与周边汉、蒙古等民族的交往交流交融中，在政治和文化上积极吸纳各族先进要素，逐渐发展壮大，进而创设制度、创制文字，由雄踞一隅的地方政权发展成为大一统王朝，实现了中华民族各民族历史上空前深入的交往交流交融。

元明鼎革后，明朝逐渐强化了对东北地区的治理，具体通过设置卫所管理各部女真，任命部族头人为卫所官员，负责"抚绥属部"和"以时朝贡"。通过这一管理体制，从军事、政治、经济层面将女真纳入王朝的治理体系。在这一体系下，与中原王朝地缘更近、往来密切的建州女真逐渐强盛。

建州女真首领努尔哈赤在统一女真诸部的过程中，根据其与周边民族多年交往的经验，结合女真部族的固有传统，创立了集军事、行政管理和生产等项职能于一体的八旗制度。其后，在皇太极时期，随着对辽东汉人和周边蒙古部族的兼并，陆续编设了蒙古八旗、汉军八旗，分别隶属于原八色旗下，最终每色旗下含满洲、蒙古、汉军各一旗。八旗的形成过程也在一定程度上体现了明末清初各民族在东北地区的交往交流交融史。包含多民族成分的八旗制度成为清朝的基本军政制度，为清朝的肇造和多民族大一统格局的形成作出了历史贡献。

此外，努尔哈赤仿照蒙古文创制满文，也是中国古代不同民族交往交流交融的一个显著例证。在努尔哈赤的崛起过程中，于万历二十七年命额尔德尼和噶盖二人以蒙古文字母为基础创制了满文，其后经皇太极时期"加圈点"改进，作为"国语"行运至清末，成为治国理政，特别是处理边疆民族事务的重要文字工具，至今遗留大量有关清代治理边疆的满文档案。

明清之际，中原和边疆不仅在政治上，同时在经济、文化层面也出现了明显的一体化趋势，使国家统一不但成为政治的需要，而且成为经济和文化发展的必然。建立割据一隅的政权后，女真在与明朝、蒙古的军事互动中，顺应历史发展趋势，逐渐西进。皇太极君臣一度将蒙古林丹汗之子额哲所献之"传国玉玺"作为继承大元、接续汉唐之"大一统"的政治证据。

总之，繁衍生息于东北的女真部族，通过与中原王朝及周边各民族的长时段交往交流交融，在政治、军事、经济、文化等方面取得了长足的发展，形成了一个超越狭隘族群的政治体——地方政权，在继承游牧和农耕互动历史的前提下，秉持"大一统"理念，于明末走出黑水白山，谋求统一全国。

二 清朝渐次统合边疆族群实现多民族大一统

"在几千年历史长河中，中国人民始终团结一心、同舟共济，建立了统一的多民族国家，发展了 56 个民族多元一体、交织交融的融洽民族关系，形成了守望相助的中华民族大家庭。"而清朝入主中原，成为全国性政权后，渐次将边疆各民族纳入多民族王朝的过程反映了上述论断，同时也体现了中华文明统一性的张力。

清朝入关后，顺康雍乾诸帝扬弃地继承了"大一统"思想，并超越了"华夷之辨"，进一步将不同地域和部族的势力统合一处。在统一中原的过程中，因清朝起于边陲，因此对边疆族群十分关注。而统一边疆的过程，并非如西方学者所言，是单纯依靠军事"征服"，其中自秦汉以来在中原和边疆形成的政治、经济、文化等方面的交往交流交融基础发挥了更主要的作用。

如康熙朝前期蒙古卫拉特部和喀尔喀部发生内讧，喀尔喀蒙古的贵族在商议北上投靠俄罗斯，还是南下投附清朝时，僧侣贵族哲布尊丹巴呼图克图道："俄罗斯素不信佛，俗尚不同，异言异服，殊非久安之计。莫若全部内徙，投诚大皇帝，可邀万年之福。"关键时候的决断标准，体现了中华文明的向心力，可以进一步理解为此处所言的"统一性"。

在统一新疆过程中，大小和卓先降后叛，戕害各族人众，以吐鲁番首领额敏和卓、库车伯克鄂对、乌什伯克霍集斯等为代表的广大维吾尔贵族秉持大义，顺应时势，协同清军共同攻灭大小和卓。广大维吾尔贵族和民众对清朝统一事业的积极参与和襄赞，正是中华文明突出的统一性在新疆的映照。这从另一个侧面说明，清朝统一新疆，是中华文明统一性的历史必然，并非西方帝国式的"征服"。

"一部中国史，就是一部各民族交融汇聚成多元一体中华民族的历史，就是各民族共同缔造、发展、巩固统一的伟大祖国的历史。"清朝治理新疆的实践体现了中华民族多元一体的凝聚历程和统一国家形成的"内生动力"。如调遣锡伯、索伦、蒙古等族群西迁"万里戍边"；迁移塔里木盆地维吾尔人、中原各族民众在北疆开展各种形式的屯垦；因地制宜地在清朝职官框架内融入不同民族的传统制度形成有效的治理体系，从而延续了中国文明在地域和时间上的"统一性"。

三　各族人民在近代边疆危机中维护清朝大一统

清朝作为中国历史上最后一个封建王朝，将中华文明的统一性推向了一个高峰，但因统治者"持盈保泰"的保守治国理念，以及异于历代的世界大势——西方殖民势力蜂拥而来，严重威胁了多民族大一统格局。但中华文明突出的统一性决定了"各民族共同开拓辽阔疆域、共同书写悠久历史、共同创造灿烂文化、共同培育伟大精神"，面对晚清由海陆双向而来的边疆危机，各族人民在抵抗外来侵略时超越了维护大一统的层面，从东海之滨抗击日军的甲午将士，到西陲雪山抵御浩罕的新疆驻防满蒙八旗官兵及布鲁特、塔吉克、维吾尔等各族人民，无不秉持与祖国"休戚与共、荣辱与共、生死与共、命运与共"的精神捍卫国家统一。这就是中华文明的统一性在危机中的体现，诠释了其"从根本上决定了中华民族各民族文化融为一体、即使遭遇重大挫折也牢固凝聚"的内涵。

结　语

清朝多民族大一统格局的形成是中华文明统一性的历史必然，具体过程反映了各族人民的内向性和凝聚力，是各民族长期交往交流交融的结果。虽然清朝因复杂的近代列强侵略环境和自身治理的缺陷最终覆亡，但其奠定了我国的疆域和版图。清朝延续了中华文明的统一性，弥合了历史上形成的游牧和农耕二元隔阂，相较于前朝加强了对边疆的治理，为近代整合边疆奠定了基础。因此，应秉持马克思主义唯物史观，而不是简单地因清朝的覆亡否定其在历史上延续中华文明统一性的贡献，更不能堕入刻意强调族群畛域的窠臼而忽略中华文明统一性在清代的延续和发展。

（原刊《中国社会科学报》2023 年 10 月 30 日）

中华民族共同体研究

推动文化传承发展
促进各民族交往交流交融

邢广程

促进各民族交往交流交融是党治国理政的重要理念，推动文化传承发展是促进各民族交往交流交融的重要途径。

一 爱国主义是促进各民族交往交流交融的核心价值

我国是统一的多民族国家，在漫长历史进程中逐渐形成了多元一体的格局，即我国各民族你中有我、我中有你、谁也离不开谁。我国的少数民族多居住在边疆地区，各民族在边疆地区交错杂居，交融互依，逐渐形成了水乳交融的关系。伟大祖国是中国各民族共同家园，各民族多元一体是老祖宗留给我们的极其珍贵的财富。中华民族自古就有爱国主义优良传统，全力维护各民族共同家园。一部近代史就是中华民族共同抗击外敌入侵和救国图存的历史。实现中国式现代化需要高举爱国主义旗帜，边疆民族地区建设更需要按照新时代的特点和要求赋予爱国主义以新的现代表达形式，更需要通过弘扬爱国主义来促进各民族交往交流交融。

二 民族团结是中华民族共同体得以巩固和壮大的基石

维护民族团结是中华优秀传统文化的重要内涵。历史表明，我国各民族不断进行交往交流交融，逐步形成了休戚与共、荣辱与共、生死与共、命运与共的共同体，这个共同体就是中华民族共同体。对中华民族共同体的认同在中华民族的形成和发展进程中起到了决定性作用。历史上中华民族共同体处于最危急时刻也没有分崩离析，得益于对中华民族共同体的认同，得益于各民族交往交流交融，得益于各民族团结。在实现中华民族伟大复兴的重要历史时期更应推动中华民族成为认同度更高、凝聚力更强的命运共同体，使各民族像石榴籽一样紧紧抱在一起。因此，加强民族团结、促进各民族交往交流交融是稳边固边的基础。

三 文化认同是中华民族大团结的根与魂

增强文化认同是促进各民族交往交流交融的重要路径，各民族共有精神家园是建立在文化认同基础上的。习近平总书记指出："中华文化是各民族文化的集大成。"在列入联合国教科文组织人类非物质文化遗产代表作名录的中国项目中，少数民族的占到 1/3。各民族对中华文化的形成和发展都作出了贡献。在我国边疆民族地区建设中应正确把握中华文化和各民族文化的关系，中华文化是主干，各民族文化是枝叶，坚持我国宗教中国化方向，不断加深文化认同，不断促进各民族交往交流交融。

（原刊《人民日报》2023 年 6 月 4 日）

论汉唐时期中华民族历史根基的奠定

范恩实 *

目前学界研究"中华民族",主要有两种观点,一是"民族实体"论,但受民族客观论、文化论的影响,从原生民族视角考察中华民族发展史,陷入汉(华夏)化的叙事逻辑,实际上不利于阐明中华民族的"多元"特征;二是在国族论的框架下,认为中华民族多元一体,其"多元"体现在各民族与族群文化上的多样性以及区域治理的弹性化,其"一体"表现为统一的法律与政治制度之下公民身份的同一性,实际上又否定了中华民族的民族一体属性。[①] 笔者认为,这两种观点都过于极端,中华民族显然不是由近代以前的单一族群直接演变而来的原生民族,也不是凭空而来的"想象的共同体"。正如费孝通所指出的,认识中华民族多元一体,乃是"要从中华民族整体出发来研究这个民族的形成和发展的历史和规律"。[②] 所谓"多元",是指"中国有着众多的民族、地方和民间文化小传统",而"一体"则明确为"中国又有一个为大家认同的历史文化大传统"。[③] 也就是说,一体的基础

* 范恩实,中国社会科学院(中国历史研究院)中国边疆研究所副所长、研究员。

[①] 许纪霖:《国族、民族与族群:作为国族的中华民族如何可能》,《西北民族研究》2017 年第 4 期。

[②] 费孝通:《中华民族多元一体格局》(修订版),中央民族大学出版社,2003 年,第 49 页。

[③] 费孝通:《与时俱进 继往开来——写在〈民族团结〉更名为〈中国民族〉之际》,《中国民族》2001 年第 1 期。

是历史发展过程中形成的"共同体认同"。然而，费孝通又称："中华民族作为一个自觉的民族实体，是近百年来中国和西方列强对抗中出现的，但作为一个自在的民族实体，则是在几千年的历史过程中形成的。"[①] 这里有个问题，如果中华民族形成的第一要素是认同，又如何理解它在几千年间的"自在"？如果历史上只有汉与非汉原生族群彼此之间的交流和内部融合，那么又如何理解中华民族的历史根基？笔者认为，在中华民族发展历程中，"认同"也有一个不断发展的过程，早在汉唐时期，共同体认同已经初步形成并为中华民族共同体的最终"自为"奠定了坚实基础。

一 秦汉时期中华民族凝聚核心的形成及其虹吸效应

尽管西周时期已经有"中国"一称，但今日"中国"的奠基还是从春秋时期开始，特别是齐桓公打着"尊王攘夷"的旗号，北击山戎、南伐楚国，成为第一个霸主，开启了诸侯争霸、竞逐中原的时代；同时，春秋时期也是那些处在华夏与戎狄之间的诸侯国，如秦、楚、吴、越等不断华夏化的时代，形成了华夏族源认同与文化认同。[②] 在此过程中，大一统的天下观念也得以形成。《诗经·小雅·北山》载，"溥天之下，莫非王土；率土之滨，莫非王臣"，[③] 说的虽是周王朝统治的华夏，但从后世历史发展来看，实是中华民族共同体空间维度超越原生族群的思想基础。

战国七雄互相兼并，在走向统一过程中，建立起中央直辖的郡县以加强集权。例如，秦征服巴蜀，"周赧王元年，秦惠王封子通国为

---

① 费孝通：《中华民族的多元一体格局》，《北京大学学报》1989 年第 4 期。
② 戚裴诺：《楚人、吴人与越人的自我与他者认同——以先秦至两汉间史书的记述为讨论对象》，《历史教学》（下半月刊）2020 年第 5 期。
③ 王秀梅译注《诗经》（下），中华书局，2015 年，第 488 页。

蜀侯，以陈壮为相。置巴郡。以张若为蜀国守……三十年，疑蜀侯绾反，王复诛之，但置蜀守"，同时，考虑到"戎伯尚强，乃移秦民万家实之"。①政治一体化和人群交融扩大了华夏认同的范围。再如燕国，《史记》载："其后燕有贤将秦开，为质于胡，胡甚信之，归而袭破走东胡，东胡却千余里……燕亦筑长城，自造阳至襄平，置上谷、渔阳、右北平、辽西、辽东郡以拒胡。"②燕进入东北地区，除筑长城外，还配合农业生产生活，筑城以居。正如《汉书》载晁错"实边策"之语云："臣闻古之徙远方以实广虚也，相其阴阳之和，尝其水泉之味，审其土地之宜，观其草木之饶，然后营邑立城，制里割宅，通田作之道，正阡陌之界，先为筑室，家有一堂二内，门户之闭，置器物焉，民至有所居，作有所用，此民所以轻去故乡而劝之新［邑］也。为置医巫，以救疾病，以修祭祀，男女有昏，生死相恤，坟墓相从，种树畜长，室屋完安，此所以使民乐其处而有长居之心也。"③根据考古发现，燕文化主要分布在城市及其周边，而在更大地区，仍以当地文化为主，呈现出燕人与世居人群交错杂居的局面。④

秦统一后，在六国的基础上全面推行郡县制。这个新的政治体继承了战国时代各国开创的版图，又经历了秦及汉初的边疆开拓，南方百越地区设立会稽、闽中、桂林、南海、象郡等郡，朝鲜半岛中北部设立玄菟、乐浪、真番、临屯等郡，北方鄂尔多斯地区设九原郡，河西走廊设武威、张掖、酒泉、敦煌等郡，西南夷设犍为、牂牁、越巂、汶山、沈黎、武都、益州和永昌等郡，基本达到当时条件下农业经济生活的最大范围。

在这样一个范围内，中央集权的郡县制形成了完全意义上的均质

① 常璩：《华阳国志》卷3《蜀志》，刘琳校注，巴蜀书社，1984年，第200页。
② 司马迁：《史记》卷110《匈奴列传》，中华书局，1959年，第2885—2886页。
③ 班固：《汉书》卷49《晁错传》，中华书局，1962年，第2288页。
④ 范恩实：《夫余兴亡史》，社会科学文献出版社，2013年，第10—16页。

化管理，从而成为构建一体认同的根基。在县以下，还有乡里的基层组织。其中乡设有三老、啬夫、游徼等乡官，掌管教化、赋税、诉讼、社会治安等事务，形成了较为完整的治理体系。特别是掌教化的三老，一方面接受朝廷的优崇，另一方面作为道德的化身影响乡民的思想和行为，是推动乡里社会形成华夏认同的关键。乡之下还有里，百户为里，十里为乡，里下还将民户编为什伍。依托这一自上而下的治理网络，秦始皇统一度量衡和文字，车同轨、书同文，为均质化、一体性提供了要素保障。随着中央政令的颁行，伦理道德规范向基层社会的渗透，官员、商贾的全国性流动，赋税、屯戍带来的国家观念强化，共同的文化知识在精英阶层的传播，共同体意识初步形成。经过秦和两汉四百多年的统治，人们逐渐形成了对疆域范围、政治体制、文化面貌、经济生活的共通认识，中华民族共同体的凝聚核心初步形成。

在秦汉统一王朝边界之外，也有一批正处在形成和发展初期的政治力量。作为华夏政权边缘的"次生政治力量"，其兴起过程受到华夏政治文明和经济、文化、军事因素的强烈影响，并由此与华夏政权形成紧密的互动共生关系。从东北方向看，在朝鲜半岛中北部地区，早在商末周初，箕子东走朝鲜，"作八条之教以教之，无门户之闭而民不为盗"。[1] 秦末汉初，"陈胜等起，天下叛秦，燕、齐、赵民避地朝鲜数万口。燕人卫满，魋结夷服，复来王之"。[2] 到汉武帝灭卫氏朝鲜，分其地为四郡，世居人群处于郡县统治之下，以其酋领实行自治，"其官有侯邑君、三老，统主下户"。[3] "三老"一职的存在，说明教化同样实行于世居人群社会。

在东北郡县之外，夫余、沃沮、三韩等，与中原王朝保持了密切

---

① 陈寿：《三国志》卷30《魏书·东夷传》，中华书局，1971年，第848页。

② 陈寿：《三国志》卷30《魏书·东夷传》，第848页。

③ 陈寿：《三国志》卷30《魏书·东夷传》，第848页。

的政治、经济、文化联系。例如，夫余兴起就是在中原先进农业生产技术的影响下实现的。夫余建国后，与两汉王朝形成了较为稳定的宗藩关系，不断入汉朝贡，"汉时，夫余王葬用玉匣，常豫以付玄菟郡，王死则迎取以葬。"[1] 与夫余相比，高句丽本属玄菟郡高句丽县，有服从征调的义务，"王莽初发高句丽兵以伐胡，不欲行，强迫遣之，皆亡出塞为寇盗"。[2] 其后发展壮大，虽然倔强边徼，频有冲突，但是以小附大的总体格局始终不变，在内部纷争中，失败的一方往往依附于中原王朝。《后汉书》载："（建武）二十三年冬，句骊蚕支落大加戴升等万余口诣乐浪内属。"[3]《三国志》载："伯固死，有二子，长子拔奇，小子伊夷模……拔奇怨为兄而不得立，与涓奴加各将下户三万余口诣康降，还住沸流水。"[4] 沃沮本属玄菟郡，受中原政治文化影响较大，"汉（光）［建］武六年，省边郡，都尉由此罢。其后皆以其县中渠帅为县侯，不耐、华丽、沃沮诸县皆为侯国。夷狄更相攻伐，唯不耐濊侯至今犹置功曹、主簿诸曹，皆濊民作之。沃沮诸邑落渠帅，皆自称三老，则故县国之制也"。[5]

相较而言，北方草原诸族群因为营生方式不同，存在更多的对抗性，一些国外学者由此提出农耕与游牧世界二元对立的各种理论，如南北对立论、征服王朝论、内亚史观等。然而，如果我们换一个角度不难发现，双方互动的结果常常是打破这种二元对立，形成双方政治紧密关联、经济有效互补、人群跨界流动融合的特殊关系。以匈奴为例，虽然与中原王朝政治对立，甚至是刀兵相见，但是战争的结果是双方形成政治兼容，中原王朝衰弱的时候，会采取和亲、纳岁币等方式寻求和平，

---

[1] 陈寿:《三国志》卷 30《魏书·东夷传》，第 842 页。
[2] 陈寿:《三国志》卷 30《魏书·东夷传》，第 844 页。
[3] 范晔:《后汉书》卷 85《高句骊传》，中华书局，1965 年，第 2814 页。
[4] 陈寿:《三国志》卷 30《魏书·东夷传》，第 845 页。
[5] 陈寿:《三国志》卷 30《魏书·东夷传》，第 846 页。

而当匈奴衰落，特别是内部发生动乱、走向分裂的时代，失败的一方会主动南下，向中原王朝寻求庇佑。例如，公元前 56 年匈奴内乱，互相争斗的几支力量在失败后都选择南下投汉。特别是呼韩邪单于为郅支单于击败，"称臣入朝事汉，从汉求助"，[①] 而汉也欣然接纳，大加赏赐，听其"居光禄塞下，有急保汉受降城……又转边谷米粮，前后三万四千斛"。[②] 到东汉时期，呼韩邪单于的孙子比复称呼韩邪单于，于建武二十四年款塞，东汉依旧例颁给。从长期历史发展来看，"匈奴款塞"基本成为北方草原部族的一种惯例，争斗失败的一方大多采取南下依附中原王朝的策略。

关于汉与匈奴的经济关系，作为游牧族群的匈奴，需要农产品和手工业品以维持生计，因此匈奴十分重视与汉互通"关市"，《汉书·匈奴传》载："然匈奴贪，尚乐关市，耆汉财物，汉亦通关市不绝以中之。"[③] 从考古发现来看，匈奴墓葬出土大批汉地文物，其中包括铁器、铜器、陶器、木器、漆器、石器、工具、马具、黄金、服饰及丝织品等，包括生产上、战斗上和生活上的用品。[④] 由此可见，以匈奴为代表的游牧族群是离不开中原汉地农耕族群的，二者已经形成了一种内在的依附关系，而我们常常被双方共享资源的一种极端方式——战争所蒙蔽，认为双方是二元对立的、互相排斥的。

汉匈关系中另一个值得重点关注的问题是跨界人群流动。流入匈奴的汉人以被掳掠的人口为主，此外还有战俘、流民等，总数量一说有 30 万人，一说有 50 万人。[⑤] 至于匈奴人大规模流入汉地，则主要

---

① 班固：《汉书》卷 94 下《匈奴传下》，第 3797 页。
② 班固：《汉书》卷 94 下《匈奴传下》，第 3798 页。
③ 班固：《汉书》卷 94 上《匈奴传上》，第 3765 页。
④ 林幹：《秦汉时期的汉匈关系、贸易和货币》，《北方金融》2003 年第 4 期。
⑤ 林幹：《匈奴社会制度初探》，林幹主编《匈奴史论文选集（1919—1979）》，中华书局，1983 年，第 278—321 页。

是在魏晋南北朝时期，并随着刘汉政权的衰亡而融入华夏。当然，还有大量匈奴人留在草原，融入鲜卑人口，再随着鲜卑一起融入华夏或嬗变为新的草原族群。实际上，草原族群兴亡递嬗，其发展和归宿大致如匈奴。

从东北、北方草原族群的历史来看，秦汉时期不但形成了中华民族凝聚的核心，而且其对周边族群的虹吸效应以及周边族群在这个引力场中的不断适应，已经为中华民族的形成打开了广阔之门，其中最关键的就是各方对政治互动、经济共生、文化亲缘关系的认可。汉化则是这种虹吸效应的终极形式。从历史发展过程来看，当阻碍族群交融的最大障碍——政治区隔被削弱乃至消除以后，这些华夏边缘族群就会形成激进的向心流动，流动过程分为不同阶段，表现为融合的不同层次——臣服、附塞、内迁、散居、融合。整个过程虽然具有间断性和反复性，但是从长时段来看，最终融入华夏的仍占主流。与此同时，随着原有族群向华夏流动，其原居地域又有新的人群兴起：一是原本在其周边的其他族群扩张而来，二是发展更滞后的族群迁入，三是南迁以后的部分复归。族群的流动与融合使华夏周边保持了稳定的多元格局。

二 魏晋南北朝时期的多元族群互动与融合发展

东汉时期，朝廷采取蛮夷保塞政策，北方各部族逐渐内迁，缘边附塞居住，甚至迁入内地。有学者推测，百年间，内迁的五胡数百万人，其中，匈奴约 86 万，羌人约 76 万，氐人约 99 万，鲜卑人约 250 万。[①] 当然，进入中原的各支胡人力量，在组织形式上存在较大差异，其中最早内迁的是匈奴。东汉建武二十四年，由于内部纷争，匈

---

① 《朱大渭说魏晋南北朝》，上海科学技术文献出版社，2009 年，第 124—129 页。

奴分裂为南北两部，其中南匈奴在呼韩邪单于率领下主动归汉，进入东汉的五原塞、屯朔方（今内蒙古杭锦旗）、五原（今包头市）、云中（今内蒙古托克托）、定襄（今内蒙古林格尔）、雁门（今山西右玉）、代郡（今河北蔚县）。东汉末年，南匈奴卷入军阀混战，东汉建安二十三年，最后一位单于呼厨泉归附曹操，曹操分其众为五部，居于今山西北部。

东汉时期，鲜卑兴起并逐渐南迁，占据匈奴故地并将其分为东、中、西三部，分布于东起辽东、西至陇右地区。鲜卑南迁过程中与各地族群融合，先后形成铁弗匈奴、乞伏鲜卑、宇文鲜卑、拓跋鲜卑等支系。在西北地区，主要是氐和羌。汉代，氐人分布在西起陇西、东至略阳、南达岷山的地区。东汉末曹操迁徙氐人进入关中地区，到十六国时期，氐人分布日益广泛，西起武都、阴平二郡，经关中、陇右，直到关东、河北。汉代，羌人主要分布在河湟、塔里木盆地以南至葱岭地区、陇南至川西北一带，有的向甘肃、陕西西南、内蒙古南部、宁夏、甘肃地区迁徙。氐、羌势力是在迁徙过程中逐渐凝聚起来的。

列入五胡的最后一支是羯人，史载："其先匈奴别部，分散居于上党、武乡、羯室，因号羯胡。"[①] 据考证，羯人是中亚康居人，但羯人不是被康居人征服的南部农业居民——索格底亚那人，而是康居（羌渠）游牧人。两汉时期，羯人随匈奴东来，后又随之南迁，分散居于上党、武乡一带。[②] 羯人本无强大部族，维系自身族群认同的主要是宗教与种族差异，他们先被匈奴驱使，进入中原后又常常被掠卖为奴，种族压迫进一步强化了族群认同。

与上述各支族群不同，更早迁入中原的乌桓已处在部落离散、即

---

① 魏收：《魏书》卷95《羯胡石勒传》，中华书局，1974年，第2047页。
② 童超：《关于五胡内迁的几个考证》，《山西大学学报》1978年第4期。

将被其他族群融合的发展阶段。乌桓于汉武帝时内迁至五郡塞外，其后政治组织逐渐解体，进一步内迁。魏晋以后，分散在陕西、山西、河北一带，与其他族群杂居，"其诸方杂人来附者，总谓之'乌丸'，各以多少称酋、庶长"。[1] 之后陆续融入匈奴、鲜卑、汉族之中。

与此同时，随着西晋政权控制力的大幅下降，在胡汉杂居格局下，汉人的族群意识也进一步强化，面对族群竞争，采取坞堡自保的方式。按敦煌鸣沙山出土的《鸣沙石室佚书》记录："永嘉大乱，中夏残荒。保壁大帅数不盈四十。多者不过四五千家，少者千家五百家。"[2] 总的来说，在这一时期北方地区的原生族群认同在不断强化。

北方各族进入中原地区后，其社会不断发生分化。上层接受中原各政治势力的册封，成为其角逐政治权力的有力盟友。例如，建立前赵的匈奴人刘渊，先后担任左部帅、北部都尉，永熙元年，又被任命为建威将军、五部大都督，封爵为汉光乡侯，后又担任宁朔将军，监五部军事。建立前燕的慕容廆，先后被西晋封为散骑常侍、冠军将军、前锋大都督、大单于和镇军将军、昌黎国公、辽东国公。永嘉四年，前赵主刘聪派遣使者任命氐人苻洪为平远将军，苻洪不接受，自称护氐校尉、秦州刺史、略阳郡公。羌族姚氏很早就接受东汉的册封，永嘉六年十二月，时值永嘉之乱次年，姚弋仲举众向东迁徙到榆眉，跟随者有数万人，姚弋仲自称护西羌校尉、雍州刺史、扶风公。而其下层，则受到各种经济压迫，成为北方地区重要的劳动力补充，承担大量国家赋税，"远夷不课田者输义米，户三斛，远者五斗，极远者输算钱，人二十八文"，[3] 为豪强大族所侵渔剥削，以内迁胡人为依附民，担任世兵。"受方任者，又非其材，或以狙诈，侵侮边夷；或干赏

---

① 魏收：《魏书》卷113《官氏志》，第2971页。
② 罗振玉：《鸣沙石室佚书正续编》，北京图书馆出版社，2004年，第182—183页。
③ 房玄龄等：《晋书》卷26《食货志》，中华书局，1974年，第790页。

啖利，妄加讨戮。"①例如，匈奴及属部胡人南迁，逐渐从事农业生产，部分沦为豪强地主的"田客"。更有甚者，被掠为奴婢，"会建威将军阎粹说并州刺史、东嬴公腾执诸胡于山东卖充军实，腾使将军郭阳、张隆虏群胡将诣冀州，两胡一枷。（石）勒时年二十余，亦在其中，数为隆所驱辱"。②羌人同样，"或侄偬于豪右之手，或屈折于奴仆之勤"。③这使族群矛盾异常激烈。当然，从另一方面来看，族群互动也使原本生产、生活方式相对落后的胡人逐渐接受中原地区的农耕和城居生活。

进入中原地区的各支族群，在上层不断参与政治博弈、下层累积了一定社会矛盾的情况下，超越原生族群认同的"原始民族"意识得以形成并不断强化。正是在此基础上，北方地区开始了以族群为基础的激烈的政治竞争。就族群认同演变而言，表现出四个基本特征。

其一，各支胡人势力均以本族群为统治基础，由此造成了激烈的族群矛盾，后起政权往往大量诛杀前朝统治族群贵族，甚至祸及整个族群。匈奴刘渊起事于并州伊始，就设单于台统辖"六夷"，采取胡汉分治政策。同时，在胡人内部，"匈奴五部"又处于特殊地位，实际上是"胡胡分治"。④羯人石勒以胡人以及胡化汉人为核心（"十八骑"）起兵，后又被前赵刘聪封为"都督冀、幽、并、营四州杂夷、征讨诸军事"，⑤但是最终仍逐渐以白种杂胡为基础建立后赵，"号胡为国人"。⑥此举也得到其同族的回应，按《魏书》载："七年，帝复与刘琨约期，会于平阳。会石勒擒王浚，国有匈奴杂胡万余家，多勒种类，

---

① 房玄龄等：《晋书》卷52《阮种传》，第1445页。
② 房玄龄等：《晋书》卷104《石勒载记上》，第2708页。
③ 范晔：《后汉书》卷87《西羌传》，第2878页。
④ 胡鸿：《能夏则大与渐慕华风》，北京师范大学出版社，2017年，第173页。
⑤ 房玄龄等：《晋书》卷104《石勒载记上》，第2718页。
⑥ 房玄龄等：《晋书》卷105《石勒载记下》，第2735页。

闻勒破幽州，乃谋为乱，欲以应勒，发觉，伏诛，讨聪之计，于是中止。"①

在后赵起兵过程中，大批屠杀居于中原的匈奴各部以及山西的南匈奴后裔。到冉魏时期，又大量诛杀羯人，"闵躬率赵人诛诸胡羯，无贵贱男女少长皆斩之，死者二十余万"；"屯据四方者，所在承闵书诛之，于时高鼻多须至有滥死者半"。②氐人兴起于关中，建立大秦，同样推行胡汉分治政策。到苻坚时，开始推行一些缓和族群矛盾的政策，一方面重用汉人，另一方面将征服的乌桓、丁零、鲜卑、羌、羯迁入关中。然而，各族群仍聚族而居，处于社会下层，族群矛盾并未真正缓解，例如，内迁鲜卑就一直心存反叛。前秦出兵南征，阳平公苻融谏言称："鲜卑、羌虏，我之仇雠，常思风尘之变以逞其志，所陈策画，何可从也！"③最终族群内部矛盾也成为淝水之战前秦大败的重要原因。慕容鲜卑兴起过程中，利用了夫余、高句丽等族群人口，特别是大量流寓汉人，但是统治核心仍然以鲜卑为主。拓跋鲜卑的兴起则以鲜卑八部落为主。

其二，五胡政权此兴彼亡，失败的一方不仅政权瓦解，在族群身份处于危险的情况下，认同也随之衰落，一部分融入汉人，一部分则嬗变为其他族群。例如，随着前赵灭亡，匈奴散徙，大部分融入汉人，部分融入鲜卑、氐、羌、高车等周边族群，留居旧地的，到北魏时又被归为稽胡，到唐代逐渐消亡。后赵灭亡，冉闵大杀胡人，引起社会动荡，羯人部分被杀，部分融入汉人，少部分到南北朝和隋唐时期被称作"契胡"。氐人、羌人在政权衰亡后，也逐步融入汉人及周边其他族群，只有少部分维持了原有的族群认同。前燕为前秦所灭，在战

---

① 魏收：《魏书》卷1《帝纪序》，第8页。
② 房玄龄等：《晋书》卷107《石季龙载记下》，第2791—2792页。
③ 司马光：《资治通鉴》卷105《晋纪二十七》，胡三省注，中华书局，1956年，第3308页。

乱中，其后裔又先后建立后燕、西燕和北燕，最终国破族灭，人口流徙四方，大部分融入汉人之中。

其三，不论哪个族群当政，均在一定程度上接受华夏的政治、文化体系，争取汉族士人为臂助，利用儒家文化和中原政治体系，摆脱部落制对皇权的羁绊，加强中央集权统治。尽管各支割据力量多以族群为号召，但他们的政治目标均是统一中原。如建立前赵的匈奴刘渊称："夫帝王岂有常哉，大禹出于西戎，文王生于东夷，顾惟德所授耳。"[1] 建立前燕的鲜卑慕容廆称："大禹出于西羌，文王生于东夷，但问志略何如耳，岂以殊俗不可降心乎！"[2] 建立前秦的氐人苻坚亦称："帝王历数岂有常哉，惟德之所授耳。"[3]

要建立帝王伟业，在政治实践上有三条必须实行，即重用汉族士人；学习中原王朝的典章制度；鼓励农业生产，实行租税制度。例如，匈奴刘渊以汉王朝宗室外甥自居，打着复"汉"的旗号，"立汉高祖以下三祖五宗神主而祭之"。[4] 在统治机构设置上，正如《资治通鉴》所作判断："刘渊皆用汉官制。"[5] 羯人石勒大力笼络汉族士人，依晋法建立中央统治体系，颁行户税制度，立太学、四门小学，并在郡国立学官，在选官方面也沿袭九品中正制。氐族苻坚即位后，"修废职，继绝世，礼神祇，课农桑，立学校，鳏寡孤独高年不自存者，赐谷帛有差，其殊才异行、孝友忠义、德业可称者，令在所以闻"。[6] 慕容鲜卑兴起过程中，立侨郡县，安置汉人，发展农业生产；同时重用汉族士人，实行汉化政策。拓跋鲜卑兴起过程中，早在拓跋什翼健即代王位时，

---

① 房玄龄等：《晋书》卷101《刘元海载记》，第2649页。
② 房玄龄等：《晋书》卷108《慕容廆载记》，第2813页。
③ 房玄龄等：《晋书》卷114《苻坚载记下》，第2935页。
④ 房玄龄等：《晋书》卷101《刘元海载记》，第2650页。
⑤ 司马光：《资治通鉴》卷85《晋纪七》，第2702页。
⑥ 房玄龄等：《晋书》卷113《苻坚载记上》，第2885页。

"始置百官，分掌众职"，① 官职名号多仿晋制。拓跋珪建立北魏后，全面效仿中原王朝制度，至孝文帝时，为了更好吸收中原文化，迁都洛阳，全面实行汉化政策。

其四，"胡化"和"汉化"成为影响北朝政治发展的关键因素。一方面，基于原生族群的"原始民族"认同是五胡政权建立的基础；另一方面，华夏制度文明又是强化皇权统治的关键因素。如何在二者间寻求平衡是北方各政权均须重视的问题。皇权的发展使各非汉族群统治者日益与本族上层发生冲突，转而更多依靠汉人。例如，所谓以单于系统管理"六夷"、汉式官僚机构管理汉人的"胡汉"二元体制，只存在于两赵与前燕，到前秦时期已经发生改变，北魏及其后继诸政权也不存在类似的二元体制。② 至北魏孝文帝拓跋宏时期，皇权与鲜卑贵族之间的制度性矛盾已经到了不可调和的地步，这促使孝文帝推行激进的"汉化"政策。然而，这虽然扩大了皇权的统治基础，巩固了皇权，但同时也伤害了以六镇鲜卑为代表的鲜卑贵族势力的利益，最终面对六镇起义，难以调动有效的镇压力量。继起的东魏北齐和西魏北周都推行了鲜卑化的政策，如恢复鲜卑旧制、旧俗，推行鲜卑语，实行兵民分离等，但是双方对汉族士人和汉制又采取了不同政策。北齐推行以鲜卑制汉、代人为党、排抑汉族士人的胡化政策。北周则采取胡汉融合政策，一方面以府兵制为核心，化汉为胡来实现"胡汉一家"；另一方面，重用汉族士人，上溯《周礼》，推行儒家文化。模仿《周礼》改革官制，苏绰制定"六条诏书"，即"治心身""敦教化""尽地力""擢贤良""恤刑狱""均赋役"，全面推行华夏统治制度。到杨坚秉政，"以前赐姓，皆复其旧"，③ 军人一律在所在地区落

---

①　魏收：《魏书》卷1《序纪一》，第12页。
②　刘子凡：《"天可汗"称号与唐代国家建构》，《历史研究》2021年第6期。
③　魏徵：《隋书》卷1《高祖上》，中华书局，1973年，第7页。

籍，编入州县户籍，和普通百姓一样授予土地，轮换服兵役、操练或出征。十六国以来少数民族军人高人一等的特权地位被取消，政治上则恢复汉魏传统的三省六部制。这也使本来弱小的北周在竞争中逐渐获得更大优势。

与北方地区通过激烈的族群互动形成融合局面不同，南方地区基本延续了秦汉以来的以郡县制为组织架构的华夏化过程。东晋常璩《华阳国志》载："南域处邛、笮、五夷之表，不毛闽濮之乡，固九服之外也。而能开土列郡，爰建方州，逾博南，越兰沧，远抚西垂，汉武之迹，可谓大业。"① 《后汉书》载："虽服叛难常，威泽时旷，及其化行，则缓耳雕脚之伦，兽居鸟语之类，莫不举种尽落，回面而请吏，陵海越障，累译以内属焉。"② 又载："永平中，益州刺史梁国朱辅，好立功名，慷慨有大略。在州数岁，宣示汉德，威怀远夷。自汶山以西，前世所不至，正朔所未加。白狼、槃木、唐菆等百余国，户百三十余万，口六百万以上，举种奉贡，称为臣仆。"③ 在郡县统治的基础上，汉文化不断向西南夷地区传播。《后汉书》载："肃宗元和中，蜀郡王追为太守，政化尤异……始兴起学校，渐迁其俗。"④ 《华阳国志》载："明、章之世，毋敛人尹珍，字道真，以生遐裔，未渐庠序，乃远从汝南许叔重授五经，又师事应世叔学图纬，通三材，还以教授，于是南域始有学焉。"⑤ 从东汉末期开始，北方地区陷入战乱，中原地区的农业人口开始大量向南方迁徙。例如，《晋书》载："建安初，关中百姓流入荆州者十余万家。"⑥ 北人南迁，增加了南方地区的农业人口，提

---

① 常璩：《华阳国志》卷 4《南中志》，第 468 页。
② 范晔：《后汉书》卷 86《南蛮西南夷列传》，第 2860 页。
③ 范晔：《后汉书》卷 86《南蛮西南夷列传》，第 2854—2855 页。
④ 范晔：《后汉书》卷 86《南蛮西南夷列传》，第 2847 页。
⑤ 常璩：《华阳国志》卷 4《南中志》，第 380 页。
⑥ 房玄龄等：《晋书》卷 26《食货志》，第 784 页。

升了农业经济发展水平，加快了南方地区华夏化进程并增强了对华夏周边地区的带动力。

随着吴、蜀的建立，在区域政权的强力推动下，更多南方地区世居人群被纳入郡县统治。孙吴政权建立后，对江南东部山区的山越、荆州地区的蛮、交州地区的夷采取武力征服政策，一方面扩充兵源，另一方面也乘机设立郡县，推进一体化统治。建安二十二年，平定"丹杨贼帅费栈作乱"，以"疆者为兵，羸者补户，得精卒数万人"。[①]吴黄武七年，以全琮为东安郡太守，"数年中，得万余人"。[②]嘉禾三年，诸葛恪讨伐山越，擒获 10 万人左右，得甲士 4 万人，"恪自领万人，余分给诸将"。[③]征服山越、蛮、夷所俘获的民户，一部分成为郡县编户，一部分用来屯田，扩大农业生产。

蜀汉政权建立后，加大了对南中（今云南、贵州和四川西南部）地区的统治和开发。蜀汉之初，南中地区一度失去控制，建兴三年春，为平定南中叛乱，诸葛亮率军南征并采取"攻心为上，攻城为下，心战为上，兵战为下"的策略，[④]成功招抚南中大姓和各少数民族部落首领，重新建立起对南中的统治。《华阳国志》载："建兴三年春，亮南征……秋，遂平四郡。改益州为建宁，以李恢为太守，加安汉将军，领交州刺史，移治味县。分建宁、越巂置云南郡，以吕凯为太守。又分建宁、牂柯置兴古郡，以马忠为牂柯太守。移南中劲卒青羌万余家于蜀，为五部，所当无前，号为飞军。分其羸弱配大姓焦、雍、娄、爨、孟、量、毛、李为部曲；置五部都尉，号'五子'，故南人言'四姓五子'也。"[⑤]除了上述设郡县，以豪强为官、以青壮为兵外，还大

---

① 陈寿：《三国志》卷 58《吴书·陆逊传》，第 1344 页。
② 陈寿：《三国志》卷 60《吴书·全琮传》，第 1382 页。
③ 陈寿：《三国志》卷 64《吴书·诸葛恪传》，第 1431 页。
④ 陈寿：《三国志》卷 39《蜀书·马谡传》，第 983 页。
⑤ 常璩：《华阳国志》卷 4《南中志》，第 356—357 页。

力推动农业发展，引入先进农业技术，使西南世居人群"渐去山林，徙居平地，建城邑，务农桑"。①

西晋延续吴、蜀的统治策略而又有所强化。《晋书》载："诏以脩为安南将军，广州牧、持节、都督如故……委以南方事。脩在南积年，为边夷所附。"②陶璜为持节、都督交州诸军事、前将军、交州牧，"在南三十年，威恩著于殊俗"。③另一交州刺史吾彦"在镇二十余年，威恩宣著，南州宁靖"。④在南中地区，为加强统治，"太康三〔五〕年，罢宁州，置南夷，以天水李毅为校尉，持节，统兵镇南中"。⑤西晋末年，北方战乱频仍，汉人大量南下避难。史称："晋永嘉大乱，幽、冀、青、并、兖州及徐州之淮北流民，相率过淮，亦有过江在晋陵郡界者。"⑥"中州士女避乱江左者十六七。"⑦其中多为农民、手工业者及商人，亦有部分下层士人。有相当部分进入华夷杂处的西南、岭南地区，稳固了郡县统治，推动了当地的文化发展和农业开发，促进了华夷融合。

东晋、南朝时期，在南方华夷杂处地区统治方面，有了一系列新的举措，发挥了承上启下的作用。其一，以军事驻防加强统治，设置南蛮校尉、宁蛮校尉、安远护军、三巴校尉、镇蛮校尉、平蛮校尉、平越中郎将、镇蛮护军、西江都护、南江都护等。其二，在蛮夷地区设立特殊行政机构以适应统治需要，即左郡左县。《南齐书·州郡志》共载有左郡 65 个，左县 138 个，主要设置在南豫州、荆州、司州、郢州、雍州、益州、江州、湘州等非汉世居人群聚居区。这些郡县多以

---

① 《诸葛亮集·遗事篇》引《滇载纪》，舒洁标点，时代文艺出版社，1995 年，第 141 页。
② 房玄龄等：《晋书》卷 57《滕脩传》，第 1553 页。
③ 房玄龄等：《晋书》卷 57《陶璜传》，第 1561 页。
④ 房玄龄等：《晋书》卷 57《吾彦传》，第 1563 页。
⑤ 常璩：《华阳国志》卷 4《南中志》，第 362—363 页。
⑥ 沈约：《宋书》卷 25《州郡志一》，中华书局，1974 年，第 1038 页。
⑦ 房玄龄等：《晋书》卷 64《王导传》，第 1746 页。

原部落组织所居地域划分，故其规模一般较小，任命其本部首领为太守、县令等官职，不改变其原辖区的组织形式，也不干预其内部事务，在政治上和经济上有很大的独立性，但明确隶属南朝政府管辖，服从朝廷的调遣。① 从制度特征来看，开了唐代羁縻府州的先河。其三，继续武力征发人口，如刘宋时期，"命将出师，恣行诛讨，自江汉以北，庐江以南，搜山荡谷，穷兵罄武，系颈囚俘，盖以数百万计"。② 其四，也有蛮夷民户自主降附而设置郡县的，例如元嘉二十五年，刘宋"以豫部蛮民立茹由、乐安、光城、雩娄、史水、开化、边城七县，属弋阳郡"。③ 又"以豫部蛮民立建昌、南川、长风、赤亭、鲁亭、阳城、彭波、迁溪、东丘、东安、西安、南安、房田、希水、高坡、直水、蕲水、清石十八县，属西阳"。④ 其五，以责"赎"、课银等方式征发贡赋。上述政策虽然具有族群压迫的属性，但是客观上也强化了政治统治，促进了不同族群间的交往、融合。

与此同时，也有相当部分汉人为躲避赋役压迫，流亡到蛮夷之中。如《宋书》载："蛮民顺附者，一户输谷数斛，其余无杂调。而宋民赋役严苦，贫者不复堪命，多逃亡入蛮。"⑤《晋书》亦载："时东土多赋役，百姓乃从海道入广州。"⑥ 吕思勉称："乃皆乱世，民依阻山谷，与越相杂尔。其所居者虽越地，其人固多华夏也。"⑦ 汉民迁入蛮夷地区，加速了蛮夷地区的开发，促进了文化交流和族群交融。

总的来说，魏晋南北朝时期南方地区的华夷融合为隋唐时期大一

---

① 高文德等编著《中国少数民族史大辞典》，吉林教育出版社，1995年，第458页。
② 沈约：《宋书》卷97《蛮夷传》，第2399页。
③ 沈约：《宋书》卷36《州郡志二》，第1080页。
④ 沈约：《宋书》卷37《州郡志三》，第1128页。
⑤ 沈约：《宋书》卷97《夷蛮传》，第2396页。
⑥ 房玄龄等：《晋书》卷73《庾翼传》，第1932页。
⑦ 《吕思勉读书札记》，上海古籍出版社，1982年，第578页。

统局面的形成奠定了坚实基础，一系列制度创造也为隋唐时期在边疆地区推进一体化统治作出了有益探索。

三 盛唐时期中华民族多元一体格局的初步形成

隋朝统一结束了魏晋以来的政治分裂局面，也结束了中原地区族群纷争、动荡的历程，重新恢复了华夏文明的统治地位。在处理与华夏周边族群关系时，隋朝基本上远追秦汉，走了一条"南朝化"的道路。在东北地区，接纳高句丽等的降服，建立朝贡册封关系。在北方，突厥内乱，突利可汗战败，带领部众南迁降隋，受封为启民可汗，将河套一带划为突厥的牧区，后启民可汗统一突厥各部，表示要"千世万世，常为大隋典羊马也"。[①] 在西北地区，击败不断袭扰边境的吐谷浑，设置了西海（今青海都兰东）、河源（今青海兴海东南部）、鄯善（今新疆若羌）、且末（今新疆且末）四郡。其后又击败突厥势力，全面控制西域。与高昌和亲，促使高昌改易服色，臣服隋朝。隋朝先后派遣使者韦节、杜行满、裴矩等出使西域，"相率而来朝者三十余国，帝因置西域校尉以应接之"。[②] 隋朝重新开启了秦汉时期形成的中原与周边互动共生的天下格局，巩固了华夏在中华民族多元一体格局中的凝聚核心地位。

隋朝短祚，二世而亡。唐在隋朝的基础上，进一步规划恢张，推动边疆统治制度创新——羁縻府州制度，强化政治认同、经济互动、文化交流、人群交融，推动形成新的超越原生族群的共同体认同。

这样一种认同的形成，首先是基于唐朝统治者对族群关系的认识。正如唐太宗所说："自古皆贵中华，贱夷、狄，朕独爱之如一，故其种

---

① 司马光：《资治通鉴》卷 179《隋纪三》，第 5572 页。
② 魏徵：《隋书》卷 83《西域传》，第 1841 页。

落皆依朕如父母。"① 在消灭东突厥政权以后，面对如何安置十余万降唐者的问题，群臣各抒己见。朝士多言："北狄自古为中国患，今幸而破亡，宜悉徙之河南兖、豫之间，分其种落，散居州县，教之耕织，可以化胡虏为农民，永空塞北之地。" 而温彦博以为："徙于兖、豫之间，则乖违物性，非所以存养之也。请准汉建武故事，置降匈奴于塞下，全其部落，顺其土俗，以实空虚之地，使为中国扞蔽……若救其死亡，授以生业，教之礼义，数年之后，悉为吾民。选其酋长，使入宿卫，畏威怀德，何后患之有！"② 唐太宗最后采纳了温彦博的建议，特别是将突厥贵族迁入长安，入宫廷为宿卫，"擢酋豪为将军、郎将者五百人，奉朝请者且百员，入长安自籍者数千户"，③ 充分体现了唐太宗的"华夷一家"政策。

其次，内附蕃人的国家义务、身份变化与族群认同的嬗变。《唐六典》载："凡诸国蕃胡内附者，亦定为九等，四等已上为上户，七等已上为次户，八等已下为下户；上户丁税银钱十文，次户五文，下户免之。附贯经二年已上者，上户丁输羊二口，次户一口，下户三户共一口。无羊之处，准白羊估折纳轻货。若有征行，令自备鞍马，过三十日已上者，免当年输羊。凡内附后所生子，即同百姓，不得为蕃户也。凡岭南诸州税米者，上户一石二斗，次户八斗，下户六斗；若夷獠之户，皆从半输。轻税诸州、高丽、百济应差征镇者，并令免课、役。"④ 这一记载虽然将内附蕃胡的第一代与第二代作了区分，但只是税负上由轻变重，"附贯"则一以贯之，说明唐对内附蕃人是视同编户的，由此便从制度上解决了族群身份问题。至于第二代"不得为蕃户也"，则为非汉人口融入唐朝社会体系，建构华夏身份认同提供了制

---

① 司马光：《资治通鉴》卷198《唐纪十四》，第6247页。
② 司马光：《资治通鉴》卷193《唐纪九》，第6076页。
③ 欧阳修：《新唐书》卷215上《突厥传上》，中华书局，1975年，第6038页。
④ 李林甫等：《唐六典》卷3《尚书户部》，陈仲夫点校，中华书局，1992年，第77页。

度保障。在传世唐人传记和出土唐人墓志材料中，我们能看到大量非汉人口通过改变祖先记忆而融入华夏的事例。

再次，羁縻府州制度的创制，在华夏传统"因俗而治"的基础上，向"一体而治"作了积极探索。笔者曾撰文指出，羁縻州就是唐朝特殊的一级地方统治机构。虽然唐朝因时因地制宜，采取差序化管理制度，羁縻州也有叛服不常的一面，但是在羁縻州存续时期，其接受唐朝授予的官职，承担一定的政治、军事、经济义务，奉大唐正朔，自愿融入唐政治体系和文化圈。[①]《白氏六帖事类集》引唐代《杂令》："东至高丽，南至真腊，西至波斯、吐蕃及坚昆都督，北至突厥、契丹、靺鞨，并为入蕃，余为绝域。"[②] 此所谓"入蕃"，大体即是唐朝羁縻州的范围，实际上与今日中华民族共同体的空间维度、人群维度也大体相同。虽然其后中国的历史疆域时有盈缩，但是大体维持上述范围，因此，可以说唐朝已经为中华民族共同体塑造了有关民族边界的历史记忆。

复次，华夏周边各族群形成了中原皇帝为天下共主的意识。《唐会要》载："（贞观）四年三月，诸蕃君长诣阙，请太宗为天可汗。乃下制，令后玺书赐西域北荒之君长，皆称皇帝天可汗。"[③]《资治通鉴》载："（贞观二十年）九月，上至灵州，敕勒诸部俟斤遣使相继诣灵州者数千人，咸云：'愿得天至尊为奴等天可汗，子子孙孙常为天至尊奴，死无所恨。'"[④] 同书又载："及还，上御天成殿宴，设十部乐而遣之。诸酋长奏称：'臣等既为唐民，往来天至尊所，如诣父母，请于回纥以南、突厥以北开一道，谓之参天可汗道，置六十八驿，各有马及酒肉以供

---

① 范恩实：《唐羁縻州制度是一体而治的重要一环》，《历史评论》2022 年第 1 期。
② 白居易：《白氏六帖事类集》卷 16，文物出版社，1987 年，第 65 页。
③ 王溥：《唐会要》卷 100《杂录》，中华书局，1955 年，第 1796 页。
④ 司马光：《资治通鉴》卷 198《唐纪十四》，第 6240 页。

过使，岁贡貂皮以充租赋，仍请能属文人，使为表疏.'上皆许之。"①
尊唐太宗"天可汗"及自称"唐民"，充分反映了华夏周边各族群的
共同体意识。除了北方草原部族，新罗、渤海、南诏等也都奉唐朝正
朔，吐蕃与唐朝形成甥舅关系。贞元十年，唐诏结盟，南诏王异牟寻
率文武大臣发誓"请全部落归附汉朝（唐朝）"，"誓为汉臣"。②可以
说，得到唐朝的政治认可是这些周边政权政治合法性的重要支柱，其
在承认唐朝政治中心地位、承担一定义务、获取唐朝政治认同的基础
上，实行自治。

　　最后，经济文化交流进一步推动了凝聚力的形成。在经济上，华
夏周边各族群均高度依赖中原，而中原王朝也通过经济交流与之互通
有无。例如，唐与草原各部族保持了密切的经济联系，突厥用马、羊
等畜牧业产品，与唐交换棉、绢等丝织品；回纥用马匹交换唐的丝织
品、茶叶和粮食；契丹用马匹、牛羊、皮毛、珍贵药材等交换唐朝的
丝绸、瓷器、茶叶等产品。至于农耕社会的渤海、南诏等，更是与唐
朝保持了紧密的经济文化联系。特别是文化联系，不但中原儒家文化
在渤海、南诏深度传播，出现"车书一家"的局面，在政治上他们也
积极追随唐朝制度，渤海模仿唐朝实行三省六部制和府州县制，南诏
采用唐朝均田制、府兵制等。

　　学界以往谈及唐代族群问题，常常引述陈寅恪之宏论："全部北朝
史中凡关于胡汉之问题，实一胡化汉化之问题，而非胡种汉种之问题，
当时之所谓胡人汉人，大抵以胡化汉化而不以胡种汉种为分别，即文
化之关系较重而种族之关系较轻，所谓有教无类者是也。"③此论虽然
剔除了血统论（族群原生论）的影响，但是如果将胡化与汉化归结为

---

① 司马光：《资治通鉴》卷198《唐纪十四》，第6245页。
② 樊绰：《蛮书》卷10《云南诏蒙异牟寻与中国誓文》，景印文渊阁《四库全书》本，台湾
　商务印书馆，1986年。
③ 陈寅恪：《隋唐制度渊源略论稿》，生活·读书·新知三联书店，2001年，第79页。

文化同化（族群文化论、客观论），似乎又未能尽疏其义。笔者认为，由魏晋南北朝演变至盛唐时期的胡化、汉化，并不只是文化的客观差异，而是一种认同意识的差别。其中"汉化"是对以华夏文明为基础的多元族群、文化互动共生状态的认同，而"胡化"则是强调非汉族群的特殊性以及与华夏族群的割裂和对抗。这一点又是针对胡汉双方而言，因此替换为中华意识与原生族群意识更为准确。正如陈寅恪先生所指出："李唐氏族若谨就其男系论，固一纯粹之汉人也……李唐一族之所以崛兴，盖取塞外野蛮精悍之血，注入中原文化颓废之躯，旧染既除，新机重启，扩大恢张，遂能别创空前之世局。"[①]即李唐皇室虽然是汉人，但是在处理族群关系时却能融合胡汉而非拘泥于原生族群的华夏意识。

总的来说，"唐民"不仅给今天中华民族共同体留下一个珍贵的记忆符号，也是那个时代一个具有凝聚力的群体名称。在这个共有名称之下，虽然原生族群意识在各非汉族群聚居区稳定存在，但是超越原生族群的基于政治一体化、共有价值观和紧密经济文化联系的共同体意识也在不断强化。可以说，盛唐时期是中华民族共同体意识形成的第一个高潮时期，也是作为当代中华民族共有精神家园中"大家认同的历史文化大传统"的重要一环。

结 语

中华民族共同体是在东亚海洋、山川、沙漠、极寒环境共同围构的特定空间范围内，适应次级地缘环境而生成的各原生族群间通过长期互动共生、交融发展而形成的民族共同体，对互动共生关系的认同

---

① 陈寅恪：《金明馆丛稿二编》，生活·读书·新知三联书店，2001年，第344页。

是这一共同体形成和发展的基础。从历史发展来看，这一认同在不同时期有时彰显，有时隐晦。隐晦的时期，正是共同体内部分裂、族群矛盾激化的时期，如魏晋南北朝；彰显的时期，则是共同体内部和谐、繁荣发展的时期，如盛唐。而从秦汉至盛唐的历史发展过程则为中华民族共同体的发展形成奠定了基础、提供了记忆、塑造了形式。

是遵从中华意识，还是强化原生族群意识，成为后世统一与分裂的重要思想基础。后起的统一王朝，在中华民族共同体认同方面，正是承袭了盛唐的发展脉络。例如元朝，有学者研究指出，其以尧舜禹汤、秦汉隋唐的合法继承者自居，充分遵循并发展了中原传统制度，自称"中国""华夏"。[①] 再如清朝，有关其认同问题在中西学界间存在较大争论，但是正如有学者研究指出，到康熙朝，满人高层认同"中国"、自称"中国人"的情形，已成为一种自觉的常态。也正是在康熙二十八年清政府与俄国签订的中国历史上第一个正式的国际条约——《尼布楚条约》中，"中国"作为大清国国家名称、"华民"作为大清国臣民的称呼被国际化。[②] 至于宋明，则是各种原生族群意识强化的时期。

（原刊《吉林大学社会科学学报》2023 年第 4 期）

---

① 罗玮：《驳"元朝不是中国的王朝"》，《历史评论》2022 年第 3 期。
② 黄兴涛：《清代满人的"中国认同"》，《中华读书报》2010 年 10 月 27 日，第 13 版。

坚持正确的中华民族历史观，要突破传统史观局限

李大龙

铸牢中华民族共同体意识是新时代党的民族工作的主线，是全党全国的大事。近年来，铸牢中华民族共同体意识的研究，得到了学界的广泛关注。但是从目前的情况看，从事铸牢中华民族共同体意识研究的学者主要集中在我国民族院校和民族研究机构，发文的载体主要是民族类期刊。要鼓励哲学社会科学工作者关注铸牢中华民族共同体意识研究课题，特别是鼓励历史学界坚持以"四个共同"的正确中华民族历史观加强中华民族历史研究，为构建符合统一多民族国家中国、中华民族共同体形成与发展实际的话语体系提供学理支撑。

2019 年，习近平总书记在全国民族团结进步表彰大会上的重要讲话中指出，我国辽阔的疆域是各民族共同开拓的，悠久的历史是各民族共同书写的，灿烂的文化是各民族共同创造的，伟大的精神是各民族共同培育的。2021 年，习近平总书记在中央民族工作会议上强调，"必须坚持正确的中华民族历史观，增强对中华民族的认同感和自豪感"，"铸牢中华民族共同体意识，就是要引导各族人民牢固树立休戚与共、荣辱与共、生死与共、命运与共的共同体理念"。"四个共同"和"四个与共"是我们坚持正确的中华民族历史观、铸牢中华民族共同体意识的关键，历史研究学者要切实承担起建设话语体系的重要职责。

坚持正确的中华民族历史观，需要突破传统王朝史观。我国有浩如烟海的古籍，这是国人引以为豪的，但是遍观已有的中国历史、中华民族历史论著，基本是在二十四（五）史基础上建构起来的叙述体系。虽然在 20 世纪五六十年代有过对"历史上的中国范围"的全国性大讨论，八九十年代为撰写中国民族关系史再次展开全国范围的讨论，历代王朝历史不能代表中国历史已经成为学界共识，但学界并没有彻底摆脱传统的历代王朝史观的影响，而是习惯于将历代王朝视为"中国"，将其与边疆政权对立起来，以至于"何谓中国，何为边疆"依然是当今不同学科学者热衷讨论的话题。在这种情况下，国外学者提出的一些企图解构中国作为统一多民族国家历史的观点，被视为"新视角""新方法"，严重冲击着传统话语体系。

近代"民族国家"理论传入中国后，将历代王朝视为汉族政权的观点一度流行，虽然这种认识不再是学界的主流观点，但时至今日仍然存在一定的影响。学界还存在忽视"民族国家"之"民族"和中国传统的人群划分有着根本性质差别的现象，突出表现在一些论著将古籍中源自政权而凝聚形成的人群称为"民族"，并在民族关系的语境下诠释其历史。

实际上，"中国"概念源于先秦时期的"京师（王畿）"，指的是"大一统"政治秩序权力核心，历代王朝自称"中国"也是出于争夺"正统"的需要。但历代王朝只是中华大地上众多政权中争夺"正统"的胜出者而非全部，完整叙述中国作为统一多民族国家的历史，需要涵盖中华大地上存在过的所有政权和人群的历史。

当今的中国是在中华大地上生息繁衍的众多人群共同缔造的。在这一过程中，那些因为不同原因而被区分的众多人群，最终结成了密切的血肉关系，这是无法否认的史实。客观诠释统一多民族国家中国、中华民族共同体形成与发展的历史，是学者应该承担起的责任。要坚持辩证唯物主义和历史唯物主义的理论与方法，从统一多民族国家形成与发展的历史实际出发，突破传统历代王朝史观、狭隘的民族史观的影响，坚持"四个共同"的正确中华民族历史观，形成符合中国历史实际的理论体系和话语体系，为铸牢中华民族共同体意识提供牢固的学理支撑。

（本文为作者在中国民族史学会主办的"中华民族历史观与铸牢中华民族共同体意识"专题研讨会上的发言）

"大一统"与中华民族共同体

"大一统"思想及其实践是推动多民族国家中国、中华民族以及中华民族共同体形成与发展的重要动力来源，尽管以往学界对"大一统"思想及其实践有过很多探讨，但将其和中华文明、中华民族共同体联系起来分析的论著尚不多见，实际上形成于先秦时期的"大一统"思想及其实践构成了中华文明的核心内容，这也是我们认识和理解中华文明"统一性"的钥匙。

一 "大一统"是以"周天子"为核心的政治思想体系

提及"大一统"，学界一般认为它最早出现在《春秋公羊传·隐公元年》的记载中："春王正月。元年者何？君之始年也。春者何？岁之始也。王者孰谓？谓文王也。曷为先言王而后言正月？王正月也。何言乎王正月？大一统也。"尽管后世对"大一统"的这一记载出现了不同的解释，但唐人颜师古"一统者，万物之统皆归于一也……此言诸侯皆系统天子，不得自专也"的解释应该是点明了其要义，即"大

---

* 李大龙，中国社会科学院（中国历史研究院）中国边疆研究所编审；王珏，云南大学历史与档案学院博士研究生。

一统"是对先秦尤其是周代以"周天子"为核心的"天下"政治秩序的描述。

"大一统"的核心是"周天子"。《孟子·梁惠王章句上》孟子曰"天下定于一",《礼记·曾子问》孔子曰"天无二日，土无二王，尝禘郊社，尊无二上"等，都形象地强调了"周天子"的核心地位。

"天下"是"大一统"实施的范围。学界多从"中国"的视角认识"大一统"，实际上并不完全准确，因为这一政治体系实施的范围是"天下"并非"中国"。"溥天之下，莫非王土；率土之滨，莫非王臣。"这是《诗经·小雅·北山》对先秦时期"大一统"实施范围的经典描述。"天下"的范围是不断拓展的，在秦汉至隋唐时期在古人的观念中"天下"又被分为"九州""海内""海外"三个由内及外的不同层次，其中"九州""海内"被喻为"天子"的"家"，所谓"陛下以四海为境，九州为家"①"天子以四海为家。故置一堂以象元气，并取四海为家之义"②等都是这种思想的反映。

先秦时期"大一统"的具体实施是见诸史书记载的"服事制"。《国语·周语上》："夫先王之制，邦内甸服，邦外侯服，侯、卫宾服，蛮夷要服，戎狄荒服。甸服者祭，侯服者祀，宾服者享，要服者贡，荒服者王。日祭、月祀、时享、岁贡、终王。先王之训也，有不祭则修意，有不祀则修言，有不享则修文，有不贡则修名，有不王则修德。序成而有不至则修刑，于是乎有刑不祭，伐不祀，征不享，让不贡，告不王；于是乎有刑罚之辟，有攻伐之兵，有征讨之备，有威让之令，有文告之辞。布令陈辞而又不至，则增修于德，而无勤民于远，是以近无不听，远无不服。"对于这一记载，后人多按照"五百里一服"将这一政治体系理解为圈层或方形的结构，但这是一种机械的认识，不

① 《汉书》卷 64《严助传》。
② 《旧唐书》卷 22《礼仪二》。

能体现其本质。实际上这一政治体系是"周天子"按照亲疏关系赋予诸侯不同的权利和义务的据点式体制结构。这一体制结构在秦统一六国之后演变为郡县、臣邦、外臣邦三层，汉代则更细化为郡县、护羌校尉等特设机构、外臣等三层结构的藩属体系。其后，秦汉形成的郡县直接管辖区域、郡县之外的"藩臣"间接管辖区域和最外层的保持册封管辖的"藩国"是这一政治体系直至清代都没有出现根本变化的基本样态。

先秦时期"天下"的百姓被称为"五方之民"。《礼记·王制》曰："凡居民材，必因天地寒暖燥湿，广谷大川异制，民生其间者异俗，刚柔、轻重、迟速异齐，五味异和，器械异制，衣服异宜。修其教，不异其俗；齐其政，不易其宜。中国戎夷，五方之民，皆有性也，不可推移。东方曰夷，被发文身，有不火食者矣。南方曰蛮，雕题交趾，有不火食者矣。西方曰戎，被发衣皮，有不粒食者矣。北方曰狄，衣羽毛穴居，有不粒食者矣。中国、夷、蛮、戎、狄，皆有安居、和味、宜服、利用、备器。五方之民，言语不通，嗜欲不同。达其志，通其欲：东方曰寄，南方曰象，西方曰狄鞮，北方曰译。"自然环境的不同所导致的不同的生产生活方式和分布方位是划分人群的标准，值得重视的是这一标准和近代以来传入的"民族"划分标准是不同的。秦汉及其以后，随着人群的迁移聚合，区分人群的方式也发生了变化，在长期保留由"五方之民"演变而来的"中国"（华、诸夏等）和四夷（夷狄）"二元"称呼方式基础上，不同政权也在政权名义下整合着辖区内的人群，秦人、汉人、匈奴人等即属此类。东汉之后，出于争夺"大一统"的需要，由春秋战国时期"中国"之争演变而来的"华夷之辨"虽然成为区分人群的重要标志，但政治含义明显，具体指向也是变动的。中大通元年（529），南梁重臣陈庆之出使北魏，"自魏还，特重北人。朱异怪而问之，庆之曰：'吾始以为大江以北皆戎狄之乡，比至洛阳，乃知衣冠人物尽在中原，非江东所及也，奈何轻之？'"①陈庆之从视北魏为"戎狄"到"衣冠人物"（中华）观念的改变一方面说明"华"与"夷"的具体指向是不固定的，另一方面体现了对"中华"的认同也可以改变"华夷"身份。但是，不管人群如何划分，"中国百姓"和"四夷之人"共同构成了"天下"却是唐代人的一般认识。即《旧唐书·李大亮传》所载："中国百姓，天下本根；四夷之人，犹于枝叶。扰于根本，以厚枝附，而求久安，未之有也。"

清代，"华夷之辨"虽然依然根深蒂固，但多民族国家清朝统治者并不隐晦其源自"东夷"的身份，希望消弭"中外华夷之分"而实现真正的"大一统"。雍正帝对此做过系统阐述："本朝之为满洲，犹中国之有籍贯。舜为东夷之人，文王为西夷之人，曾何损于圣德乎？""我朝既仰承天命，为中外臣民之主，则所以蒙抚绥爱育者，何得以华夷而有殊视？而中外臣民，既共奉我朝以为君，则所以归诚效顺，尽臣民之道者，尤不得以华夷而有异心。此揆之天道，验之人理，海隅日出之乡，普天率土之众，莫不知大一统之在我朝。"②

二 "中华民族""中华民族共同体"是源自多民族国家的"国民共同体"

"中华民族"是中西合璧的用词，源头是"nation"。传入中国一般认为是19世纪七八十年代。金炳镐和彭英明认为王韬在《洋务在用其所长》中最早使用"民族"一词，但未得到重视，论及人们共同体时更多用的词语是"种族"。③ 20世纪初期"民族"一词开始被普

---

① 《资治通鉴》卷153，中大通元年。
② 《清世宗实录》卷86，雍正七年九月癸未。
③ 参见金炳镐主编《中国民族理论百年发展（1900—1999）》，辽宁民族出版社，2008年，第45页。

遍使用,梁启超 1902 年第一次使用"中华民族"一词,其"民族"概念也具有相同性质。但是,梁启超之"中华民族"的使用是迎合了清后期宪政革新的需要,这一点似乎没有得到学界应有的重视。

面对鸦片战争带来的严重威胁,清朝统治者也有过努力,立宪革新即是其中之一。《清德宗实录》卷 562 光绪三十二年七月戊申条记载了光绪皇帝"立宪"改革的上谕:"……视进步之迟速,定期限之远近,着各将军、督抚晓谕士庶人等,发愤为学,各明忠君爱国之义,合群进化之理,勿以私见害公益,勿以小忿败大谋,尊崇秩序,保守和平,以豫储立宪国民之资格,有厚望焉。将此通谕知之。"清末的宪政革新与"国民"概念的出现,应该是梁启超"中华民族"概念形成的直接动因。

尽管梁启超早期在"中华民族"的使用上存在或用于指称"中国民族",或用于指称"汉族"等不同用法,有很大的随意性,但他最终在 1922 年发表的《中国历史民族之研究》中还是给出了一个明确的界定:"凡一遇到他族而立刻有'我中国人'之一观念浮于其脑际者,此人即中华民族一员也。"[1]1939 年,看到民族(nation)已经成为日本侵略中国的工具,同时也认识到了"民族"和中国传统人群划分标准的差异,顾颉刚撰著《中华民族是一个》,再次对"中华民族"作出了明确界定:"在中国疆域之内受一个政府的统治,就会彼此承认都是同等一体的人民。"[2]费孝通在《中华民族多元一体格局》中也明确说明:"将把'中华民族'这个词用来指现在中国疆域里具有民族认同的 11 亿人民。"梁启超、顾颉刚和费孝通界定的"中华民族"这一称呼在夏鼐的《新中国的考古学》一文中则被称为"中华民族共同体":

---

[1]　《梁启超全集》第 6 册,北京出版社,1999 年,第 3435 页。
[2]　马戎主编《"中华民族是一个"——围绕 1939 年这一议题的大讨论》,社会科学文献出版社,2016 年,第 36 页。

"现今全国的少数民族还很多，他们虽和汉族不同，但各兄弟民族的祖先在悠久的历史过程中，与汉族的祖先建立起日益紧密的联系，今日大家一起构成了中华民族共同体。"① 由此看，无论是"中华民族"还是"中华民族共同体"，其对应的都是多民族国家中国不同时期的"国民"。

但是仔细分析"中华民族""中华民族共同体"，二者似乎还是存在差别。因为在当今世界，虽然习惯上我们依然称呼加入其他国籍的"中国人"（海外华人）为"中华民族"成员或"中华儿女"，但其和多民族国家中国已经不存在政治依附关系，因此"中华民族"应有狭义和广义之分。狭义的中华民族是指居住在 960 万平方公里领土上的"中国人民"，这是构成中华民族的核心群体，既包括大陆上的中国人，也包括台湾、香港、澳门等地区的中国人。因为生活在这一区域内的人群有着共同的政治诉求和共同利益，相互之间也结成了命运共同体，故可以称之为"中华民族共同体"。广义的中华民族则既包括认同多民族国家中国身份的中国人，也包括没有了中国身份的海外华人。

三 "大一统"思想及其实践与"中华民族""中华民族共同体"

无论是"中华民族"还是"中华民族共同体"，其和多民族国家中国具有着密切的因果关系，这是否认不了的事实。多民族国家中国的形成与发展和中华民族、中华民族共同体的形成与发展是密不可分的，而"大一统"是主导多民族国家形成与发展的重要思想，因此"大一统"思想的形成与发展及其实践，是将二者密切联系在一起的重

---

① 夏鼐：《新中国的考古学》，《考古》1962 年第 9 期。

要因素。

在传统的话语体系中，历代王朝被视为多民族国家中国的缔造者，但在清代之前并没有一个王朝以"中国"为其国号，而最终"中国"却成为多民族国家的简称，其中内在的原因是值得思考的。"中国"最初的指称"京师"，实际上是"大一统"政治体系核心的另类表述，因为"京师"（王畿）是"周天子"的所在地，"中国"是指代"周天子"在"大一统"的核心地位，同时也指代这一政治秩序。即便是今天，以首都的名称代指一个国家政府的形式依然是常见的做法。秦王嬴政统一六国，废除分封而立郡县，"皇帝"成为"大一统"政治秩序的核心，而其管辖范围则由于郡县的推广而拓展到秦朝的整个疆域，"中国"由此也就有了指称中原郡县的含义。秦汉以后，虽然表示王朝国家疆域的概念依然是"天下"，但这一区域是"大一统"王朝国家直接管辖的性质不仅没有随着王朝的更替而发生根本性质的改变，反而成为不同政权争夺"大一统"政治地位的象征，长期被称为"中国"，而争夺的胜出者不仅被称为"历代王朝"，记录其历史的史书（二十四史）也被称为"中国正史"。但是，历代王朝的历史并不是多民族国家中国历史的全部，没有被视为历代王朝的更多政权在多民族国家形成与发展的过程中也发挥了重要的不可替代的作用，其疆域和历史也是多民族国家中国疆域和历史的重要组成部分。在没有域外势力介入的情况下，中华大地上众多族群共同推动着多民族近现代主权国家的形成与发展，康熙二十八年（1689）清朝和俄国签订的《尼布楚条约》是其从传统王朝国家的"有疆无界"向主权国家"有疆有界"转变的标志。雍正、乾隆时期接续签订了《布连斯奇界约》《恰克图界约》《阿巴哈依界约》《色楞额界约》《修改恰克图界约第十条》《恰克图市约》等，进一步明确了和俄罗斯的边界。遗憾的是这一转变过程在近代遇到了西方殖民势力东扩而疆域遭到了"蚕食鲸吞"，"底定"

为当今多民族国家中国960万平方公里陆地领土、470万平方公里海域。这一过程可以用八个字概括：自然凝聚，碰撞底定。

伴随着清朝"大一统"的实践，对境内人群的整合也在持续进行，而且这种整合是与确立清朝统治者"正统"地位的过程同步进行的。以雍正皇帝为代表的清朝统治者将存在"华夷""中外"的区分视为历代王朝疆域不能广大的原因："自古中国一统之世，幅员不能广远，其中有不向化者，则斥之为夷狄。如三代以上之有苗、荆楚、玁狁，即今湖南、湖北、山西之地也。在今日而目为夷狄可乎？至于汉、唐、宋全盛之时，北狄、西戎，世为边患，从未能臣服而有其地，是以有此疆彼界之分。自我朝入主中土，君临天下，并蒙古，极边诸部落俱归版图。是中国之疆土，开拓广远，乃中国臣民之大幸，何得尚有华夷中外之分论哉！"①因此从《清实录》中我们可以发现在清朝统治者颁布的上谕中"一体"是经常出现的词语，并通过改土归流、制定法律、边疆建省等一系列措施将"一体"的思想付诸实践，推动着辖境内人群的整合，客观上为中华民族、中华民族共同体实现"自在"到"自觉"的发展提供了辽阔宽松的政治空间。这也是中华民族完成"自在"走向"自觉"的基本保障。

总之，生息繁衍在中华大地上的众多人群对"大一统"的继承和实践不仅缔造了多民族国家中国，而且在这一过程中也结成了密切的"血肉"联系的中华民族。观察"大一统"和中华民族之间的关系，可以得出三点重要结论。

（1）追求"大一统"是生息繁衍在中华大地上的众多人群共同的理想，而具体实践的结果即是"二十四史"所承载的"正统"王朝，构成了多民族国家、中华民族、中华民族共同体和中华文明的象征。

---

① 《清世宗实录》卷86，雍正七年九月癸未。

但是"大一统"引发的历代王朝的疆域及其历史并不是多民族国家、中华民族和中华民族共同体史的全部，非历代王朝在其中也发挥着无法替代的作用，历代王朝和非历代王朝合在一起才是多民族国家、中华民族和中华民族共同体历史的全部。

（2）生息繁衍在中华大地的人群对"大一统"的认同形式是多样的，接受历代王朝册封、保持政治经济联系等也是重要的方式，这也是"大一统"推动中华民族、中华民族共同体形成与发展的重要原因。

（3）"大一统"思想及其实践，充分体现着中华文明具有延续性、创新性、统一性、包容性与和平性的突出特征，构成了中华文明的核心内容。

（原刊《中国边疆史地研究》2023 年第 3 期）

向内凝聚：铸牢中华民族共同体意识的文化主体性意蕴

俞 贺 魏 莉*

  铸牢中华民族共同体意识，需要不断建设中华民族共有精神家园，需要不断巩固文化主体性。习近平总书记在文化传承发展座谈会上强调："我们没有搞联邦制、邦联制，确立了单一制国家形式，实行民族区域自治制度，就是顺应向内凝聚、多元一体的中华民族发展大趋势，承继九州共贯、六合同风、四海一家的中国文化大一统传统。"[①]毋庸置疑，巩固文化主体性，是打造"向内凝聚、多元一体"的中华民族文化格局的必由之路。目前学界关于"铸牢中华民族共同体意识"这一重大命题的研究已取得丰硕成果，渊薮于其理论渊源、现实靶向、内核要义、多维审思、价值旨趣与实践路径等多个方面，从经济、政治、文化、社会等不同维度对其实践路径的探讨较为凸显，但较少涉及从文化主体性的视域来凝聚各民族的文化身份认知与文化基因认同，关于文化主体性"向内凝聚"的价值检视与实践路径的探索也较为罕见。鉴于此，在建设中华民族现代文明的文化使命激励之下，如何发挥文化主体性"向内凝聚"的重要作用，以助力铸牢中华民族共同体意识伟大实践，是新时代促进文化建设与创新党的民族理论所要解决的重要问题。

  中华文明具有突出的统一性，中华民族在长期的交往交流交融中

---

  * 俞贺，新疆大学马克思主义学院博士研究生；魏莉，新疆大学马克思主义学院教授。

  ① 习近平：《在文化传承发展座谈会上的讲话》，《求是》2023 年第 17 期。

形成了统一于一体的中华文化，且在历史的进程中形成了稳定性的基本结构和同质性的发展趋向，凸显出中华文化发展的内在规律，顺应了"向内凝聚"的中华民族发展趋势。我国国土面积较大，民族历史悠久，每个民族在其形成、发展与交互的过程中皆创造了大量的文化成果，并在文化发展过程中凝聚为一体，形成了"多元一体"的中华文化共同体。在新的时代背景下，不断巩固中华文明的统一性与中华文化的一体性，既是顺应中华民族历史发展趋势的需要，也是顺应中华文化发展规律的需要。如何促使中华文化的一体性更为坚固，不断凝聚各族人民价值观念的共识，是中华文化发展与传承所面临的问题，不断巩固文化主体性，便是对此问题的主动回应。以中华文明的统一性引领中华文化发挥"向内凝聚"的精神伟力，是持续建设中华文化共同体的必由之路，是以文化认同促进民族统一与国家强盛的坚实保障。

一 "向内凝聚"的理论支点：巩固文化主体性的逻辑理路

文化主体性，即文化的"属人"特性，是一种独特的关涉情感认同话语体系的凝练性表述。人是相对于文化客体的主体，因而，中华民族的文化主体性表现为中华民族对中华文化独立自主的主人翁意识与自信、自觉、自为的历史主动精神。习近平总书记在文化传承发展座谈会上多次提及"文化主体性"这一重要论述，明确指出："任何文化要立得住、行得远，要有引领力、凝聚力、塑造力、辐射力，就必须有自己的主体性。"[①] 文化主体性的巩固遵行"起承转合"的逻辑理路，起始于在"第二个结合"中着力赓续中华文脉，承续于文化自信

---

① 习近平：《在文化传承发展座谈会上的讲话》，《求是》2023 年第 17 期。

的坚定，转接于开放包容、守正创新的秉持与坚持，集合于中华民族现代文明的建设。文化主体性是"向内凝聚"铸牢中华民族共同体意识的理论支点。

（一）逻辑"起"项：在"第二个结合"中着力赓续中华文脉

习近平总书记指出"'第二个结合'是又一次的思想解放"，[①]"第二个结合"即马克思主义基本原理同中华优秀传统文化相结合。"结合"的前提是彼此契合，"结合"的结果是相互成就。一方面，双方在相互契合中相互成就，在中华文脉的不断赓续中达成相互契合与相互成就的有机统一；另一方面，双方因相互契合而相互成就，在相互契合与相互成就的有机统一中继续书写中华文脉的历史篇章。"'结合'巩固了文化主体性。"[②] 不断推进"第二个结合"，着力赓续中华文脉，只有进行时，没有完成时。

习近平总书记在全国宣传思想文化工作会议上提出"七个着力"，强调"着力赓续中华文脉、推动中华优秀传统文化创造性转化和创新性发展"。[③] 中华文脉是贯穿于中华民族文化史中的精神基因，在历史的进程中一脉相承，在时代的更迭中接续发展，保存着中华民族悠久而深厚的历史记忆，承载着中华民族生生不息的强大生命力。[④] 马克思主义在中国焕发出强大的生命力，必须在"第二个结合"中不断赓续中华文脉。文化主体性的逻辑起点是在"第二个结合"中着力赓续

---

① 习近平:《在文化传承发展座谈会上的讲话》,《求是》2023 年第 17 期。
② 习近平:《在文化传承发展座谈会上的讲话》,《求是》2023 年第 17 期。
③ 《习近平对宣传思想文化工作作出重要指示强调 坚定文化自信秉持开放包容坚持守正创新 为全面建设社会主义现代化国家 全面推进中华民族伟大复兴提供坚强思想保证强大精神力量有利文化条件》,《人民日报》2023 年 10 月 9 日, 第 1 版。
④ 徐安玉、陶文飞:《文化润疆: 理论逻辑、现实意蕴与实践路径》,《西北民族大学学报》2022 年第 4 期。

中华文脉，但"结合"并非将二者机械地叠加，而是在契合的基础上成就，从而形成二者有机统一、相辅相成、相互生发的新机体。习近平总书记指出："'结合'不是'拼盘'，不是简单的'物理反应'，而是深刻的'化学反应'，造就了一个有机统一的新的文化生命体。"[1] 因而，"第二个结合"必然要求着力赓续中华文脉。"第二个结合"与着力赓续中华文脉在巩固文化主体性的进程中互为前提、互为结果，且彼此相连、彼此融通，共同铸就文化主体性的逻辑"起"项。在"第二个结合"中着力赓续中华文脉，才能够为文化主体性的培育与巩固根植不可磨灭的精神基因，从而发挥出中华文化"向内凝聚"的重要作用，为铸牢中华民族共同体意识增量赋能。

（二）逻辑"承"项：坚定文化自信

文化自信是中华民族对融汇于民族历史发展进程中的精神活动及其产品的一种积极、正向的心理态势，是对中华文化过去的肯定、对中华文化现在的自豪以及对中华文化未来的期望，并在历史的进程与文化的赓续中达成肯定、自豪与期望的融贯与统一。习近平总书记指出："文化自信就来自我们的文化主体性。"[2] 文化自信是一种精神力量，坚定文化自信，方能形成推进中国特色社会主义文化建设的历史自觉。

文化主体性与文化自信是内在缘由与外在展现相统一的关系。一方面，文化主体性是文化自信的潜在性条件与内置性支撑。文化主体性为文化自信提供内在的不竭动力，创造内生的形成机制，续写内化的精神品质，渲染内通的互动环境。另一方面，文化自信是文化主体性的外在表现，承续着文化主体性的发展谱系，接延着文化主体性的历史基因，为文化主体性开辟发展的道路。只有以文化自信为引领和

---

① 习近平：《在文化传承发展座谈会上的讲话》，《求是》2023年第17期。

② 习近平：《在文化传承发展座谈会上的讲话》，《求是》2023年第17期。

保障，文化主体性才能够在中华文脉的接力延展与中华文明的持续建设中得以系统性维系。

故而，坚定文化自信是巩固文化主体性的逻辑"承"项。如果没有文化主体性的深厚积淀，文化自信就很难坚定；反之如果没有文化自信的强有力保障，文化主体性就很难巩固。巩固文化主体性、坚定文化自信，要反对错误的倾向，文化自信不是对传统文化的盲目崇拜，要坚决反对文化保守主义与文化虚无主义。只有在不断夯实中华优秀传统文化的深厚历史基础之上，不断进行创造性转化和创新性发展，塑造现代化的中华文化新机体，在把握文化发展规律之中不断开拓中华文化的未来，以巩固文化主体性与文化自信的内在结合，从而为铸牢中华民族共同体意识创造有利条件。

（三）逻辑"转"项：秉持开放包容，坚持守正创新

文化主体性的巩固，并不意味着对中华文化的盲目自大，也不意味着机械地坚持自我，更不意味着不加甄别地对传统文化全盘继承。这就要求在赓续中华文脉、坚定文化自信的基础上，以开放包容、守正创新的态度与理念转接文化主体性的逻辑理路，不断丰富和创新文化主体性的践行路径，拓展文化主体性的内蕴与外延。"转接"意指从民族的转向世界的、从传统的转向现代的，但并不意味着丢掉民族的和传统的，而是有力破解"古今中西之争"，在时间与空间的双重维度实现文化成果的熔铸古今、会通中西。"开放包容"聚焦于巩固文化主体性的空间维度，强调面向不同地域的传播与吸收的双向互动；"守正创新"聚焦于巩固文化主体性的时间维度，强调面向时代的现在与未来、继承与发展的双轨结合。突破时空局限，形成传播、吸收、继承、发展的并联式文化融合发展趋向，才能够在历史的发展与全球化的浪潮中创铸历史与逻辑相统一的中华文化共同体。

"开放"必然面临文化传播，应积极推动中华优秀传统文化走出去，在讲好中国故事、构建国际话语体系中"着力加强国际传播能力建设、促进文明交流互鉴，充分激发全民族文化创新创造活力，不断巩固全党全国各族人民团结奋斗的共同思想基础"。① 英国哲学家罗素曾在《中国问题》中说："中国至高无上的伦理品质中的一些东西，现代世界极为需要。"② 还曾指出中国人的生活方式"若能被全世界采纳，地球上肯定比现在有更多的欢乐祥和"。③ "包容"必然面对文化吸纳，应对人类历史发展进程中他国文明中的有益成果进行适当借鉴，但需将其融入中华文化的脉络之中，加以辩证分析，而不能机械地套用或一味地盲从。"守正"内含继承，马克思强调"人们自己创造自己的历史，但是他们并不是随心所欲地创造，并不是在他们选定的条件下创造，而是在直接触碰到的、既定的、从过去继承下来的条件下创造"。④ 应毫不动摇地继承中华民族的优秀传统文化，坚守中华文化的优秀基因与历史根基。"创新"指向发展，应毫不动摇地拓展中华文化的新思路、新话语、新机制、新形式。巩固文化主体性，离不开对中华文化的开放包容、守正创新。对文化建设来说，只有秉持开放包容、坚持守正创新，才能具备强大的凝聚力，将各民族文化"向内凝聚"为一体，共同推进铸牢中华民族共同体意识伟大实践。

（四）逻辑"合"项：建设中华民族现代文明

习近平总书记在文化传承发展座谈会上提出"建设中华民族现代

---

① 《习近平对宣传思想文化工作作出重要指示强调　坚定文化自信秉持开放包容坚持守正创新　为全面建设社会主义现代化国家　全面推进中华民族伟大复兴提供坚强思想保证强大精神力量有利文化条件》，《人民日报》2023年10月9日，第1版。

② 罗素：《中国问题》，秦悦译，学林出版社，1996年，第167页。

③ 罗素：《中国问题》，第7页。

④ 《马克思恩格斯选集》第1卷，人民出版社，2012年，第669页。

文明"① 这一重大原创性命题，既明晰了新的中华文化建设使命，又为文化的传承与发展指明了方向。中华民族现代文明直面中华民族的文化发展之问，即如何在新的世界历史发展趋势中破解"古今中西之争"，从而构建既传承经典又面向时代、既根植民族特色又联通人类世界的新文明。

习近平总书记指出："文明只有姹紫嫣红之别，但绝无高低优劣之分。"② 文化的发展与文明的演进并不表现为优胜劣汰、舍我其谁的逐鹿式霸凌与非此即彼、互不往来的排他性博弈，而是越来越呈现出求同存异、融会贯通、百花齐放、多轨并行的互动、互融、互嵌、互鉴、互促的共生态势，更多是突破单向性文明从而转向交互性文明，呈现出复杂多变的发展趋向。面对文明演进与文化发展的新态势，"建设中华民族现代文明"的重要论述应世、应时、应势、应实而生，深切回应时代之问、历史之问、中国之问、文化之问，旨在建立以中华文明的连续性、统一性为根基，以中华文明的包容性、和平性为拓展，以中华文明的创新性为线索的新文明形态。中华民族现代文明，不是简单延续我国传统农业文明的母版，不是机械套用马克思主义经典作家关于人类文明探索的模板，不是西方发达国家工业文明的翻版，不是其他社会主义国家文明实践的再版，而是中国共产党带领全国各族人民成功开创的人类文明形态的新版。

巩固文化主体性，起始于在"第二个结合"中着力赓续中华文脉，承续于对文化自信的坚定，转接于对开放包容、守正创新理念的秉持与坚持，最终集合于中华民族现代文明的建设（见图1）。建设中华民族现代文明，既要坚守中华文明的"根"与"脉"，又要融通人类文

① 习近平：《在文化传承发展座谈会上的讲话》，《求是》2023年第17期。
② 习近平：《深化文明交流互鉴　共建亚洲命运共同体》，《光明日报》2019年5月16日，第2版。

明的"枝"与"叶"；既要传承传统文化的"底"与"蕴"，又要吸收现代文化的"新"与"变"，并在这一过程中真正实现精神上的独立自主。巩固文化主体性、把握中华文明的统一性，能够为铸牢中华民族共同体意识凝聚民族复兴的精神合力。

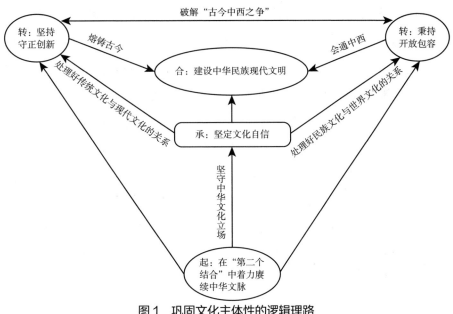

图 1 巩固文化主体性的逻辑理路

二 何以能够"向内凝聚"：巩固文化主体性对铸牢中华民族共同体意识的精神导向作用

中华文化在历史的发展进程中形成了统一性、稳定性与同质性的特质，这种特质应在中华文化的发展态势中继续维持。巩固文化主体性，对中华文化自立、自信、自强的主体性意识，有利于巩固中华文明的统一性与中华文化的一体性。巩固文化主体性，是铸牢中华民族共同体意识的有效途径，能够为铸牢中华民族共同体意识发挥精神导向作用，二者具有深刻的内在耦合性。

（一）巩固文化主体性为"五个认同"提供坚实保障

增强"五个认同"即"推动各民族坚定对伟大祖国、中华民族、中华文化、中国共产党、中国特色社会主义的高度认同"。[①] 增强"五个认同"为铸牢中华民族共同体意识构筑了坚实的心理认同保障。中华文化集中表达为中华优秀传统文化、革命文化和社会主义先进文化，是三者的有机统一体，其中蕴含着以爱国主义为核心的民族精神，与"五个认同"的精神内核与价值要旨相契合，为"五个认同"奠定了坚实的精神根基。巩固文化主体性，能够通过对文化的内涵式发展发挥出文化潜移默化、深远持久的情感塑造与价值引领作用，有助于通过隐性感化与显性引导等多重路径实现对"五个认同"的增强。"五个认同"的增强需要不断强化文化引领力与向心力，"当一个国家的文化主体性形成，必然产生文化的磁场效应，凸显出强大的向心力和凝聚力，使人们对国家形成高度的文化认同与价值认同"，[②] 不断巩固全国各族人民对中华文化自立、自信、自强的文化主体性意识，能够引领全国各族人民共同构建心理认同的情感机制，进而为"五个认同"提供前提保障，增强其精神动力。将"五个认同"内蕴于文化发展的全过程、全方位，在新的文化成果之中不断构建"五个认同"的话语体系，凝练"五个认同"的表达范式，是巩固文化主体性的深切内涵。此外，巩固文化主体性，需要发挥文化认同的关键性作用。习近平总书记指出："文化认同是最深层次的认同，是民族团结之根、民族和睦之魂。"[③] 由此可见，不断巩固文化主体性是不断促进"五个认同"的

---

① 《习近平在中央民族工作会议上强调　以铸牢中华民族共同体意识为主线　推动新时代党的民族工作高质量发展》，《人民日报》2021 年 8 月 29 日，第 1 版。

② 梅景辉：《文化主体性的价值维度》，《光明日报》2023 年 11 月 20 日，第 15 版。

③ 《习近平在参加内蒙古代表审议时强调　完整准确全面贯彻新发展理念　铸牢中华民族共同体意识》，《人民日报》2021 年 3 月 6 日，第 1 版。

坚实基础，能够为铸牢中华民族共同体意识创设心理认知维度与情感共通维度的向心力。

（二）巩固文化主体性为"四个与共"开拓精神磁场

习近平总书记在 2021 年中央民族工作会议上的讲话中强调："要引导各族人民牢固树立休戚与共、荣辱与共、生死与共、命运与共的共同体理念。"[①]"四个与共"构筑了中华民族共同体的精神内核，布展了中华民族全体人民同向同行的精神场域。巩固文化主体性与树立"四个与共"的共同体理念具有高度的内在契合性。一方面，文化主体性与"四个与共"都根植于中华优秀传统文化，并在时代的发展与实践的推进中不断赓续。墨家"为彼，犹为己也"的兼爱思想与"四个与共"理念中所蕴含的中华民族全体人民团结统一的人文关怀精神产生思想共鸣，与文化主体性中所蕴含的中华文明包容性特征产生情感共振。另一方面，文化主体性与"四个与共"都蕴含着全国各族人民共在、共创、共治、共建、共享的共同体理念。习近平总书记强调："我们灿烂的文化是各民族共同创造的。"[②]各民族都在中华文化的自立、自信、自强、自为中贡献了强大的力量，共同巩固文化主体性，共同在推促文化灿烂的伟大实践中实现美美与共。"休戚与共、荣辱与共、生死与共、命运与共"夯实了"美美与共"，"美美与共"促进了"休戚与共、荣辱与共、生死与共、命运与共"。因此，巩固文化主体性，能够为"四个与共"开拓更为强大的精神磁场。

[①] 《习近平在中央民族工作会议上强调　以铸牢中华民族共同体意识为主线　推动新时代党的民族工作高质量发展》，《人民日报》2021 年 8 月 29 日，第 1 版。

[②] 习近平：《在全国民族团结进步表彰大会上的讲话》，《光明日报》2019 年 9 月 28 日，第 2 版。

（三）巩固文化主体性为中华民族共有精神家园建造思想城墙

"建设中华民族共有精神家园，实质是构筑中华民族文化共同体、精神共同体和价值共同体的过程。"①中华民族共有精神家园是一种精神实体的总和，是相对于物质世界客观实体的一种精神隐喻，将心理状态、道德人伦、文化传统、思维方式、行为习惯、价值诉求与情感依托通过实体的"家园"概念凝结成有机的共同体，为中华民族全体人民提供精神依托、情感支撑与价值导向。

文化主体性与中华民族共有精神家园具有高度的理论关联性。首先，二者在文化底蕴上同源。二者都扎根于中华民族的精神沃土，生长于中华民族的文化环境。《汉书·董仲舒传》指出："《春秋》大一统者，天地之常经，古今之通谊也。"儒家思想主张"修文德"，即"远人不服，则修文德以来之"。这些传统的思想观念既涵育了中华文化自古以来一脉相承的"和合"与"统一"的精神内核，又内含以文化人的文化功能与文化传播观念。其次，二者在要义构成上同质。习近平总书记在中共中央政治局第九次集体学习时强调："必须顺应中华民族从历史走向未来、从传统走向现代、从多元凝聚为一体的发展大趋势，深刻理解把握中华文明的突出特性，在新的历史起点上不断构筑中华民族共有精神家园，为铸牢中华民族共同体意识奠定坚实的精神和文化基础。"②巩固文化主体性必然要求不断赓续中华文脉，继承中华优秀传统文化的精髓；构筑中华民族共有精神家园必然要求以中华优秀传统文化为地基。继承传统，"主体"才能彰显；夯实地基，"家

---

① 朱永梅、陈金龙：《以共同性引领中华民族共有精神家园建设》，《中南民族大学学报》2023 年第 5 期。

② 《习近平在中共中央政治局第九次集体学习时强调 铸牢中华民族共同体意识 推进新时代党的民族工作高质量发展》，《光明日报》2023 年 10 月 29 日，第 1 版。

园"才能稳固。最后，二者在价值旨趣上同向。二者共同续写中华民族伟大的精神史诗，共同促进、保障民族团结与国家统一，共同维系着多元一体的中华文化格局。因此，巩固文化主体性能够为中华民族共有精神家园建造坚韧的思想城墙。

（四）巩固文化主体性为各民族交往交流交融打通时空场域

巩固文化主体性，增强中华文化的凝聚力，能够不断引领、促进各民族在理想、信念、情感、文化上的团结统一。中华民族的发展历史是各族人民共同奋斗的历史，各族人民在推动历史发展的过程中都发挥了巨大的作用，汇聚在一起便形成强大的、无坚不摧的合力，表现为各民族交往交流交融的历史过程。[①] 各民族交往交流交融，既是中华民族不断发展的历史规律，又是全国各族人民的主体性价值选择，是合目的性与合规律性的统一。不断挖掘各民族交往交流交融的共同历史记忆，有助于在时间和空间的双重维度锻造中华民族多元一体的文化共同体格局。不断促进各民族的交往交流交融，既是铸牢中华民族共同体意识的必然要求，又是铸牢中华民族共同体意识的实践成效。研究史料典籍是巩固文化主体性的重要手段，有助于在中华文明的悠久历史中不断挖掘中华民族传统文化的精华，更有助于展现各民族交往交流交融的历史印记。[②] 通过钻研古籍、斟酌古物，不断收集、整理与民族交往历史相关的资料文献与古文记载，保护、修复相关文物，从中整理出各民族在历史上交往交流交融的基因图谱，并通过优秀文艺作品展演、网络媒体传播等多种方式讲好民族团结互助的历史故事，

---

① 王建新：《中华文明的包容性与中华民族现代文明建设》，《西北民族大学学报》2023 年第4 期。

② 崔明德：《寻根文化与中华民族共同体意识》，《西北民族研究》2023 年第 4 期。

展现民族间的经济往来、政治互动与文化融合，有助于保存历史记忆、赓续文化基因，让中华民族交往交流交融的历史传统接续传承。

三 如何"向内凝聚"：以巩固文化主体性为铸牢中华民族共同体意识增量赋能

巩固文化主体性，增强中华民族对中华文化自信、自觉、自为的历史主动精神，是继承中国文化大一统传统的内在要求，是顺应向内凝聚、多元一体的中华民族文化发展趋势的题中之义。巩固文化主体性，需要对中华优秀传统文化进行创造性转化和创新性发展，以兼收并蓄的态度对待人类文化史上的优秀成果，铸造贯通古今、融通中外的新文化，但这种新文化不是机械的文化杂糅，也不是将一切优秀的文化成果简单叠加，而是不断促使其有机结合，在对待人类优秀文化成果时应有所取舍、辩证分析、去芜存菁；在坚持中华文脉的基础之上使之"为我所用"，并结合时代之需、人民之问推陈出新，不断形成中华文化发展的张力，谱写新时代中华文化发展的新篇章。巩固文化主体性，应正确把握中华民族文化与各民族文化的关系，把握"多元"与"一体"的关系，深刻认识到"多元"内含于"一体"之中，"多元"不能脱离"一体"而存在。应深刻认识到各民族文化都是中华文化不可分割的重要组成部分，共同铸就了中华文化的丰富多彩、博大精深。在各民族文化的相互影响、相互转化、相互融通中促进中华文化的有机统一，进而能够发挥出中华文化"向内凝聚"的重要作用，为铸牢中华民族共同体意识增量赋能。

（一）内敛：打造民族文化相互影响的空间格局

打造民族文化"内敛"的空间格局，是"向内凝聚"建设文化共同体的重要路径，即发挥民族文化的吸引力、感召力以促进各民族文化之间相互影响。各民族文化之间的相互影响，既是中华文化延续至今的发展规律，又是巩固文化主体性所要倡导的价值取向。促进各民族文化之间的相互影响，打通文化"内敛"的空间场域，需要不断提升民族文化的吸引力与传播力，形成相辅相成、共同发展的空间格局。

中华民族的文化主体性是中华文化的引领力、凝聚力、塑造力、辐射力之源，应在巩固文化主体性中引领全国各族人民共同提升中华文化的吸引力与传播力，共同构建兼收并蓄、博大精深的中华文化体系。一方面，提升中华文化的吸引力是不断增强中华文化影响力的前提。一种文化若要发挥出对其他文化的影响作用，必须有其自身的吸引力。"吸引"方能"影响"，自身是否有魅力、是否是经典，决定自身是否能够受到青睐。我国有颇具魅力的文化，各民族文化都是中华文化的重要组成部分，都是中华文化宝库中的瑰宝，以其独具特色的文化内容与文化形式丰富着中华民族大家庭中各成员的精神生活，在对其进行守正创新的同时应充分展现其魅力，使其更能够吸引全国各族人民的喜爱。另一方面，要在提升中华文化吸引力的基础上进一步提升其传播力。"酒香也怕巷子深"，仅有吸引力尚不足以产生更广泛的影响，还需要不断促使其"走出去"，突破地域的限制。从现实居住空间与网络空间两个维度来看，皆需要运用多种手段和途径。在现实居住空间内，需要不断促进各民族交往交流交融，如举办社区交流联谊活动、文艺会演活动、节日庆典活动等，在活动中引导各族人民共同参与；在网络空间内，可充分利用数字载体与媒体传播平台，发挥媒介传播的重要作用以实现多层次的互动。提高文化吸引力与传播力，是促进民族文化相互影响的必由之路，在此基础上进一步加强各民族之间的联系与互动，是打造民族文化相互影响空间格局的必要手段，在加强促进各族人民交往交流交融中增进对中华文化的认同。

（二）内修：编织民族文化相互转化的秩序网格

在相互影响、吸收、借鉴的基础之上，不断促进各民族文化相互转化，铺设"共通互动，互不分离"的秩序网格是巩固文化主体性进而"向内凝聚"，推进铸牢中华民族共同体意识伟大实践的精神保障。各民族文化相互成就、相辅相成、共同发展，是共有、共建、共享中华民族文化共同体的前提条件。转化才能共有，通过转化不断促进各民族文化相互交融，将个体的差异转化为整体的丰富，且因个体的差异而构成整体的丰富。各民族文化通过民族特色的节日、民俗、艺术、语言文字、生活习性等方面展现出来，贯穿于各民族衣食住行、家族人伦、生产劳动、人际交往、娱乐活动等方方面面。各族人民在长期的经济交往与文化交流中已经形成了互不分离的关系，并在新的历史阶段进一步深化。编织民族文化相互转化的秩序网格，促进各民族文化的吸收与融通，是促进中华民族文化共同体繁荣发展的需要。"转化"包含两方面的内容，一方面是吸收其他文化中的优秀因素，将其转化为自身的组成部分；另一方面是将文化的原初特色结合新时代的新特征转化为合时代之需、合人民之要的新文化。这需要各级部门积极发挥作用，采取适合文化特色与文化发展规律的举措，开展文化交流联谊活动，引导文化工作者增进文化自信，促进中华民族文化创造性转化和创新性发展，通过文化的发展，强化、凝聚各族人民的情感共鸣与价值共识。

（三）内嵌：形塑民族文化相互融通的范式机理

在推进各民族文化相互影响、相互转化的基础上促进其相互融通，形成"你中有我，我中有你"的相互内嵌关系，是构建中华民族文化共同体必不可少的环节。各民族文化既是本民族的文化，又是整个中华民族的文化。中华文明的开放性与包容性铸就了各民族文化相互融通的可能性与必要性。随着时代的进步与发展，独具特色的文化现象与文化元素得到更多的关注，显现出鲜明的开放性、包容性和互通性。促进各民族文化间的相互融通，既是中华民族文化发展的客观规律，又是各族人民共同巩固文化主体性的价值要求。冯友兰先生曾在《国立西南联合大学纪念碑碑文》中指出："同无妨异，异不相害；五色交辉，相得益彰；八音合奏，终和且平。"[①] 形塑各民族文化相互融通的范式机理，应不断促进各民族文化间的互嵌，引领各族人民共同构建中华文化共同体。这既是中华民族历史发展进程中的文化发展事实，又是中华文化发展的规律，是客观规律与主体选择的统一，应在中国式现代化的历史趋向中继往开来、继续推进，以促进中华文化五色交辉，相得益彰。

（四）内合：构建民族文化有机统一的多维体系

巩固文化主体性，应正确认识、把握各民族文化与中华民族文化的"多元一体"关系。习近平总书记指出："中华文明从来不用单一文化代替多元文化，而是由多元文化汇聚成共同文化，化解冲突，凝聚共识。"[②] 各民族文化互不排斥，相互吸引，共同发展，合为一体，构建"合为一家，不分你我"的文化发展体系，形成各民族共同传承、共建共享的文化发展关系，共同发挥凝心聚力的作用，共同创造丰富多彩的文化生活，促进五十六个民族实现精神上的共同富裕，是共同建设中国式现代化、共同实现中华民族伟大复兴的题中之义。

通过文化主体性的巩固，将中华民族的文化成果凝聚成文化共同体，将中华文明的价值取向、精神风貌、审美意向、思想主张与情感

---

① 《重刊冯友兰国立西南联合大学纪念碑碑文》，《北京大学学报》2003 年第 4 期。

② 习近平：《在文化传承发展座谈会上的讲话》，《求是》2023 年第 17 期。

要旨内蕴于其中，有助于引导人民群众在夯实文化认同的过程中推进铸牢中华民族共同体意识伟大实践，为国家发展注入不竭的精神动力与坚韧的实践伟力。巩固文化主体性，是全国各族人民共同创造灿烂多彩的中华文化的过程，是构建有机统一的中华文化共同体的过程。如在各类节日中，各族人民共同举办、共同参与节日庆典与相关仪式活动，是增进民族感情、发展民族文化、共同构建民族文化有机统一的多维体系的有效举措。

巩固文化主体性为铸牢中华民族共同体意识增量赋能。各民族文化从相互影响、相互转化、相互融通到有机统一是层层递进的串接式过程，下一个环节以上一个环节为实践基础，又是四个环节相互统一的并进式实践推进；既是时间上的接续推进，又是空间上的交互融合，创造如费孝通所言的"各美其美，美人之美，美美与共，天下大同"的中华文化新辉煌。

结　语

巩固文化主体性，是发挥中华文化"向内凝聚"重要作用的题中之义，是铸牢中华民族共同体意识的有效途径。文化主体性的巩固遵行"起承转合"的逻辑理路，起始于在"第二个结合"中着力赓续中华文脉，承续于文化自信的坚定，转接于开放包容、守正创新的秉持与坚持，集合于中华民族现代文明的建设。以巩固文化主体性为铸牢中华民族共同体意识增量赋能，以民族文化内敛、内修、内嵌、内合的内聚力构建"多元一体"中华文化共同体，是涵育中华文明统一性特质的内在要求。

"习近平总书记在新时代文化建设方面的新思想新观点新论断，内涵十分丰富、论述极为深刻，是新时代党领导文化建设实践经验的理论总结，丰富和发展了马克思主义文化理论，构成了习近平新时代中国特色社会主义思想的文化篇，形成了习近平文化思想。"①习近平文化思想的形成，为中华文化的传承、传播与发展提供了理论依循，为铸牢中华民族共同体意识的理论探索与实践推进拓展了研究范式，为中华民族共有精神家园的建设提供了坚实的理论保障。习近平总书记指出："中华文化认同超越地域乡土、血缘世系、宗教信仰等，把内部差异极大的广土巨族整合成多元一体的中华民族。"②统一性是中华文明的内在特性，一个统一的国家是全国各族人民的共同希望。中华优秀传统文化中蕴含着深邃的统一理念，如四海之内皆兄弟、五方之民共天下、六合同风、七邻友好、八方通达、九州共贯以及"大道之行也，天下为公"等观念深刻浸润着中华民族现代文明，为铸牢中华民族共同体意识寻求最大公约数、描绘最大同心圆。学习贯彻习近平文化思想的深刻内涵，在新时代以文化主体性的巩固发挥出中华文化"向内凝聚"的重要作用，是全国各族人民共同构筑中华民族共有精神家园的应有之义。构筑中华民族共有精神家园，应紧紧抓住"铸牢中华民族共同体意识"这一新时代党的民族工作的主线，以巩固文化主体性凝聚起推进中国式现代化、实现中华民族伟大复兴的磅礴伟力。

（原刊《西北民族大学学报》2024 年第 1 期）

---

① 《习近平对宣传思想文化工作作出重要指示强调　坚定文化自信秉持开放包容坚持守正创新　为全面建设社会主义现代化国家　全面推进中华民族伟大复兴提供坚强思想保证强大精神力量有利文化条件》，《人民日报》2023 年 10 月 9 日，第 1 版。

② 习近平：《在文化传承发展座谈会上的讲话》，《求是》2023 年第 17 期。

中华民族共同体视域下儒家华夷观的思想基础与本质内涵

安北江 *

民族观与华夷观历来是民族学和历史学界研究的重点，民族观是人们对民族问题的根本看法，华夷观是古人认识和处理民族关系的思想核心，二者交织在一起。关于历史上民族观的研究，以往学者往往侧重于传统民族史观和华夷史观，不少学者将古代民族观等同于传统夷夏观，成为处理历史上不同阶段民族关系的思想依据。[①] 事实上，民族观包含多方面内容，华夷观或夷夏观只是其中之一。近年来，儒家民族观也备受学界关注，诸多学者使用交叉学科方式对其进行研究，取得了一些客观性成果，主要从三方面入手：一是从儒家代表人物思想及其经典入手；二是从历代儒家思想演化来论述，其研究内容主要是儒家民族观在不同时代的展现及实践过程；三是从民族关系入手。[②]本文主要从思想史角度，重点剖析儒家华夷观形成发展的思想基础、内涵本质，以及如何扬弃"三代"以来的"夷夏观"与"天下观"，

---

* 安北江，中国社会科学院（中国历史研究院）中国边疆研究所助理研究员。

① 这方面的研究具有代表性的，如史金波《中国民族史研究四十年的重要贡献》，《云南社会科学》1990 年第 2 期；周庆智《中国古代民族观念的起源演化》，《云南社会科学》1993 年第 6 期；陈琳国《论中国古代民族观的形成和发展》，《北京师范大学学报》1995 年第 1 期；李珍《民族融合与民族史观》，《史学月刊》2004 年第 9 期；等等。

② 如周伟洲《儒家思想与中国传统民族观》，《民族研究》1995 年第 6 期；吴贤哲《儒家民族观的形成与发展》，《西南民族学院学报》2000 年第 9 期；杨荆楚《浅论儒家民族观与祖国统一》，《中央民族大学学报》2001 年第 1 期；李克建《儒家民族观的形成与发展》，民族出版社，2016 年；等等。

旨在表明儒家华夷观并非简单地以"仁""礼"为出发点而追求"天下一统",试图突破儒家格言式理论窠臼,从思想根源上探讨其观念下所隐含的内容。事实上,儒家华夷观是先秦夷夏思想的"合体"。探析儒家华夷观的思想内涵,对正确认识儒家民族观和古代民族思想有重要作用。

一 血缘、地缘与文化:重构帝系以别华夷

(一)血缘与地缘基础上的华夏正统建构

如果将文明视为外在的物质,那么,文化则为内在的精神。在古代中国,农耕、游牧和商业形成三种不同的文化体系,农耕文化的保守性与游牧、商业文化的外向性形成鲜明对比:农耕方可自给,无事外求;游牧内不足而向外寻求。一动一静,形成各族群不同的生存逻辑。中华文化正是在农耕文化与游牧文化碰撞之下形成,分为六到七个文化区。[1] 华夏中原文明正统性构建,始于炎黄之战后,尽管中华文明起源呈"满天星斗"式,但最先迈进"文明门槛"者,唯有黄河流域文明,亦即广义上的"中原文明"。[2] 黄帝部族占据"中原"后,部分炎帝族裔受到排挤,被视为"非我族类"的"夷"。随着华夏族群的扩大和影响力的提升,黄帝自然成为部族后裔的英雄偶像,国家王治出现后,也俨然成为历代帝系所代表的政治偶像。由

---

[1] 李学勤将其分为七大区,分别为中原、齐鲁、北方、秦、楚、吴越、巴蜀文化区(李学勤:《古代中国文明十讲》,复旦大学出版社,2003年,第62—64页);苏秉琦将其分为六大区系:以燕山南北长城地带为中心的北方,以关中晋南豫西为中心的中原,以山东为中心的东方,以环太湖为中心的东南部,以环洞庭湖与四川盆地为中心的西南部,以鄱阳湖—珠江三角洲一线为中轴的南方(苏秉琦:《中国文明的起源新探》,生活·读书·新知三联书店,2019年,第31页)。

[2] 炎黄部落之战后,形成华夏与四夷族属之别,华夷之别发展到后世即为炎黄族裔之别,黄帝子孙均以华夏自居,炎帝之后被视为夷裔。傅斯年、顾颉刚、杨向奎、王献唐等先贤,均有所论述(参吴锐等编《古史考》卷6《帝系的偶像》,海南出版社,2003年)。

此，重构帝系偶像和鉴别部族血统成为夷夏之别的表征。帝系种族偶像的身份构建以及后世族裔之分理念，也成为儒家华夷之别的思想根源。

夏商周三代，无不以追溯远古帝系为正统，以前续族属为标准来区分所统种族，这无形强化了以华夏为中心的自我认同。据考证，夏族源于关中渭水流域，后期迁至中原洛阳一带，以大禹为偶像；殷商定都于中原，以帝喾为偶像，同禹共为一族，均属于东方族。殷周革命后，周人以"夏"自居，否定"商人"。春秋战国时代，"礼崩乐坏"，诸侯为了壮大声势，打出"尊王攘夷"口号，追溯种族偶像以视正统。同时，以姓氏为族别划分标志，构建出一套别于"他者"的正统谱系。如《尚书》中《洪范》《吕刑》篇属于炎帝系统，其中《吕刑》内容多为南方遗训，而《周诰》篇却属于黄帝系统。亦如《国语·周语》认为，夏、周属于黄帝系统，齐、许、申、吕、楚等属炎帝系统，东夷、殷商属于另一系统。可以说，在统一时代，为了追求帝系正统，统治集团设法将原先不同地域不同种族的"偶像崇拜"整合在一起，构建出一条统一的"纵向认同系统"；在分裂时代，各政权或族邦势力无不构建起属于自己的"祖先偶像"，形成诸多"横向认同系统"。但这两种系统，并非独立存在，而是相互交织在一起。炎、黄帝系，也成为后代历史书写的重要参考，无论华夏后裔的汉族体系统治者，还是被视为"蛮夷"的非汉族体系统治者，无不追根溯源，重建正统。先秦族裔之别理念，深深影响了后世民族，即便出现大一统政权，也无法消弭种族间的原始部属差别，华夷身份成为不同时代帝系血统、地域远近、文化高低的代名词。整部古代史，无不充斥着夷夏之别的书写。然而，这套辨别种族的夷夏观，往往带有民族偏见的成分。

如果说黄帝打败炎帝后，以战胜者身份率众迁入中原形成地域上的华夷尊卑观，那么，夏朝的建立，无疑促使华夷观思想定型。按《国语·晋语》所载，炎黄二帝均出生于关中渭水流域，为了更好地生存发展，不断向东迁徙，最终定居于黄河中下游地区。由此，中原也发展成为正统地域的代表。传说时代及夏朝的华夷尊卑观，并非指由夷夏构成的天下"五方"格局，而是指借助华夏族群的庞大和地理条件的优越所产生的华夷之辨思想。至周代，"宅兹中国""惠此中国，以绥四方"的"天下中国观"随之而起，使得帝系偶像血统与中原地理区位相结合，成为华夏民族繁衍发展和政权合法传承的重要标志。

从炎黄部族之战到三代华夏正统建构过程中，华夏民族对血缘和地缘的观念认识逐渐加深。以中原为中心的天下观和正统观，成为后代统治集团打造政权合法性和建立天下邦国体系的思想基础。同时，对帝系血统的重构也成为历代史家撰写史书不可回避的事实。无论何种民族，当问鼎中原后，无不构建一套帝系裔脉，以正血统。

（二）彰显礼乐以别华夷

中原先进文明促进了中原文化制度的健全与发展。中原文化的突起，愈加彰显华夏族群优越性，华夷之别也愈加明显。文化优越性，是文化输出，且泽被四方的前提条件。

中原文化的优越性主要体现在中原文明先进程度上，中原文明可追溯至新石器时代的裴李岗、仰韶和龙山文化。农耕作物、青铜器、文字、城堡的出现，标志着文明时代的到来。考古发掘证明，黄河流域无疑为中华文明的摇篮。尽管中华文明"满天星斗"，但中国文明的巅峰却在中原，因为中原率先完成族群的统一，建立国家机器，将国家体制纳入文明正轨。《史记》记载黄帝时期，其疆域东至大海，西达空桐（崆峒），南抵长江，北逐荤粥，合符釜山。同时建立国家机构与礼制，"迁徙往来无常处，以师兵为营卫。官名皆以云命，为云师。置左右大监，监于万国。万国和，而鬼神山川封禅与为多焉。获宝鼎，迎日推策。举风后、力牧、常先、大鸿以治民"。①

中原文化的鼎盛期是在西周，按照王国维的说法，西周文化有三个鲜明特点：其一，确立宗法制，即嫡长子继承制、丧服制、封建制、君天子臣诸侯制；其二，确立庙数之制；其三，确立同姓不婚制。②其中，礼乐制度成为稳定社会秩序和重塑精神世界的重要内容。"礼，经国家，定社稷，序民人，利后嗣者也。"③"礼节民心，乐和民声，政以行之，刑以防之。礼乐政刑四达而不悖，则王道备矣。乐以治内而为同，礼以修外而为异；同则和亲异则畏敬；和亲则无怨，畏敬则不争。"④西周在夏商礼乐基础上，发展出一套精致化的制度体系，"礼"不仅成为一种政治制度和行为规范，也成为当时先进文化的标志。也是在西周，礼乐文化从之前的只注重巫术层面，转向人文方向，其内容在中国思想史上占据重要地位。西周礼乐文化，泽被四方，教化"四夷"，姜太公使齐国"因其俗，简其礼"，⑤鲁国采取"变其俗，革其礼"，⑥康叔、唐叔使卫国"启以夏政，疆以戎索""疆以周索"。⑦所封诸侯之地，均效仿西周礼乐制度整顿社会秩序，形成以华夏文化为中心的思想格局。

中原文明的先进性和文化优越性，与"四夷"形成鲜明对比。经过夏商周三代的发展，无论在地理区位上，还是在国家行政体制上，中原政权的政治文明均达到高峰阶段。西周礼乐制的出现，将原先帝

---

① 司马迁：《史记》卷 1《五帝本纪》，中华书局，1982 年，第 6 页。
② 王国维：《观堂集林》，中华书局，1959 年，第 453—454 页。
③ 杨伯峻：《春秋左传注》，中华书局，1981 年，第 76 页。
④ 班固：《汉书》卷 22《礼乐志》，中华书局，1962 年，第 1028 页。
⑤ 司马迁：《史记》卷 32《齐太公世家》，第 1480 页。
⑥ 司马迁：《史记》卷 33《鲁周公世家》，第 1524 页。
⑦ 杨伯峻：《春秋左传注》，第 1538—1539 页。

系偶像崇拜的族裔之别，转移到礼仪文化层面，形成"复合型"的华夷划分标准。换言之，帝系族裔之别首先成为人们潜意识的划分理念，继而将地理与文化因素添加其中，形成新的华夷理念。这一"复合型"理念，成为儒家华夷观与民族观的思想基础。

二 传承与变革：儒家华夷观的内在发展逻辑

经过夏商周三代发展，非华夏族群逐渐分化成若干个单元。东周以后，为了区别各族群聚居地，将蛮夷戎狄赋予方位，谓之东夷、西戎、南蛮、北狄，[①]与中原华夏族形成"五方"格局。[②]华夷天下格局的政治表达，最具有代表性的当为《禹贡》，以中原为中国，以五百里为间距，划分天下。当然，托大禹之名来划分天下为九州的思想，也是基于西周以来天下王权的思想，即"溥天之下，莫非王土；率土

---

① 关于夷、戎、蛮、狄民族称谓与东、西、南、北地理方位的搭配问题，学界有不同的看法。田继周根据殷墟甲骨带有蛮夷戎狄之字，判定二者最早结合于夏朝。陈连开认为在战国以前，两者并没有结合，到战国时期才形成"中国"与"四夷"共同构成的"五方之民"的天下；童书业、唐嘉弘、董万等人持类似观点。但这些观点似乎有点以偏概全，商周时期文献中的"东夷""南夷"，并不能说明此时就已经形成民族称谓与地理方位的结合。考察文献，不难发现，"北戎""北狄"的出现却是在春秋时期。也就是说，古代民族称谓的"四夷"与地理方位的"四方"相结合始于西周，发展于春秋，普及于战国（参黎小龙、徐难于《"五方之民"格局与大一统国家民族地理观的形成》，《民族研究》2008 年第 6 期）。

② "五方格局"思想是在西周开始，经过春秋战国的发展，到西汉时期形成"固化"思维。战国墨翟云："昔者尧北教乎八狄……舜西教乎七戎……禹东教乎九夷。"（吴毓江撰，孙启治校《墨子校注》卷 6《节葬下》，中华书局，2006 年，第 266—267 页）至西汉，礼学家承袭其思想，将五方之民明细化，《礼记·王制》曰："中国戎夷，五方之民"，东方曰夷，南方曰蛮，西方曰戎，北方曰狄，"中国、夷、蛮、戎、狄，皆有安居、和味、宜服、利用、备器。五方之民，言语不通，嗜欲不同"。《礼记·明堂位》载："九夷之国，东门之外……八蛮之国，南门之外……六戎之国，西门之外……五狄之国，北门之外。"（郑玄注，孔颖达疏《礼记正义》，李学勤主编《十三经注疏》（标点本），北京大学出版社，1999 年，第 398—399、392 页）

之滨，莫非王臣"的理念。伴随"四夷"的不断分化，[①]华夏族群形成一个内聚性旋涡。此时，华夏以外的族群并没有用"某族"来称之，划分族群往往以聚居地（方位）或生活习性、语言、服饰等来界定，"中国、夷、蛮、戎、狄，皆有安居、和味、宜服、利用、备器。五方之民，言语不通，嗜欲不同；达其志、通其欲，东方曰寄，南方曰象，西方曰狄鞮，北方曰译"。[②]然而，这些鉴别族群的特征却与现代"民族"之定义特征有相似之处。直到周代，才把这些识别族群的特征划归于"文化"之中，甚至将"华夷之辨"的思想根植于"三礼"当中。

在"三代"族群划分中，血缘并未被文化因素完全取代。尤其在西周以前，文化因素并未占主导地位，只是将其赋予华夷种族特征笼统性的概括。定居、农耕、知礼、家国，成为华夏文明的专有名词。东周末年，诸侯四起，天下纷乱，诸子百家为社会开剂良药，孔子著"春秋大义"，将"华夷之辨"的民族观落实到具体实践中。此后，礼义文化成为天下秩序的核心，"义理"成为华夷之别的标准。"华夏"被视为先进文明的代表，且为其追溯历史并加以诠释，"中国有礼仪之大，故称夏；有服章之美，谓之华"，[③]"黄帝、尧、舜垂衣裳而天

---

① 东夷分为岛夷、嵎夷、莱夷、淮夷、和夷等，包括符娄、伊虑、沤深、仇州、沤、越、鬐等族；西戎分为昆仑、析枝、渠搜、狗国、鬼亲、枳巳、雕题、离丘、漆齿等族；南蛮分为瓯邓、桂国、损子、产里、百濮、九菌等族；北狄分为空同、大夏、莎车、匈奴、东胡、姑他、旦略、戎翟、楼烦、月氏等族——商代被称呼为"四裔"（或"四夷"）。其中有些种族名是后人整理附加，并不代表原始名称，但商初的种族在原始族群基础上分裂演化是不争的事实（参潘光旦《中国民族史料汇编》，天津古籍出版社，2005年，第136页）。商代把"四夷"之族，也称为某方，如西北有土方、鬼方、羌方等，东南有夷方、虎方、班方等。成周时，"四夷"继续分化，族系繁多，概之以"四夷、八蛮、七闽、九貉、五戎、六狄"（《周礼·职方氏》《尔雅·释地》《礼记·王制》）。

② 郑玄注，孔颖达疏，龚抗云整理《礼记正义》卷12《王制》，李学勤主编《十三经注疏》（标点本），第1338页。

③ 阮元：《春秋左传正义》卷56"定公十年"，《十三经注疏》清嘉庆刊本，中华书局，2009年，第4664页。

下治，盖取诸乾、坤"。^①以前衣服以兽皮为主，衣不掩体，不知礼仪，现在懂得用丝麻布帛制作衣服，有衣有裳。周公惯以礼治天下，衣冠和礼仪成为文明的代名词。但是面对天下诸侯，周王室如何处理宗族与诸侯后裔之间的关系，成为"文化"一时无法解释的难题。因此，直接表明周王室与其封国诸侯均属华夏，称为"诸夏"。而这个出发点正是考虑到王室血缘姻亲关系。《国语·郑语》曰："当成周者，南有荆蛮……北有卫、燕、狄……西有虞、虢、晋……东有齐、鲁、曹……是非王之支子母弟甥舅也，则皆蛮荆（夷）戎狄之人也。非亲则顽，不可入也……夫成天地之大功者，其子孙未尝不章，虞、夏、商、周是也。"^②天子与诸侯，凡同姓者则以宗法血缘论之；异姓者，则以姻亲论之。为了使宗族血统纯正，天子与诸侯又将其子民冠以姓氏或重定族名来加以固定。这也反映出西周宗法制下的宗族血统，并非生物学意义上的自然血缘，而是出于天子或诸侯人为的族裔划分。也就是说，华夏族群不再是原始单一族群，而是包含了夏、商、周时姒、子、赢、姬、姜等姓氏后裔族群。

东周末年，诸侯并起，周边非华夏族群伺机袭扰中原，华夷关系日趋复杂。在"礼崩乐坏"情形下，儒家学派迫切希望恢复社会秩序，以便重塑华夏凝聚力。故而，儒家学派以恢复"礼乐"，删订"六经"为己任，将三代以来血缘、地缘与文化因素融入华夷之辨思想，综合贯穿于儒家经典之中。从具体内容来看，首先，儒家丰富和发展了早期的"天下观"思想，对夷夏关系的看法基本立足于"天下"而展开。"五方格局"（中国与蛮夷戎狄内外一体）和"服事"制度（五服、九服）就是"天下观"的政治表达，坚持"中国"与"四夷"对称，实

① 王弼注，孔颖达疏《周易正义》卷8，李学勤主编《十三经注疏》（标点本），第300页。
② 左丘明撰，徐元诰集解，王树民、沈长云校《国语集解》，中华书局，2002年，第461—462、466页。

质上就是承认"华夷之辨",而"辨"的目的就是"防"。那么,我们不禁要问儒家为何要"辨","防"什么?简而言之,"辨"是为了强化华夏中心主义,进一步维护自身正统性,"防"主要是为了避免重蹈社会失序和"四夷"袭扰"中国"的覆辙。众所周知,从西周末到春秋中期,王室衰微,四夷趁机袭扰"中国","戎狄交侵,暴虐中国",[①]华夏诸国受到严重威胁。"夷狄也,而亟病中国。南夷与北狄交,中国不绝若线。"[②]战争在带来灾难的同时,也间接促进了各民族间的大融合,夷狄文化也随之渗入华夏,对原始中原文化造成"威胁"。如此,在抵御外敌恢复天下秩序和文化保护思想的驱动下,华夏中心主义的民族意识油然而生,甚至出现贬夷、厌夷的民族情结。从这个方面来讲,"夷夏之防"具有一定的积极性,但也体现出文化保守主义色彩。其次,在"天下观"的基础上形成"大一统"思想。而这一理念正是源于尧舜"协和万邦"和大禹"九州牧同""四海一家"的思想,要想实现"天下一统",则务必实现"华夷一体""天下一家"。儒家主张"华夷一体",并非力求从根本上消除华夷身份差别,而是在"王土"上统一做"王臣"罢了。也正是出于四夷皆"王臣"的大一统理念,才有了自司马迁开始历代史家为四夷列传的传统,意在表明四夷与华夏一样,均属于"天下"之民。再次,儒家"仁道观"是对周公"敬德保民""以德配天"思想的继承。孔子克己复礼,欲恢复"礼乐征伐自天子出"的天下有道社会,而尧、舜、禹、汤、文、武、周公正是自己心目中的理想社会。"天下有道"就是"等贵贱,分亲疏,序长幼",[③]儒家"仁道观"完全承袭了西周"以德治民""明德慎罚"的

---

① 班固:《汉书》卷94《匈奴列传》,第3744页。
② 公羊寿传,徐彦疏《春秋公羊传注释》卷10"僖公四年",李学勤主编《十三经注疏》(标点本),第213页。
③ 王先谦撰,沈啸寰、王星贤校《荀子集解》卷17《君子篇》,中华书局,1988年,第453页。

思想理念。最后，建立"礼制"来保障"仁道"的实行。礼学贯穿于儒家整个思想体系，体现在政治、经济、文化、教育等各方面，可谓面面俱到。儒家礼治思想的根源与西周"礼制"有着密切的关系，"礼制"就是社会秩序、社会规则。儒家坚持"礼别华夷"，一方面是为了整顿华夏秩序，另一方面是为了"严夷夏之防"。在儒家夷夏观中，夷狄不知礼，被视为禽兽，"戎狄豺狼，不可厌也；诸夏亲昵，不可弃也"。①儒家既坚持"礼别华夷"，又承认"华夷之变"。因此，将华夷又分为教化之内和教化之外两个层次，通过春秋笔法褒贬四夷，最后提出有教无类，维护道统思想。

三　儒家华夷观的评判标准——以《春秋》为中心

儒家华夷思想主要体现在儒家经典中，而这些经典却源于"三代"。《汉书·艺文志》曰："儒家者流，盖出于司徒之官，助人君顺阴阳明教化者也。游文于六经之中，留意于仁义之际，祖述尧舜，宪章文武，宗师仲尼，以重其言，于道最为高。"②近代学者章太炎进一步解释曰，"儒"分三科：达、类、私。术士，谓之达名儒；六艺，谓之类名儒；祖述尧舜，宪章文武，宗师仲尼者，谓之私名儒。③《史记·孔子世家》曰："孔子之时，周室微而礼乐废，《诗》《书》缺。追迹三代之礼，序《书传》……古者诗三千余篇，及至孔子，去其重，取可施于礼义……故《书传》《礼记》自孔氏。"④司马迁对此叹曰："自

---

① 杨伯峻：《春秋左传注》"闵公元年"，第 256 页。
② 班固：《汉书》卷 30《艺文志》，第 1728 页。
③ 章太炎：《原儒》，《国故论衡》下卷《诸子学九篇》，上海古籍出版社，2006 年，第 86—89 页。
④ 司马迁：《史记》卷 47《孔子世家》，第 1935—1936 页。

天子王侯，中国言六艺者折中于夫子，可谓至圣矣！"① 可见，"六经"是在商周"六艺"基础上整理而成，其思想体系一脉相承。

儒家民族理念，在先秦时代主要体现在两个层面：一是以"礼"为核心的文化评价层面，二是以"种族"为核心的民族身份辨别层面。如前文所述，"礼制"是维持古代社会秩序的重要内容，尤其在乱世，建立礼法无疑成为统治集团的政治需求。儒家结合时势，对西周礼义进行深入注解，将其推崇至高，与文化挂钩。典型的如"夷夏之变"思想，即"诸侯用夷礼，则夷之；进于中国，则中国之"。② 孔子作《春秋》，就是为了"是非二百四十二年之中，以为天下仪表，贬天子，退诸侯，讨大夫，以达王事"，③ 通过对鲁国"十二公"（隐公至哀公）之事加以褒贬，作天下准则，以达成王道。司马迁对其十分推崇，曰："夫春秋，上明三王之道，下辨人事之纪，别嫌疑，明是非，定犹豫，善善恶恶，贤贤贱不肖，存亡国，继绝世，补敝起废，王道之大者也。"④ 因此，"义理"与"德行"成为"春秋大义"的核心内容。"礼"代表先进、文明，与"四夷"完全分开。夷狄习"礼"，则被视为华夏化，进而成为"中国"的一员；如果华夏丧失伦理道德、仪礼，则变为夷狄。可谓"凡中国诸侯用夷礼，其书中则以夷视之，而夷人能向慕中国之礼者，其书中则以中国视之"，⑤ 这一评判标准完全继承了西周以来的文化中心主义思想。

儒家强调"礼别华夷"的前提是承认华夷有别，即华夷族裔（身份）存在着本质的差异。正是因为华夷种族或夷夏血统有别，才有儒家用礼乐来评判夷狄能否进入华夏的资格。事实上，这一行为本身

---

① 司马迁：《史记》卷 47《孔子世家》，第 1947 页。
② 韩愈撰，马其昶校《韩昌黎文集校注》，上海古籍出版社，1986 年，第 17 页。
③ 司马迁：《史记》卷 130《太史公自序》，第 3298 页。
④ 司马迁：《史记》卷 130《太史公自序》，第 3297 页。
⑤ 韩愈撰，马其昶校《韩昌黎文集校注》，第 21 页。

就已经预设了华夷种族之别，礼义只是种族改进的筹码。在大肆倡导"文化中心主义"原则下，华夷种族或血统之别往往被礼乐文化所掩盖，造成一种"华夷之变"的假象。这种情况在历史上不乏出现，不少非汉族政权入主中原后，尽管学习中原礼仪文化制度，但被视为"夷狄"的身份却仍旧未能改变。即便非汉族政权已经取得全国性胜利，完成了"大一统"，但在塑造政权正统性上，却似乎并不如愿以偿，反而费尽心机。因此，儒家倡导文化至上，把礼义作为"华夷之变"的评判标准，并非一以贯之。

在西周政治制度中，"等级制"与"礼乐制"是其核心内容。其中，"五等爵制"是等级制中的代表，按爵位高低依次分为公、侯、伯、子、男。① 在称谓中，往往后缀以爵位，如周公、齐侯、秦伯等。在儒家经典《春秋》中，因夷、狄之族无爵位加封，只能以单字称之。有称其为"夷人"或"狄人"者，一般指夷狄族人有正义之举或有功于国家时，用以抬高身份，此类表述比较少。如僖公十八年正月，"宋公、曹伯、卫人、邾人伐齐"，"冬，邢人、狄人伐卫"。② 而在对"经"依次作注解的"传""注""疏"和"正义"中，基本解释了这一现象。《穀梁传》曰："狄其称人何也？善累而后进之。伐卫，所以救齐也，功近而德远矣。"称之为"狄人"，是因为狄伐卫救齐，做了善事，故而提高其地位。而《左传》认为，书其为"人"，是因为版本不同而已，"为史异辞"。《正义》曰："决上狄救齐不称人也。于例，将卑师众称师，将卑师少称人，谓中夏诸侯之例。此称邢人，是将卑师少者。夷狄既无爵命，非有君臣之别，文多称戎、称狄，今君臣同文，或单称狄，或称狄人，是时史异辞，非褒贬也。"③ "狄称人者，犹

① 郑玄注，（唐）孔颖达疏，龚抗云整理《礼记正义》，李学勤主编《十三经注疏》（标点本），第330页。

② 杨伯峻：《春秋左传注》，第376、377页。

③ 阮元：《春秋左传正义》卷14"僖公十八年"，第3927页。

与中国故也。"《通义》云:"狄称人者,卫弃礼义,翦灭同姓。邢,初为狄所灭,今狄幡然亲邢,与共谋卫难,有忧中国之心,故进之,又因以抑卫也。"①对狄称人者,也有人指出《经》于狄,或单言狄,或称狄人,盖由于行文之便。次经文及二十年'齐人、狄人盟于邢'、僖二十四年'蒲人、狄人余何有焉',以狄与他国或他邑并举,他国皆不单称,则于狄亦不得不从同。若惟狄而已,则不称人,此年'狄救齐',二十一年'狄侵卫'是也",②认为夷狄称"人"是为了"行文之便",实为不妥。可见,在儒家华夷观中,尽管夷狄之族因功而获得身份提升,但并不能上升到与华夏之族同等爵位高度。

关于称人者,亦如桓公十五年"邾人、牟人、葛人来朝"。《公羊传》曰:"皆何以称人,夷狄之也。"事实上,邾、牟、葛三者均为各国君主,此处不称爵位而称人,是为贬义。庄公十年九月,"荆败蔡师于莘";十四年七月,"荆入蔡";十六年正月,"荆伐郑"。③唯庄公二十三年,"荆人来聘",④称其为"荆人"。荆即荆楚,西周初期有楚称呼,鲁庄公时称之为荆,僖公时又开始称楚。宋人孙复解释曰,"此称人者,以其能慕中国,修礼来聘,稍进之也"。⑤注曰:"因其始来聘,明夷狄能慕王化、修聘礼、受正朔者,当进之,故使称人也。称人当系国,而系荆者,许夷狄者不一而足。"⑥也就是说,荆楚因修礼而近周道受到褒扬,不遵周道时则贬之。文公十二年,"秦伯使术来聘"。⑦《公羊传》曰:"遂(术)者何?秦大夫也。秦无大夫,此何以

① 陈立:《公羊义疏》,中华书局,2017年,第1234页。
② 杨伯峻:《春秋左传注》,第377页。
③ 杨伯峻:《春秋左传注》,第181、195、201页。
④ 杨伯峻:《春秋左传注》,第225页。
⑤ 孙复:《春秋尊王发微》卷10,文渊阁《四库全书》本。
⑥ 陈立:《公羊义疏》,第1554页。
⑦ 杨伯峻:《春秋左传注》,第586页。

书？贤缪公也。"① 谓其"大夫"，实为褒扬秦穆公贤能。诸如此类，不再一一列举。这也从侧面反映出儒家"华夷之变"思想的单向性，即只能"用夏变夷"，不能"以夷变夏"。同时，也隐喻了"华夷之变"的前提条件，即夷夏存在血统之别，这点往往被后世学者所忽视。

在《春秋》中也有因失德而被降级者，如僖公三十三年二月"秦人入滑"，四月"晋人及姜戎败秦师于殽"。②《穀梁传》曰："不言战而言败，何也？狄秦也。其狄之何也？秦越千里之险入虚国，进不能守，退败其师，徒乱人子女之教，无男女之别。秦之为狄，自殽之战始也。"注曰："秦本非夷狄。"释曰："旧解进不能守，谓入滑而去；退败其师，谓败于殽也；乱人子女，谓入滑之时，纵暴乱也。"③《公羊传》曰："其谓之秦何？夷狄之也。曷为夷狄之？秦国将袭郑。"④ 各传、注疏对秦国入侵滑国行为作了详细阐释，秦国在入侵滑国时做出暴行，结果被晋国和姜戎联合击败于殽。因此，《春秋》书写为"狄秦"。事实上，秦国并非真正的"狄"，此处显然成为春秋笔法之作，把秦君降低层次视同夷狄。这些均体现出儒家华夷观的"崇德"标准。

在整部《春秋》中，进（提级）退（降级）书写，成为褒贬华夏或夷狄的重要手段。上述示例足以表明，在先秦儒家华夷观中，始终保持着血统有别的思想，这一思想是儒家"礼别华夷"和文化至上观无法掩饰的。可以说，华夷"文化决定论"下隐藏着"血缘鉴别观"。华夷血统之别，即使到秦代也颇为注重，甚至上升到法律层面。如云

---

① 陈立：《公羊义疏》，第 1554 页。
② 杨伯峻：《春秋左传注》，第 492 页。
③ 阮元：《春秋穀梁传注疏》卷 9，《十三经注疏》清嘉庆刊本，第 5216 页。
④ 陈立：《公羊义疏》，第 1386 页。

梦秦简《法律答问》载曰："真臣邦君公①有罪，致耐罪以上，令赎。可（何）谓真？臣邦父母产子及产他邦而是谓真。可（何）谓夏子？臣邦父、秦母谓也。臣邦人不安其主长而欲去夏者，勿许。可（何）谓夏？欲去秦属是谓夏。"②其中包含三层意思：一是少数民族民众犯罪，可以用财物赎罪；二是如果臣邦男与秦女所生孩子当了君公，当视为秦人后裔，不再享受优待政策；三是不允许少数民族民众脱离其"主长"，而奔赴汉地。这种血统划属和取消优待策略，直接促使少数民族边地内附中原，进一步削弱蛮夷君长自主权。这从侧面反映出，中原政权为了直接有效控制少数民族地区，通过"联姻"手段来笼络属邦，通过改变君公后裔血缘身份来强化王权统治。

综观整部《春秋》，经文中言及狄人、戎人、夷人者，成为特例，大多以夷、狄、戎单字称之。以单字称之，主要是因为夷狄之族无爵位等级。其后加"人"称者，均出于传、注、疏或正义，终而成为春秋义理的内容之一。换言之，在《春秋》义理中，文化层面的"华夷之别"，起初并没有完全表现出来。从另一种角度来讲，华夏与夷狄确实是出于血统身份的差异而作出的客观书写。后代通过对"经"的层层解释，才衍生出"礼教"文化层面的区别。称其为夷人、狄人或戎人，都是出于褒扬之意。相反，称华夏之君为"子"，实为贬低之意。

通过上述分析，不难看出儒家华夷观并非完全专指文化意义上的种族区分，而是本身承认华夷之别。儒家文化层面的华夷观，并非想彻底改变或消弭种族间的天然差别，而是欲借其产生一种社会效应，最终达到协和万邦、社会有序的情形。概言之，"诸侯用夷礼则夷之，

---

① "臣邦"，即"属邦"，又称"属国"或"典属国"，秦朝专门管理少数民族事务的专职机构。云梦秦简中出现"臣邦君长""臣邦君公"，即汉文典籍中的"蛮夷邑君侯王"。可见，秦统一全国后，在少数民族地区实行郡县与侯王并行制。

② 《云梦睡虎地秦墓》编写组：《云梦睡虎地秦墓》，文物出版社，1981年，图版九八第546—548条。

进入中国则中国之"的文化转化评价,首先是承认华夷血缘之别,其次通过强化华夏仪礼,借助慕华情结,达到天下归一目的。

结　语

儒家思想是中华优秀传统文化的重要组成部分,在中国人的思想观念中占有重要的地位,上至统治集团下至基层民众,无论在治国理政上还是在个人精神世界里,无不深深打上儒家思想的烙印。在中国统一多民族国家的形成过程中,儒家思想贯穿始终,当大统一政权出现后,儒家华夷观也绽放出自身魅力。

儒家民族观中的华夷思想,是对"三代"华夷观和天下理念的继承与发展,且融入儒家经典中。儒家学派从春秋战国华夷关系的客观实际出发,结合早期夷夏之别理念,提出了一系列关于解决和处理当时民族关系问题的观点,最后形成了儒家华夷观。儒家华夷观内容主要包括"华夷之别"、"华夷之变"和"华夷一统"。具体而言,即包括"五方之民"一统于"天下"的"大一统"思想、"礼别华夷"的文化至上思想、"王者无外"的天下思想,以及"夷夏大防"和"用夏变夷"的华夏中心主义思想,而这些思想均包含于儒家提所倡的"仁""礼""和""大同"以及"天下为公"等理念中。

儒家华夷观在不同历史发展阶段中,其内容和表现特征也不尽相同,其中先秦时代是儒家华夷思想形成的萌芽期,此时的"华夷之辨"思想是在三代以来血缘与地缘观基础上形成的种族之别。在"礼崩乐坏"的社会背景下,儒家为求恢复西周"礼制",提出"礼别夷夏"思想,进而发展成"华夏文化中心"观。儒家在标榜文化至上、礼别华夷时,却始终未能否定华夷血统的本质差别。《春秋》"大同"与"一统"思想是在"三代"华夷演变思想基础上形成的复合型概念。儒家

"华夷之变"思想的前提是承认"华夷有别",而"华夷有别"的思想核心正是"三代"以来所形成的血缘观与地缘观。

在整部《春秋》中,"德行"也是评判华夷进退的标准,其重视度甚至高于"礼义"。然而,"德行"标准却恰恰与血统身份毫无关联,并不能因功加爵而改变华夷身份之别。尽管这一理念在《春秋》中没有明文表述,但所隐含的华夷身份有别思想却贯穿于始终。为了掩饰华夷血统有别,减少华夷矛盾冲突,儒家学派的继承者开始以注解形式对《春秋》进行阐发解读,将春秋义理内容的重点转移到"礼义"层面,认为知礼、学礼是华夷互变的评判标准。然而,崇尚"礼义",从根本上就反衬出"华夏文化中心主义"。儒家"华夷之变"中"用夏变夷"思想,主要是指在社会大一统条件下,希望各民族融为一体,一统于"天子"。尽管这一思想符合民族融合发展规律,但当民族政权林立时,却又突显出"夷夏大防"的思想。儒家追求文化至上理念,成为文化优劣论的根源。无论在物质生活上,还是在制度文化上,始终坚持华夏最为优越,只能"用夏变夷",而不能"以夷变夏",这种文化绝对主义也滋生了后世"大汉族主义"思想。儒家华夷观作为时代产物,在处理民族关系问题时,应当辩证地看待,不能盲目推崇。

（原刊《前沿》2022 年第 6 期）

图书在版编目（CIP）数据

中华文明统一性研究 / 邢广程主编；范恩实副主编
. -- 北京：社会科学文献出版社，2024.4（2025.9重印）
ISBN 978-7-5228-3636-2

Ⅰ.①中…　Ⅱ.①邢…　②范…　Ⅲ.①中华文化-研
究　Ⅳ.①K203

中国国家版本馆CIP数据核字（2024）第096473号

中华文明统一性研究

主　　编 / 邢广程
副 主 编 / 范恩实

出 版 人 / 冀祥德
组稿编辑 / 郑庆寰
责任编辑 / 邵璐璐　李期耀　石　岩　白纪洋　宋荣欣
责任印制 / 岳　阳

出　　版 / 社会科学文献出版社·历史学分社（010）59367256
　　　　　　地址：北京市北三环中路甲29号院华龙大厦　邮编：100029
　　　　　　网址：www.ssap.com.cn
发　　行 / 社会科学文献出版社（010）59367028
印　　装 / 唐山玺诚印务有限公司

规　　格 / 开　本：787mm×1092mm　1/16
　　　　　　印　张：20.25　字　数：258千字
版　　次 / 2024年4月第1版　2025年9月第2次印刷
书　　号 / ISBN 978-7-5228-3636-2
定　　价 / 89.00元

读者服务电话：4008918866